高温缺陷花岗岩的渗流特性和损伤机理

高红梅　兰永伟　著

哈尔滨工业大学出版社

内 容 简 介

本书系统论述了温度作用下缺陷花岗岩渗透特性。全书共分9章，第1章至第3章通过电镜扫描、液氮吸附、压汞法等试验测试和理论分析研究了温度作用下花岗岩内部微观结构变化规律；第4章至第5章通过磁共振、高温渗流试验测试了温度作用下不同缺陷花岗岩渗透率变化情况；第6章利用CT扫描试验分析了温度作用下岩石微观损伤机理；第7章采用理论分析、试验测试、数值模拟相结合的方法，综合分析了缺陷高温花岗岩损伤和宏观破坏的机制之间的关系；第8章基于实测参数，通过THM耦合数值模拟，模拟了核废料处置库围岩温度场、位移场及渗流场分布规律；第9章对高温缺陷花岗岩渗流特性做出总结和展望。

本书可供地热开采、核废料处置、建筑、水利、矿山等行业从事岩石力学和岩土工程研究的科技工作者及相关专业高校师生参考。

图书在版编目（CIP）数据

高温缺陷花岗岩的渗流特性和损伤机理/高红梅，兰永伟著. —哈尔滨：哈尔滨工业大学出版社，2020.12

ISBN 978-7-5603-9292-9

Ⅰ.①高… Ⅱ.①高… ②兰… Ⅲ.①岩石破裂-花岗岩-渗流 Ⅳ.①TU452

中国版本图书馆 CIP 数据核字（2021）第 005678 号

策划编辑	闻 竹
责任编辑	张 颖　李青晏
装帧设计	郝 棣
出版发行	哈尔滨工业大学出版社
社　　址	哈尔滨市南岗区复华四道街10号　邮编150006
传　　真	0451-86414749
网　　址	http：//hitpress.hit.edu.cn
印　　刷	哈尔滨市工大节能印刷厂
开　　本	787mm×1092mm　1/16　印张13.5　字数342千字
版　　次	2020年12月第1版　2024年6月第2次印刷
书　　号	ISBN 978-7-5603-9292-9
定　　价	98.00元

（如因印装质量问题影响阅读，我社负责调换）

序

核废料在地下处置过程中,由于放射性同位素衰变,将产生大量的热量。储库围岩介质温度升高,不但影响了岩体、水体的物理性质,而且对岩体的应力场和水体的渗流场也有重要作用。与此同时,地下水作为一种环境因素对岩体的物理力学性质和热对流传输具有重要影响,岩体的热物理特性及其中的各种不连续面分别对热传导及地下水渗流起着重要控制作用。因此,花岗岩热传导、地下水渗流耦合是诸多耦合过程中相对突出的一种耦合,也是核废料影响地下水环境的一种主要方式。

花岗岩是由黑云母与石英、长石等晶粒组成的复杂混合体,花岗岩由于成岩过程和成岩环境的差异,一般都随机地赋存大量地质缺陷,如裂纹、断裂面、节理、孔洞、充填物等。处置库开挖时花岗岩岩体内部产生应力差或地震作用等外部因素都会引起花岗岩岩体内部产生缺陷。这些天然缺陷或外界条件影响后造成的缺陷,大大降低了花岗岩的力学性能,破坏了花岗岩岩体的连续性、均一性,在高温作用下缺陷与花岗岩基体的热膨胀系数和弹性模量不同,造成花岗岩局部应力集中,从而导致花岗岩裂纹缺陷萌生和扩展的敏感性增大,渗透特性产生了巨大的变化。花岗岩无论发生局部破坏还是整体破坏,其根源之一是花岗岩内部各种尺度不同的缺陷演化的结果。而在核废料地质处置库开挖过程中,在花岗岩内部形成的缺陷多为单裂纹缺陷,花岗岩中缺陷裂纹的倾角、长度是影响花岗岩热破裂过程中裂隙扩展演化过程的重要因素,也是影响花岗岩渗透特性的主要因素。

因此,对单裂纹缺陷花岗岩热破裂过程中微观损伤变形机理和渗透特性进行研究,是解决核废料地质处置工程中围岩热传导、地下水渗流耦合问题的关键所在,其研究成果为核废料地下处置库的安全设计和稳定性预测提供了极其重要的理论基础。

该书作者深入系统地研讨了带有缺陷的北山花岗岩在温度作用下的孔隙结构、渗透特性、损伤特性的变化规律,采用现场考察、理论分析、X射线衍射(XRD)、低温氮吸附(LTNA)、高压压汞(MIP)、低场磁共振(NMR)等手段,对花岗岩的物性特征、细观全尺度孔隙结构特征及连通性的演化进行了研究。同时,从微观角度着手,开展含三维单裂纹缺陷花岗岩在高温热破裂过程中的渗流特性研究,利用改装高温高压岩体三轴试验机及配套系统,测试高温作用下单裂纹缺陷花岗岩的渗透率、孔隙率变化规律,研究裂纹的倾角、长度对花岗岩渗透参数的影响,以热应力作桥梁,结合试验数据,建立含有缺陷影响因子的花岗岩温度-渗流数学模型;从多场耦合理论出发,结合电镜CT扫描等试验手段,研究不同倾角、长度的单裂纹缺陷花岗岩在高温作用下微观损伤,揭示缺陷对花岗岩微观损伤影响机理;将数字图像处理技术和分形基础理论引入岩石热破裂分析系统,将微观CT图像量化到宏观缺陷裂纹尺度,探讨高温缺陷花岗岩微观参数和宏观渗流参数之间的关系;建立正确描述缺陷花岗岩高温-渗流耦合模型。通过理论研究、数值模拟、试验测试发现,花岗岩断裂韧度、裂纹扩展临界应力、裂纹扩展规律受裂隙长度、裂隙倾角、温度影响较大,因此结合前面的结论和前人建立的核废料处置工程热-流-固(THM)耦合数学模型,对花岗岩热解过程中的温度传播规律及渗透率分布规律及变化机理进行了分析研究。本书研究成果为岩土工程中多场耦合研究提供理论基础。

  纵观全书,其研究成果丰富和完善了高温缺陷花岗岩的微观孔隙结构、渗透特性、损伤特性的理论体系和实践内涵,为核废料处置工程中多场耦合研究提供了一定的理论基础。因此,我乐意为之作序,并愿意将此书推荐给高温岩石研究领域的同仁及现场的技术工作者。

辽宁工程技术大学校长
梁 冰
2019 年 12 月 8 日

前 言

本书以核废料地质处置工程中围岩热传导、渗流耦合核心问题为突破口,选取北山花岗岩为研究对象,采用理论分析、X 射线衍射试验、低温氮吸附试验、高压压汞试验、低场核磁共振试验、电镜 CT 扫描试验等手段,研究花岗岩的物性特征、细观全尺度孔隙结构特征及连通性、渗透率、孔隙率、微观损伤等参数的变化规律,以及温度、裂纹倾角、裂纹长度对花岗岩渗流特性和损伤的影响;从多场耦合理论出发,结合 CT 电镜扫描试验和数值模拟等手段,研究不同倾角、长度的单裂纹缺陷花岗岩在高温作用下微观损伤测试,揭示缺陷对花岗岩微观损伤影响机理;建立正确描述缺陷花岗岩高温 - 渗流 - 损伤耦合模型。

第 1 章,绪论。以高温岩石渗流工程背景及对应的科学问题为切入点,分析国内外研究现状,探寻高温岩石渗流工程中需要解决的科学问题,确定研究思路和解决关键性问题的手段,明确研究内容,细化研究方法,并进行可行性分析。

第 2 章,高温花岗岩成分、细观结构变化规律。通过系统 X 衍射试验、电镜扫描、X 射线能谱分析试验,对大庆花岗岩进行了矿物质成分测试,尤其对黑云母晶体化学成分分析与微观晶体变形进行跟踪测试,对测试结果进行分析总结。

第 3 章,高温缺陷花岗岩孔隙结构微细观表征。通过理论分析、低温氮气吸附试验及高压压汞试验,研究花岗岩岩孔裂隙结构特征及在 25 ~ 200 ℃范围内随热解升温的演化规律,并结合两种试验结果提出了全尺度的花岗岩孔隙结构特征的联合表征方法。

第 4 章,基于低场核磁的花岗岩热解孔隙连通规律研究。通过低场磁共振试验,研究了 25 ~ 200 ℃温度范围内花岗岩孔隙连通的演化特征、可动流体的运移规律,并结合 NMR 渗透率模型对不同温度下的花岗岩渗透进行了预测。

第 5 章,高温作用下缺陷花岗岩渗透率的试验研究。本章通过花岗岩高温热解实时渗透试验,对北山花岗岩渗透特征进行研究,分析了其渗透率随温度、缺陷长度、缺陷倾角变化的演化规律,并对非达西渗透机理进行了探讨。

第 6 章,温度作用下缺陷花岗岩的损伤研究。应用热力学理论、Maxwell 应力理论,推导了花岗岩缺陷内部出现的拉应力的计算公式。应用应变等效原理,求解出宏观缺陷花岗岩的受热过程中的损伤模量;通过缺陷花岗岩高温作用下的 CT 扫描试验,得到花岗岩 CT 图像,并进行二值化处理,对生成的二值化图像进行孔隙度计算,将扫描图像 CT 数引入损伤计算中,求得各区域的损伤量。

第 7 章,温度、应力作用下缺陷花岗岩裂纹扩展机理研究。通过理论研究、数值模拟、试验测试相结合的方法,利用热力学和断裂力学理论及叠加原理,得到了含有温度参数的花岗岩应力下裂隙扩展断裂韧度和临界应力与裂隙初始长度、角度、花岗岩断裂韧度之间的关系。

第 8 章,核废料处置库围岩渗流场与温度场耦合数值模拟。基于温度、孔隙压力、有效效应的实测基础参数,以多孔介质多场耦合理论为基础,应用固流热耦合数学模型及多物理场仿真软件模拟研究了核废料处置库岩石温度场、位移场以及渗流场的变化过程。

第 9 章,结论与展望。总结在不同温度作用下花岗岩孔隙结构及渗透特征、损伤演化规律方面取得的研究成果。但鉴于问题的复杂性,目前的研究仍比较初步,在试验手段和理论分析方面仍需进一步深入。

本书凝聚了黑龙江科技大学建筑工程学院教师高红梅、黑龙江科技大学矿业工程学院教师兰永伟的辛勤劳动。其中,第 2 章、第 3 章、第 6 章、第 7 章、第 9 章由高红梅著,约 18.0 万字;第 1 章、第 4 章、第 5 章、第 8 章由兰永伟著,约 17.2 万字。

非常感谢辽宁工程大学校长梁冰教授在百忙之中审阅了本书稿,并为本书欣然作序!感谢东北林业大学郭楠教授对本书的审阅!感谢黑龙江科技大学矿业工程学院刘志军博士对本书的审阅。

本书研究得到黑龙江省自然科学基金项目(项目编号:LH2019D011、QC2014C062)、国家自然科学基金项目(项目编号:11402080)、黑龙江省教育厅科学研究项目(项目编号:12531588、11533062)的资助。作者对长期关心和支持本项研究的领导、专家、学者和工程技术人员表示由衷的感谢。由于作者学术水平有限,疏漏及不妥之处在所难免,敬请读者批评指正。

作 者
2019 年 11 月

目　录

第1章　绪论 ··· 1
   1.1　工程背景及对应的科学问题 ·· 1
   1.2　国内外研究现状 ·· 2
   1.3　需要探讨的科学问题 ··· 28
   1.4　研究思路与成果的科学意义 ·· 29
   1.5　研究内容 ·· 29
   1.6　研究目标 ·· 30
   1.7　拟解决的关键性问题 ··· 30
   1.8　研究方法 ·· 30
   1.9　技术路线 ·· 31
   1.10　试验手段 ··· 32

第2章　高温花岗岩成分、细观结构变化规律 ·· 34
   2.1　高温下花岗岩微观物理力学性能 ·· 34
   2.2　花岗岩成分测试 ·· 35
   2.3　高温作用下花岗岩的微观变化 ··· 37
   2.4　本章小结 ·· 48

第3章　高温缺陷花岗岩孔隙结构微细观表征 ··· 49
   3.1　高温缺陷花岗岩孔隙度变化机理 ··· 50
   3.2　低温液氮吸附法测试花岗岩孔隙度 ·· 53
   3.3　高压压汞法测试花岗岩孔隙度 ·· 58
   3.4　综合低温液氮吸附法、高压压汞法研究花岗岩全尺度表征 ···················· 67
   3.5　高温花岗岩孔径分布分形 ··· 75
   3.6　本章小结 ·· 80

第4章　基于低场磁共振的花岗岩热解孔隙连通规律研究 ······························· 82
   4.1　低场磁共振试验 ·· 82
   4.2　基于低场磁共振的孔隙连通性分析 ·· 84
   4.3　基于低场磁共振的储层流体可动性分析 ·· 86
   4.4　基于低场磁共振试验的渗透率模型评价 ·· 88
   4.5　本章小结 ·· 91

第5章 高温作用下缺陷花岗岩渗透率试验研究······92
5.1 花岗岩渗透率测试原理······92
5.2 花岗岩试样、试验设备、测试过程······93
5.3 花岗岩渗透率试验测试结果分析······95
5.4 本章小结······133

第6章 温度作用下缺陷花岗岩的损伤研究······135
6.1 温度作用下缺陷花岗岩损伤机理······135
6.2 温度作用下花岗岩CT扫描试验······141
6.3 数值模拟······156
6.4 本章小结······158

第7章 温度、应力作用下缺陷花岗岩裂纹扩展机理研究······160
7.1 花岗岩微裂纹扩展的断裂力学分析······161
7.2 温度、单轴应力作用下缺陷花岗岩裂纹扩展规律理论······161
7.3 温度和双轴应力作用下的缺陷花岗岩裂隙扩展规律理论分析······163
7.4 缺陷岩石自由余能函数······165
7.5 数值模拟······166
7.6 试验研究······172
7.7 本章小结······177

第8章 核废料处置库围岩渗流场与温度场耦合数值模拟······178
8.1 岩体温度场对渗流场影响的机理分析······178
8.2 岩体渗流场对温度场影响的机理分析······179
8.3 渗流场与温度场耦合的连续介质数学模型······179
8.4 双场耦合分析的有限元数值方法······181
8.5 工程实例······181
8.6 本章小结······188

第9章 结论与展望······190
9.1 主要结论······190
9.2 展望······193

参考文献······194

第1章 绪 论

1.1 工程背景及对应的科学问题

在当今世界能源日趋紧张的情况下,核电工业因长期运行成本低且安全可靠而得到迅速发展,核能在全世界能源消耗中所占的比例也逐年上升。但是,伴随核电站的运行产生了大量的垃圾——高、中、低放射性废料,这些放射性核废料具有两个特点:一是含比放度相当高的长寿命放射核素,其半衰期长达上万年;二是较长时期内仍然会产生大量余热,致使 $200\sim300$ 年后其周围温度可达到 $200\ ℃$ 左右。因而核废料储存的长期安全性及其对地质环境和生物圈的长期影响成为人们十分关注和担忧的问题,引起了各国政府的高度重视。目前从经济效益等各方面考虑,国际上最可行且已开始使用的方法是深地层处置,即埋藏在地下深部且封闭稳定的岩层中,以保证其在很长时间内安全地与生物圈隔离。为此,世界上许多国家投入了大量的人力物力,并进行了大量的研究工作。

美国学者对德克萨斯州的岩盐、内华达核试验基地的多孔凝灰岩、华盛顿州的玄武岩进行了系统的试验研究。国际原子能机构组织了美国、瑞典、德国、瑞士、法国等国家对瑞典花岗岩地层也进行了大规模的综合性试验研究。

随着我国核电工业的迅速发展,核废料储存问题同样成为迫切需要解决的问题。根据我国的实际情况,我国政府已选择了地质处理储存方法,研究人员正在积极开展这方面的研究工作。例如:获取确定有关水力参数与数据的技术和方法,高温下岩石的力学性质的变化规律,洞室附近岩石应力变化与变形,封闭地下水流动通道技术与方法等。通过这些方法获取了大量的宝贵资料。

对核废料地质储存的研究,需要解决的关键问题是要阻隔核废料中放射性核素与生物圈的联系,而这一联系是由地下水携带的放射性核素在地质介质中迁移来实现的。核废料在地下处置过程中,由于放射性同位素衰变产生大量的热量,因此核废料储存围岩库围岩体介质温度升高,影响了岩体、水体的物理性质。地下水作为一种环境因素,对岩体的物理力学性质和热对流传输具有重要的影响;而岩石的热物理特性及其各种不连续面(节理、断层、裂隙等)对岩体热传导及渗透性也有重要的控制作用。

在评价储存核废料的地质介质时,需要获得足够实际岩体的各种特性资料,尤其是要获得岩石在高温下热开裂度及其岩体在高温作用下渗透特性的变化规律。本书正是基于这一问题而开展研究工作的。由于高温下岩石渗透性的物性分析试验目前尚处于研究之中,此项研究具有重要的理论意义和现实意义。另外,该项研究在石油和天然气及地热开采工程中,可为设计合理的开采方案和热采油等研究提供科学的依据,同时对煤炭深部开采围岩稳定性及其控制技术研究提供基础理论支持,从而促进了岩体力学理论的发展,使得岩体力学更能反映实际,具有十分重要的意义。

核废料地质处置工程中污染物的传播问题是热传导、渗流、应力和化学等多个因素相互耦合的复杂过程。其核心科学问题是由于核废料的残余放射性物质持续放热,因此核废料周围的花岗岩温度升高,引起花岗岩热破裂,地下水通过破碎花岗岩进行渗流,引起放射性物质的扩散，造成地下水污染。因此，花岗岩热传导、地下水渗流耦合是诸多耦合过程中相对突出的一种耦合，也是核废料影响地下水环境的一种主要方式。

另外，随着矿山资源进一步向深部开采，高地温问题成为不可回避的、影响矿山生产和安全的重要因素，高地温、高地压以及高水压、高气压共同作用下岩石力学行为成为当今岩石力学研究的热点。此外，在煤与油页岩的地下气化、地热资源开发、煤层瓦斯的安全抽放和综合利用等工程中，都需要考虑与温度相关的岩石力学问题。因此，研究温度作用下的岩石物理力学性能具有重大的科学和工程意义，成为目前岩石力学领域非常活跃的研究方向。

在理论研究方面，对温度作用下岩石的弹性及黏弹性的岩石本构关系，已经有一些学者进行了研究。但是，无论从试验研究还是理论研究来说，所做的工作还很不全面。同时，人们对岩石的变形破坏做了大量的研究，大多是集中在宏观唯象的研究，或者根据大量的现场观测资料，进而提出相应岩石的破坏强度理论。这些研究更多的是从应力-应变的角度来探讨岩石的破坏强度，而涉及温度的影响作用时大多是停留在定性的解释，对综合考虑温度和载荷作用下岩石破坏的理论研究还较少。但建立温度作用下岩石的热力耦合本构方程和热破坏强度准则不仅对核废料处置库的前期设计和后期安全性预测具有重要的理论意义和使用价值，而且对其他类型服务年限长的重大岩土工程的长期安全、稳定性预测和设计都具有重大意义。

在众多岩石中，由于花岗岩具有渗透性小、致密、强度高等一系列适合核废料、石油、天然气储存的特点，因此，本书选择花岗岩作为研究对象，考虑温度作用对岩石宏观力学行为和微观破坏机理的影响，从理论上建立岩石热力耦合本构关系、热破坏强度准则，为研究温度载荷作用下的岩石问题提供有益资料。

而天然花岗岩细观结构是由黑云母与石英、长石等晶粒组成的复杂混合体，花岗岩由于成岩过程和成岩环境的差异，一般都随机地赋存大量地质缺陷，如裂纹、断裂面、节理、孔洞、充填物等。另外，核废料地质处置库开挖时花岗岩岩体内部产生应力差或地震作用等外部因素都会引起花岗岩岩体内部产生缺陷。这些天然缺陷或外界条件影响后造成的缺陷的存在，大大降低了花岗岩的力学性能，破坏了花岗岩基体的连续性、均一性，在高温作用下缺陷与花岗岩基体的热膨胀系数和弹性模量不同，造成花岗岩局部应力集中，从而导致花岗岩裂纹缺陷萌生和扩展的敏感性增大，渗透特性产生了巨大的变化花岗岩无论发生局部破坏还是整体破坏，其根源之一是花岗岩内部各种尺度的缺陷演化的结果。而在核废料地质处置库开挖过程中，在花岗岩内部形成的缺陷多为单裂纹缺陷，花岗岩中缺陷裂纹的倾角、长度是影响花岗岩热破裂过程中裂隙扩展演化过程的重要因素，也是影响花岗岩渗透特性的主要因素。

因此，获得单裂纹缺陷花岗岩热破裂过程中微观损伤变形机理和渗透特性研究，是解决核废料地质处置工程中围岩热传导、地下水渗流耦合问题的关键所在，其研究成果对于核废料地下处置库的安全设计和稳定性预测提供了极其重要的理论基础。

1.2 国内外研究现状

目前，不同领域学者已分别开展了理论、试验和数值模拟研究，取得了相关研究成果，也为本项目进一步实施提供了充足的理论基础和方法手段，相关的研究主要包括以下几个方面。

1.2.1 温度作用下无缺陷岩石物理力学性质

国内外学者对高温高压下岩石的物理力学性质进行了长期的研究,取得了大量的成果,得到了许多可靠的数据。国内对高温高压岩石力学的历史、现状进行了详细的总结。地球内部不同深度(压力)、温度下物质成分、物理力学性质及其变化过程是当前固体地球科学(尤其是地球物理学)研究的主要对象之一,它对于进一步揭示地壳、地幔乃至地核的物质结构和动力学过程、成因和演化起到了关键作用。高温高压试验研究作为试验地球物理学研究的主要组成部分,是探索深部地质和地球内部奥秘的一个重要手段,它的成果不仅是检验地球科学新理论、新观点、新概念的重要依据,而且是科学阐明地球物理探测信息的支柱。因此,近20年来,高温高压试验学和岩石物理学研究备受青睐,并将它列为地学中优先发展的分支学科,尤其是美国、德国、澳大利亚、日本和俄罗斯,在开展大陆动力学研究过程中,投入大量资金和人力,强化这些领域研究和试验技术的开发。近30年来,我国高温高压试验研究从无到有,无论是在试验基础理论研究、试验技术和仪器研制、试验成果应用方向,还是在试验技术队伍建设方面,都有了长足进展,取得了一些可喜成绩。高温高压试验研究是地球物理学的一项重要任务,高温高压试验研究的基本内容有以下几个方面:

(1)在高温高压下研究岩石物性参数(如密度、纵波和横波速度、S波分裂和各向异性、导热系数、磁化率、电导率、孔隙度和渗透系数等)的变化规律;

(2)在不同温度、压力和应变速率条件下,研究与地球介质的构造变形直接有关的岩石破裂、摩擦、流变和力学失稳现象及其相互关系;

(3)通过高温高压试验样品的显微构造观察和研究,查明岩石脆-韧性转化和塑性变形的微观机制,从而建立不同岩石或矿物的塑性本构方程;

(4)研究流体(熔体、水和二氧化碳)和塑性变形导致矿物晶格优选方位,对岩石弹性参数(尤其是各向异性)、高导低速层形成和深地震反射载体(reflector)特征的影响;

(5)研究壳-幔和幔-核范围内矿物相变对弹塑性性质、岩石变形强度的约束条件,从而为地球内部结构模型和动力学的有关问题提供可靠的试验证据;

(6)研究高温高压试验成果在能源开发(如储油层构造物性特征)、灾害预测(如地震预测和工程稳定性问题)、环境保护(如核废料储存的介质)中的应用意义,以及新的试验成果对更新传统地学观念、促进新理论诞生所起的桥梁和导向作用。

1. 高温下无缺陷岩石的物理特征

研究岩石的热物理特性,在地球科学、地热开发、采矿、地震研究等多方面有广泛的应用。如地热开发中进行数值模拟时所需的岩石密度、热导率等参数,大地电磁测深中需要通过岩石的弹性波速来推断岩性;深部采矿中热害治理同样需要岩石的热学参数等。早在1964年,Lebedev 和 Khitaror 就对温度作用下花岗岩的热物性特性进行了研究。Vander Molen就石英相变温度(石英 α-β 转变温度)对侧压的依赖性和对热膨胀系数的影响进行了探讨。R. S. C. WAI 得出在加热和冷却过程中石灰岩和片麻岩状的花岗岩的热膨胀系数、导热系数数据,它们分别是

热膨胀系数:

$$石灰岩 \quad \alpha_T = \left(1 + \frac{T}{60}\right) \times 10^{-6} \text{ m}^2/\text{s} \quad 0 \leqslant T \leqslant 180 \quad (1-1)$$

片麻岩状的花岗岩 $\quad \alpha_T = \left(6 + \dfrac{T}{20}\right) \times 10^{-6} \text{ m}^2/\text{s} \quad 0 \leq T \leq 180$ （1-2）

导热系数：

石灰岩 $\quad \kappa_T = 1.2\left(1 - \dfrac{T}{360}\right) \times 10^{-6} \text{ m}^2/\text{s} \quad 0 \leq T \leq 180$ （1-3）

片麻岩状的花岗岩 $\quad \kappa_T = 1.6\left(1 - \dfrac{T}{360}\right) \times 10^{-6} \text{ m}^2/\text{s} \quad 0 \leq T \leq 180$ （1-4）

母润昌等对华北地区韧性剪切带几种代表上、中、下地壳深度的糜棱岩及其围岩在高温高压条件下进行纵波速度测定及各向异性研究，对试验样品的纵波速度测定得到沿糜棱岩面理方向的纵波速度大于与面理垂直方向的纵波速度。

赵志丹等对秦岭和华北地区地壳低速层岩石高温高压波速进行了试验。高温高压下地幔岩石物理性质及其流体影响的试验研究，对大别山超高压榴辉岩高温高压地震波速和密度的初步研究奠定了基础。

杨树锋等在高温高压下应用全波震相分析方法对华南不同成因类型的花岗岩（I型和S型两类花岗岩类）进行了弹性波波速的测量，发现两类花岗岩的波速值随所加的温度和压力有各自的变化规律。S型花岗岩的波速随温度和压力的变化比I型花岗岩波速变化大。

席道瑛等选择了花岗岩、大理岩和砂岩三种岩石在温度为-60~600 ℃进行模量、波速随温度变化的试验。试验结果得出：随温度的升高，岩石的模量、波速呈下降趋势。其中，因温度的升高引起某些矿物的相变，使体积膨胀导致模量和波速显著下降；岩石中微裂纹不断增长，导致岩石结构的破坏，最终使岩石模量和波速下降。随黏滞系数的增大，模量和波速的增大；随孔隙度的增大，模量和波速减小。

V. M. Shmonov等用在不同的载荷和高温作用下的三种岩石（辉长岩、玄武岩和石灰岩）模拟典型地震振动（改变频率和振幅）对岩石渗透率的影响，结果发现：地震振动影响岩石的渗透性，可以导致其渗透性的增加和减小，影响因素有：振动振幅、振动频率、有效应力和温度等，且三种岩石的渗透性增大的程度和变化趋势不一样。

柳江琳等研究了高温高压下花岗岩、玄武岩和辉橄岩电导率的变化特征，讨论了这几种岩石电导率随温度的变化趋势，结果表明：电导率随温度的升高而显著增大，这种变化可能同岩石的部分熔融过程有关。

白利平等分别采用超声波透射-反射法和阻抗谱法在1~2 GPa，室温为1 100 ℃条件下测量了辉长岩的纵波速度和电导率，分析了影响辉长岩纵波速度的因素及其微观导电机制。结果表明：在800~850 ℃，辉长岩的纵波速度开始大幅度下降，波速下降受颗粒边界相、脱水熔融等因素的制约，但在800~850 ℃，辉长岩的电传导机制和电导率值却不会发生突变。在680 ℃以下，辉长岩阻抗谱上只出现代表颗粒内部传导机制的阻抗弧Ⅰ；在680 ℃以上，代表颗粒边缘传导机制的阻抗弧Ⅱ开始出现，但岩石的总电导率由颗粒内部传导控制，颗粒边缘传导对其影响很小。

闫治国等对经受不同高温后熔结凝灰岩、花岗岩及流纹状凝灰角砾岩的波动特性进行了研究，分析比较了三种岩石纵波波速、密度、弹性模量及峰值应力随温度的变化规律，并研究了纵波波速与密度，纵波波速与弹性模量，纵波波速与峰值应力的关系。

N. A. Al-Shayea等总结了国外学者的研究成果，得到许多试验结论：岩石热导率基本上随温度的升高而下降,有的呈直线下降,如硅岩、白云石灰岩、普通角闪石闪长岩;有的下降到一定值后有所增大,如霞石闪长岩、斑岩和斜长石,透明黑曜岩和页岩的热导率则随温度升高而增大,岩石比热随温度升高而增加,岩石的热应变随温度的升高而增加。

总之,国内外研究者们在温度作用下的岩石物理特性研究方面做出了许多有益的工作,但岩石的热膨胀系数、导热率等热物理性能随温度变化的不确定性,到目前尚未弄清,有待从内部机制来加以研究。

2. 高温下无缺陷岩石的力学特征

20世纪70年代以来,国内外学者从不同角度和层次,从理论和试验上,研究温度对材料力学性质的影响,取得了丰硕成果。

O. Alm 等考察了花岗岩受到不同温度热处理后的力学性质,并对花岗岩温度作用下的微破裂过程进行了讨论。

张静华等对花岗岩弹性模量的温度效应和临界应力强度因子随温度的变化进行了研究,发现在花岗岩断裂韧度随温度升高的变化过程中,存在一门槛温度200 ℃。这意味着,在200 ℃左右,花岗岩的断裂韧度发生了某种根本性变化。

寇绍全等系统地研究了经过热处理的 Stripa 花岗岩的力学特性,得到了工程中需要的最基本的力学参数,研究表明:颗粒胶接处开裂是热处理时裂纹的主要生成机制,生成的裂纹具有与晶体颗粒大小相当的尺度,温度高于300 ℃时,裂纹数量随温度升高增加很快,温度小于300 ℃的热处理对 Stripa 花岗岩抗拉强度的影响不大。

Brede 和 Haasen 认为,温度对材料力学行为的影响主要体现在裂尖位错形核、发射和裂纹断裂的过程中。

林睦曾等研究了岩石的弹性模量随温度升高而变化的情况,结果表明,安山岩、花岗岩、石英粗面岩等的弹性模量 E 在300 ℃以下随温度升高而急剧减小,但超过300 ℃后,弹性模量几乎保持一定值,而凝灰岩和陶石等岩石随温度的升高,弹性模量变化不大。

Brede 研究了温度对材料韧脆转变的影响,发现韧脆转变温度随着加载率升高而升高。

M. Oda 等研究了在温度的作用下岩石的基本力学性质(包括弹性模量、泊松比、单轴抗压强度、单轴抗拉强度和断裂韧性等)、岩石的微破裂过程,得到了岩石的基本力学特性随温度的变化规律和岩石的破坏机理。

Lau 研究了较低围压下花岗岩的弹性模量、泊松比、抗压强度随温度的变化规律以及破坏准则。

许锡昌等研究了温度作用下三峡花岗岩力学性质及损伤特性。许锡昌等通过试验,初步研究了花岗岩在单轴压缩(20~600 ℃)状态下主要力学参数随温度的变化规律,花岗岩刚度、弹性模量、黏性系数、热膨胀系数变化规律如图1-1~1-4所示,泊松比受温度的影响规律,至今也未有定性结论,但该文指出泊松比大致随温度升高而略有增加。

N. A. Al-Shayea 利用声发射来考察加热时岩石的损伤过程,测量了 Westerly 花岗岩在 20~50 ℃时的断裂韧性 K_{IC}:

$$K_{IC} = \frac{p\sqrt{a}}{\sqrt{\pi}RB}N_1, \quad K_{IIC} = \frac{p\sqrt{a}}{\sqrt{\pi}RB}N_2 \tag{1-5}$$

式中,K_{IC} 和 K_{IIC} 分别为 I 型和 II 型应力强度因子;N_1 和 N_2 为只与 a/R、开槽方向、加载方向间的角度 β 有关的系数;R 为 Brazilian 圆盘的半径;B 为圆盘的厚度;p 为破坏时的压缩载荷;a 为裂纹半长。

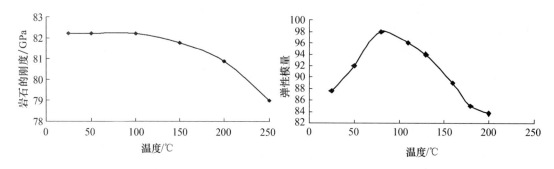

图 1-1 花岗岩刚度随温度的变化　　　图 1-2 花岗岩弹性模量随温度的变化

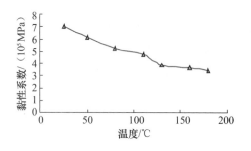 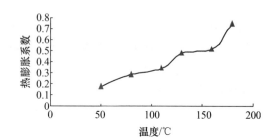

图 1-3 花岗岩黏性系数随温度的变化　　图 1-4 花岗岩热膨胀系数随温度的变化

桑祖南等进行了辉长岩脆-塑性转化及其影响因素的高温高压试验研究,指出辉长岩在 600 ℃时以脆性破裂为主,700~850 ℃时为半脆性变形,含微破裂,900 ℃以上表现为塑性变形阶段。在试验温度压力范围内,辉长岩的强度主要取决于温度和应变速率,同时受围压影响,辉长岩的成分、结构对岩石的力学性质和变形机制有显著影响。

王颖轶采用液压伺服刚性岩石力学试验系统,研究了大理岩在常温至 800 ℃高温作用下的应力-应变全过程特性,比较系统地分析了高温作用对大理岩的刚度、峰值强度、峰后特性及残余强度等的影响,试验结果表明:随着温度升高,岩石总体刚度、单轴强度降低表现出明显的软化特性,峰后特性及残余强度宏观上表现出由脆性向塑性的渐次演化。

黄炳香选择甘肃北山花岗岩为研究对象,利用改进的三点弯曲试验对花岗岩在温度影响下的蠕变断裂特性进行了初步的试验研究,并分析了应力-应变曲线的变化特点,得到了 200 ℃下北山花岗岩蠕变全过程曲线,研究了北山花岗岩断裂韧度随温度的变化规律,发现 75 ℃时断裂韧度出现极值,在 200 ℃以后呈下降趋势。

朱合华等通过单轴压缩试验,对不同高温后熔结凝灰岩、花岗岩及流纹状凝灰角砾岩的力学性质进行了研究,分析比较三种岩石峰值应力、峰值应变及弹性模量随温度的变化规律,并研究了峰值应力与纵波波速、峰值应变与纵波波速的关系。结果表明,高温后三种岩石的峰值应力、弹性模量均有不同幅度的降低,且经历的温度越高,降低的幅度越大。对于峰值应变,熔结凝灰岩、花岗岩的峰值应变随温度的升高而大幅度增加;但对于流纹状凝灰角砾岩,峰值应变随着温度的升高而降低。此外,峰值应力与纵波波速、峰值应变与纵波波速的关系依赖于不同的岩石而表现出不同的规律。

1.2.2 温度作用下无缺陷岩石的渗透特性

目前,高温岩石渗透性测试主要以碳酸岩、砂岩的渗透特性试验研究为主,大部分现象和规律是在试验研究的基础上获得的,理论研究开展得还较少。

H. Somerton 和 V. S. Gupta(1965)发现了高温处理后的砂岩渗透率增加了 50%,声速和强度下降了 50%。Weinbrandt(1975)等用波易斯砂岩研究了温度对渗透率的影响。与 Weinbrandt 等关于温度对渗透率影响的研究有所不同,Casse 和 Ramey(1979)进行的试验研究表明,温度对胶结砂岩渗透率的影响与饱和流体的性质有关,气体的渗透率与温度无关。Hear(1980)对石英二长岩的热膨胀系数和渗透率进行了研究,发现线膨胀系数随温度的升高而增加,随着围压增加而减小。A. Sageev 等(1980)将砂岩加热到 166 ℃ 再降低至室温测试其渗透率,发现经过加热冷却之后,砂岩的渗透率和未加热之前相比降低了 5%。C. Morrow(1981)进行了模拟核废料环境条件的室内渗流试验,发现渗透率随温度增加而下降。P. L. Randolph(1984)等分析了有效应力和含水饱和度对岩石渗透率的影响及其相互作用关系,提出了随含水饱和度的增加,气体渗透率受有效应力的影响增大的结论。C. Jones(1997)采用玄武岩温度测试其渗透的变化,发现温度达到 300 ℃ 以后,其渗透率随温度升高快速增加。陈颙等(1999)用山东东营岩样品进行试验,发现碳酸盐岩存在温度阈值,超过阈值温度后进一步加热,碳酸盐岩的渗透率只是缓慢地增加。M. Darot 与 T. Recuschle(2000)对循环压力作用下的热破裂花岗岩的声波速度和渗透性进行了研究,发现在有效压力增大的情况下,声波速度和渗透性具有不同的发展变化情况。S. Q. Zhang(2001)对 Carrara 大理石岩温度影响下的连通性和渗透率进行了研究,发现当温度升高到 600~700 ℃ 时,大理石岩的渗透率显著升高。

刘均荣等(2001)对储层粉砂岩、灰岩、变质岩和砾岩渗透率受热变化规律进行了试验研究,并对岩石渗透率在高温作用下发生变化的机理进行了讨论。分析结果表明,岩石在常压条件下经过高温加热处理,其渗透率随温度的升高而呈增大趋势;岩石渗透率发生突变时存在一个阈值温度,组分不同的岩石,其阈值温度也不同。岩石渗透率的提高是由于岩心受热后产生了新的裂缝,裂缝延伸而形成了连通网络结构。

陈颙等(2001)在对 Westerly 花岗岩进行研究时发现,花岗岩的热破裂阈值为 60~70 ℃。

吴晓东等(2003)通过室内大量岩心的试验结果表明,岩心经过高温热处理后,其渗透率、孔隙度等参数会发生较大的变化且这些变化存在一定的温度界限,不同类型的岩心具有不同的温度界限。从这些试验结果出发,对影响岩石热开裂的因素进行了初步的探讨和分析,发现不同类型的岩芯具有不同的温度界限。

贺玉龙等(2005)在不同温度水平和不同有效应力水平下进行了砂岩的孔隙度试验,根据试验结果分析了温度和有效应力对砂岩孔隙度的影响。试验结果表明,在温度水平一定的条件下,砂岩的孔隙度随有效应力的增加而呈负指数规律减小;而在有效应力水平一定的条件下,温度对砂岩孔隙度的影响却很小。因此,当温度变化范围不大时,在工程实践中基本上可忽略温度变化对砂岩孔隙度的影响,从而近似认为岩石(体)的孔隙度只受有效应力的影响。

梁冰等(2005)基于热弹性理论,结合室内试验测试结果,导出岩石渗透率和温度之间存在正指数关系,并从理论上验证了温度门槛值的存在,理论分析和试验研究均表明:在温度开始升高时,渗透率增加缓慢,当升高到某一温度之后,渗透率升高的速度迅速增大,其温度对应的值为门槛值。经过门槛温度之后岩石的渗透率随温度升高而迅速增加。

谭志宏(2005)在实验室通过红外热像仪对7块含相同预制单裂纹缺陷的花岗岩板状试样单轴压缩载荷下破裂过程的红外热像进行了试验研究(其中有一块试样中途折断,没有取得红外热像特征)。试验结果表明:试件加载过程中,微破裂越强,其红外辐射也就越强;在主破裂时,试件在局部破坏区域会产生高温条带的红外热像特征。试件受压过程中的红外温度异常表现为3种类型:先降温,临破裂升温;温度交替升降,破裂前升温;缓慢升温,破裂前快速升温。同一种岩石,其破坏时的红外辐射表现不一定相同。

张渊(2006)通过实验室测试手段对岩石在温度影响下的声发射现象进行了初步的研究和探讨,认为长石细砂岩在温度影响下具有明显的声发射现象,并且随着温度的变化,声发射率也随之变化,具有两个声发射峰值区。声发射的振铃累积数在70~90 ℃发生急剧变化,表明70~90 ℃是长石细砂岩裂纹发育的门槛值,砂岩随温度升高渗透率快速升高,产生突跃,增加了65倍。杨建平(2009)通过微裂隙模型从理论方面对致密岩石渗透率演化进行了研究。

高红梅(2010)在以往试验的基础上,充分考虑岩石在温度作用下内部结构变化,选用阜新地层砂岩进行高温下的渗透率的试验研究。试验结果表明砂岩的渗透率随温度增加而降低。

张宁(2010)采用20 MN高温高压岩体三轴试验机,精心设计4块完整花岗岩岩样,在25 MPa和75 MPa静水应力条件下,实时测试花岗岩岩样在热破裂作用下的渗流规律,这是国内目前首次对花岗岩在高温三维应力作用下渗流规律的实时试验研究。试验结果表明:在三维应力条件下,花岗岩发生热破裂;在热破裂升温过程中,花岗岩岩样的渗透率随温度的升高而表现为正指数增大的规律;在热破裂作用初期,花岗岩岩样渗透率随温度的增加而缓慢增加;在热破裂作用的后期,花岗岩岩样渗透率随温度的升高而急剧升高直至达到渗透率峰值;在整个热破裂升温过程中,各花岗岩岩样渗透率随温度升高而不断增加,渗透率变化率随温度的升高而不断加速;在静水应力和热破裂作用下,花岗岩岩样的渗透率峰值和初始值的比值最高可达93倍,其渗透率的变化率最高达3.5×10^{-4} mD/℃,热破裂作用极大地增强了花岗岩的渗透特性。

路威等(2010)选取我国高放废物处置库重点预选场区——甘肃北山地区的花岗岩进行室内模型试验,研究热源温度和裂隙水流速对多裂隙岩体内渗流-传热耦合过程的影响,模型由9块花岗岩组成,高度、宽度和厚度分别为150 cm、90 cm和30 cm。模型包含开度不同的两条水平裂隙和两条垂直裂隙。试验中,通过放置在模型一侧的电热板来模拟核废料的放热过程,并在裂隙以及岩石内部布置温度和压力传感器,对温度场和裂隙水压力场的变化进行量测。结果表明,邻近热源侧的垂直裂隙对温度场的分布起控制作用,热源温度和裂隙水流速的变化对渗流-传热耦合过程有显著影响,主要体现在热源的影响距离以及温度场趋于稳定的时间,热源温度越高,裂隙水流速越低,系统温度场达到稳定的时间越长,热源的影响距离越远。此外,试验中裂隙水温度低于100 ℃,热源温度变化对裂隙水压力值的影响很小。

赵阳升(2008、2010)利用600 ℃、20 MN伺服控制高温高压岩体三轴试验机系统进行砂岩和花岗岩在常温至600 ℃范围内的声发射特征和渗透性演化规律的试验研究,揭示岩石的热破裂规律与渗透性的相关特征,其结果如下:花岗岩和砂岩受热作用,在常温到

600 ℃区间,其热破裂存在一个清晰的门槛值。从声发射特征来看,永城细砂岩与鲁灰花岗岩的热破裂门槛值分别为170 ℃和65 ℃;岩石热破裂门槛值之后,随温度升高,热破裂呈间断性与多期性变化特征,从常温到600 ℃,既非单调增加,也非单调减少,一般存在2个以上的峰值区间;随着温度的升高,伴随岩石峰值破裂段的发生,岩石的渗透率也呈现同步的多个峰值段,伴随着声发射平静期滞后出现渗透率相对降低区,但渗透率仍然维持在较高水平,而且随着声发射剧烈期出现次数的增加,渗透率越来越大。

张渊(2011)利用20 MN伺服控制高温高压岩体三轴试验机进行了长石细砂岩的渗透率试验,研究了恒定三轴压力和常温至600 ℃条件下砂岩渗透率变化特征。试验表明:随着温度增加,长石细砂岩渗透率变化规律表现为5个阶段特征:①低温段,随温度升高渗透率略有下降;②阈值温度前段,达到阈值温度后,渗透率急剧增大,产生一个突跃,增加了65倍;③阈值温度后段,随着温度的继续升高,渗透率出现下降;④稳定段,渗透率达到谷值后不再下降,并稳定在一个较高水平,是室温渗透率的8倍;⑤高温段,渗透率重新增大。通过对长石细砂岩的细观结构变化及声发射事件(AE events)计数率分析后认为:渗透率的阶段性变化规律主要与内部矿物颗粒之间及其内部因局部热应力集中而诱发产生的微裂缝的开闭有关;高温条件下的长石细砂岩渗透率二次剧烈变化则主要与砂岩中部分矿物晶体颗粒成分在高温环境下的熔融、重结晶等现象有关。

1.2.3　温度与压力作用下无缺陷岩石渗透特性研究现状

有关岩石高温条件下的渗透性研究文献较少,主要集中于太原理工大学的研究团队,利用自主研发的高温三轴渗透试验机进行了大量相关试验,通过理论分析与数值计算,得出以下结论。

赵静(2014)通过高温三轴渗透试验,分析了抚顺岩石温度与压力作用下的渗透性,发现随温度的升高,岩石在常温至200 ℃时,不具有渗透性;200～300 ℃具有较低的渗透率且随温度变化增幅较小;300～350 ℃渗透率减小;350～600 ℃渗透率持续增长,增幅由小变大再变小。说明孔隙压力对渗透率的影响主要体现在高温阶段。

董付科(2017)通过试验发现,新疆吉木萨尔岩石的渗透率随孔隙压力变化,在2 MPa附近存在孔隙压力门槛值;渗透率随温度升高在350～400 ℃间存在温度门槛值。并依试验结果将渗透率随温度变化规律分为4个阶段:①常温至250 ℃,渗透率为0或极低;②低温段,渗透率缓慢增大;③中温段,渗透率快速升高;④高温段,渗透率小幅波动。

康志勤(2008)通过理论分析,建立了考虑温度场、应力场、渗流场以及化学反应的固－流－热－化学全耦合数学模型。杨栋、刘中华等(2007)通过对高温高压蒸汽作用后的岩石进行三轴渗透试验,结果表明高温热解有利于岩石裂缝的扩展,从而提高岩石的渗透率;渗透系数是体积应力和孔隙压的函数,其关系服从指数规律。

耿毅德(2013)对温度和压力耦合热解后的岩石渗透率进行测试分析,发现岩石渗透率随热解温度的升高而呈阶段性增长,在20～300 ℃渗透率变化微弱,300～400 ℃渗透率迅速增加,400～600 ℃渗透率增速减缓;在体积应力作用下,渗透率随体积应力的增大而降低,且温度越高降幅越大;在孔隙压力作用下,低温段(20～300 ℃)渗透率随孔隙压力增大而升高,高温段(400～600 ℃)渗透率随孔隙压力增大而降低,分析认为分别是由于层间水的析出和盲孔高压膨胀挤压孔隙所致。

李强(2012)通过三轴压力高温渗透试验,在130～600 ℃分析了随温度升高渗透率的变化,结果显示岩石在热解过程中呈现先升高、再降低、又升高的渗透率变化过程。并据此将渗透率的变化划分为3个阶段:①室温至250 ℃,水分析出导致岩石渗透性迅速升高;②250~400 ℃,干酪根软化堵塞孔隙和裂隙导致渗透性急剧降低;③400~500 ℃,干酪根裂解产生大量孔隙和裂隙使渗透率缓慢增大。

赵丽梅(2013)基于油页岩与煤地下共气化的过程特点,采用微观试验手段研究了油页岩原位热解特性,通过模型试验及数值模拟研究了共气化的过程中油页岩层及煤层的温度场演化规律、油气组分互动特性及共气化过程的热流固耦合特征,从而构建了油页岩与煤地下共气化工艺。研究结果表明,300~550 ℃是油页岩中有机质集中析出的温度区间;400~600 ℃是油页岩中孔隙数量和孔隙体积增长最快的区间,油页岩及半焦孔隙结构具有明显的分形特征,油页岩及600 ℃半焦分形维数最低;油页岩随着热解温度的升高渗透性先升高后降低,400 ℃时渗透率最大,孔隙压力增大使渗透率降低;随着油页岩粒径的增大,最大产气量下降,最大产气量对应温度点向高温区移动,油页岩中烷烃含量逐渐降低,芳香族化合物含量逐渐升高。

1.2.4 温度作用下无缺陷岩石孔隙结构特性

常温下岩石多为低孔低渗介质,孔隙结构复杂。目前对岩石孔隙结构的研究主要集中在岩石的地质演化过程或储层特征,如孔隙度与有机质含量、成熟度的关系等。而岩石原位开采中孔隙结构变化巨大,在温度、压力以及孔隙压的作用下,岩石矿物骨架及有机质经历复杂的物理、化学变化,使其孔隙结构更趋复杂化,从而影响传热介质以及产物的输运能力,因此研究温度作用岩石孔隙结构演化对岩石原位地下开采尤为重要。

Schrodt 等(2012)通过 N_2 和 CO_2 等温吸附试验,分别对高温氮气与空气氛围作用下的岩石半焦孔隙结构进行了分析,发现在氮气气氛下,低温阶段因生成反应中间体使孔隙堵塞造成表面积降低,当温度较高时孔表面积急剧升高;而在空气中燃烧会使孔表面积大幅度减小,中孔体积增大。

韩向新等(2007)采用 N_2 等温吸附法对桦甸岩石不同温度下燃烧后的半焦孔隙结构进行测量,发现随岩石的升温燃烧,孔结构变得复杂多形态,孔容积和表面积呈减小—增大—减小的变化趋势,认为各阶段分别由沥青占位、气体产物膨胀扩张、页岩灰的熔融变形所致,并且颗粒大小和升温速率对岩石的表面积和孔体积影响不大。

Sun(2015)、L. M. Zhao(2014)等通过 N_2 等温吸附测量,分析了岩石水热裂解试验中残余样品的孔隙结构。结果表明,孔隙结构的形成和发育大致可分为3个阶段:第1阶段(250~300 ℃),在热解早期,生成的气体填充了原生孔隙;第2阶段(350~375 ℃),主要是由大量的液态烃产生所导致的次生孔隙的形成;第3阶段(400~500 ℃),由于产物油裂解产生大量气体,进一步形成了次生孔隙。研究认为瓶颈理论(TOC)对孔隙演化的影响可能与成熟度有关,热解产物的生成与运移所导致的孔隙连通性的变化,是孔隙度增加的重要因素,低成熟度沥基质热解集中在3~5 nm位置,400~600 ℃孔体积和比表面积大幅增加,600 ℃后因基质松动孔壁坍塌等相关参数回落,分析发现孔隙结构的分形维数在常温和600 ℃时最低。

Bai 等(2017)结合 X 射线衍射(XRD)、扫描电镜、低温 N_2 吸附、高压压汞手段,系统分析了桦甸岩石在100~800 ℃温度作用后孔隙结构的演化规律。结果显示,温度达到300 ℃时,岩石中微孔、中孔和大孔显著发育且表面粗糙不规则,孔隙度和渗透率大幅增加。该研究认为孔隙结构发育的主要机制是有机质与无机物的热分解和孔隙热变形。对低温 N_2 吸附数据以相对压力 0.5 为界,分别进行分形计算,结果 350~500 ℃升温区间孔隙结构变得复杂,分形维数与平均孔径呈良好的线性关系。

Q. Wang 等(2010)利用低温 N_2 吸附试验,分析了桦甸岩石在不同温度微波热解后的孔隙结构,结果表明,热解终温对比表面积、总孔容和过渡孔的发育影响较大,孔径分布曲线在 2 nm 和 4 nm 附近有 2 个可见峰。

Tiwari(2013)通过 CT 扫描及三维重建技术,分析了不同热解终温下美国岩石的孔隙结构演化,得到岩石半焦的孔隙度并基于三维孔隙网络结构,利用 Bolzmann 方程估算了渗透率。

Saif(2016)利用 CT 扫描技术,对岩石热解过程中孔隙和微破裂网络的演化实时成像。结果显示,在 390~400 ℃的热解过程中,随着 μm 级非均质孔隙的形成,孔隙度巨幅增大,随着温度的进一步升高,孔隙稳步扩大,形成了主要沿富干酪根层发育的连通性微裂缝网络,孔隙的发展与有机物的初始空间分布直接相关。

康志勤、赵静等(2013)利用显微 CT 对不同温度作用后的岩石试件进行扫描试验,通过对扫描图像的二值化处理,系统分析了孔隙数量、平均孔径、孔隙度、孔隙占有面积随温度的变化规律,发现 300 ℃是各项参数发生突变的温度阈值,通过逾渗理论计算了岩芯的逾渗概率,确定了逾渗阈值的存在;通过孔隙连通团分析,在 20~600 ℃升温区间内,分析发现 300~400 ℃温度段孔隙的数量、平均孔径以及孔隙度都急剧增加,到 500 ℃时,各参数均达到其最大值,说明有机物热解是 300~500 ℃孔隙参数急剧增长的主控因素;通过对扫描结果进行三维重建,从孔隙度、空隙团、分形维数三个方面比较了三维空间上的参数演化规律,说明了层理对岩石孔隙结构演化的影响作用。

赵静、L. Yang 等(2014)通过压汞法测试了抚顺岩石的孔隙结构,结果显示随温度的升高,岩石的总孔体积、平均孔径和孔隙度均显著增加;在岩石加热过程中,中孔体积不断增大而微孔体积持续减小,分析为微孔合并成小孔或中孔,甚至大孔隙所致。产物可能会堵塞孔隙所致,而产生轻烃的高成熟度沥青可能是连通开孔与闭孔的贡献者。

赵丽梅等(2013)基于 SEM 扫描和低温 N_2 吸附试验,对桦甸岩石不同热解终温下的半焦的孔隙结构进行测试,结果显示桦甸岩石等温吸附线属 Ⅱ 型曲线,是孔径分布主要情况。

耿毅德(2018)利用高压压汞试验对温-压耦合条件热解后的抚顺岩石孔隙结构进行分析,发现退汞曲线存在着滞后效应,高温段盲孔体积增大,滞后效应显著;温度作用使孔径变大;相同孔隙压下,盲孔总体积随温度的升高而变大;同一温度下随着压力的增大,孔隙体积和裂缝分布均先减小后增大,5 MPa 是其变化的拐点。

Y. Geng(2017)结合 CT 扫描技术,发现温度达到 300 ℃时,连通性裂缝出现,并随温度升高沿层理面进一步延伸直到 600 ℃时贯通样品。

1.2.5 温度作用下无缺陷岩石损伤特性

1. 温度作用下无缺陷岩石宏观热破裂特征

关于岩石热开裂的研究,国内外仍处在初步阶段,目前以模拟各种温度条件下花岗岩、碳酸岩、砂岩等不同岩性热开裂状态的试验研究为主,大部分认识是在试验研究的基础上获得的,理论研究开展得还很少。

Simmons等(1976)研究了加热速率对火成岩热开裂的影响,结果表明:加热速率对火成岩热开裂的影响较大,由温度梯度和加热速率所产生的微裂纹与仅由高温所产生的微裂纹不同,加热速率超过每分钟几度,微裂纹可在较低温度下产生,加热速率更低时,花岗岩在300 ℃以下都无明显的微裂纹生成。

H. F. Wang等(1989)对美国Westerly花岗岩进行了热开裂现象的研究,同时系统地考察了声发射(AE)现象,研究表明:美国Westerly花岗岩在加热到约75 ℃(Chen等认为是60~70 ℃)时产生热破裂,并伴随有声发射现象,且加热速率越大,声发射计数率越高,而加热速率对声发射的阀值温度没有明显的影响。

寇绍全(1987)对Stripa花岗岩变形和破坏特性进行了热开裂损伤的试验,试验结果表明:经过中等温度(100 ℃左右)热处理后,Stripa花岗岩的多数力学特性都出现极大值,这与裂纹密度及声速比在温度下取极小值对应,抗压强度随热处理温度的变化规律与抗拉强度和断裂韧性不同,Stripa花岗岩的断裂韧性随拉伸强度的减少而减少;热处理温度低于200 ℃时,花岗岩中包含的裂纹较少,主要在颗粒边界上,随热处理温度升高,颗粒边界更明显,温度越高,穿晶裂纹越普遍,经过450 ℃和600 ℃处理的样品的颗粒边界常发现裂纹包围的碎片。

陈颙等(1999)用山东东营碳酸盐岩样品进行试验,试验结果表明:岩石存在着110~120 ℃的温度阈值,一旦达到或超过这个温度阈值,岩样的渗透率会有8~10倍的增长,超过阈值温度后进一步加热,岩石的渗透率只是缓慢地增加。

周克群等(2000)将砂岩、碳酸岩盐和花岗岩等岩石从30 ℃加热到120 ℃以后再降温,对各温度点测量纵波速度,试验完成后利用磁共振技术研究其孔隙度和渗透率。试验表明:某岩石加热再降温后,纵波速度不能恢复且出现较大下降,磁共振试验表明孔隙度和渗透率增加。除外,他还研究热开裂对储集岩石的物性影响,系统地考察了声学检测、磁共振技术等方法在检测岩石热开裂中的效果。

吴晓东等(2003)通过室内大量岩芯的试验结果表明:岩芯经过高温热处理后,其渗透率、孔隙度等参数会发生较大的变化且这种变化存在一定的温度界限,不同类型的岩芯具有不同的温度界限。

韩学辉等(2005)在回顾岩石热开裂研究进展的基础上,研究表明沉积岩及火成岩在高温环境下会发生热开裂现象,能够在一定程度上改造岩石的孔裂隙结构,进而对岩石中的流体运移特性产生影响。同时,着重讨论了其在石油开采、核废料存储等领域的工程应用。

张渊等(2006)在实验室对岩石在温度影响下的声发射现象进行了初步的研究和探讨,认为长石细砂岩在温度影响下具有明显的声发射现象,并且随着温度的变化,声发射率也随之变化,具有两个声发射峰值区。声发射的振铃累积数在70~90 ℃发生急剧变化,表明70~90 ℃是长石细砂岩裂纹发育的门槛值。

2. 温度作用下无缺陷岩石微观热破裂试验

自从Sprunt(1974)将扫描电镜观测技术引入岩石微破裂研究以来,已有许多这方面的成果陆续发表。Johnson等(1978)对Senones和Remiremen通过扫描电镜(SEM)定量地研究了岩样的微观结构损伤对其力学性能的影响。Stripa(1985)对花岗岩经过热处理的试件进行微观研究。寇绍全(1987)对Stripa花岗岩变形和破坏特性进行了热开裂损伤的试验,试验结果表明,裂纹密度及声速比在温度作用下取极小值。H. F. Wang等(1989)对美国

Westerly 花岗岩进行了热开裂现象的研究,发现美国 Westerly 花岗岩在加热到约 75 ℃ 时产生热破裂,并伴随有声发射现象,且加热速率越大,声发射计数率越高,加热速率对声发射的阀值温度没有明显的影响。F. Homand – etienne(1989)研究了致密花岗岩在热作用下的裂缝发展演化规律。

张宗贤(1994)对经过 100~600 ℃ 快速热处理的辉长岩和大理岩进行了巴西试验、静态断裂试验和两种温度处理后的冲击断裂试验,结果表明:两种岩石的静态拉伸强度和静态断裂韧度均随热处理温度增加而明显下降;经高温处理后两种岩石的动态断裂韧度随加载率增加而增大,这与未经热处理的情形相似,并借助扫描电镜对岩石的热开裂等现象进行了分析讨论。

张曾荣等(1999)采用固体围压高温高压三轴变形试验装置,对望湘花岗岩进行不同温度、压力下的固态流变试验;对变形试样进行光学显微镜和 TEM 分析。试验温度在 350~950 ℃,围压在 60~420 MPa,试样在较低温度压力下表现为脆性破裂,在较高温度压力下出现脆性—韧性过渡状态,望湘花岗岩中长石、石英和黑云母有不同的变形构造和流变性质。

吴晓东(2001)进行了大量热开裂的试验,测试了岩石孔隙度、渗透率、声波速度等宏观参数随温度的变化,并对岩石热开裂的微观结构进行了扫描电镜观察。

E. Gamboa(2003)使用扫描电镜(SEM)对应力作用导致岩石破裂的机理进行了研究,并对各种破裂表面进行了详细观察。

林为人等(2003)通过常温及高温显微镜观察,查明了稻田花岗岩中流体包裹体的初始分布状态,并发现在高温条件下,由于流体包裹体的爆裂而导致花岗岩中微小裂纹的形成。在标准大气压条件下测定了流体包裹体的爆裂温度,研讨了其形状、尺寸、均质化温度等因素对爆裂温度的影响,并根据形态观察掌握了裂纹形成的基本规律。

王泽云(2004)由微结构断裂所需耗散能分析计算了岩石微裂纹演化与分形特征。结合加载类型分析了岩石裂纹扩展的形式、方向,解释了岩石损伤演化的规律。研究表明:从微孔隙延伸成微裂纹,再扩展成宏观裂纹,其扩展速度、方向和产生数量主要取决于微结构中微元件的矿物组分、排列组合方式及组合密度,以及外载荷大小、方向及其比值、应力状态与加载速率等。

谢卫红(2005)利用带扫描电镜的高温疲劳试验机等目前最先进的试验手段,实时观测了在温度和载荷同时作用下岩石在单向压缩和拉伸中微细观结构的变化、缺陷演化方式和变形破坏过程;针对岩石的热膨胀是不可逆的,即它会受加温历史的影响,加热时和冷却后岩石结构有差异的特点,对岩石在温度载荷作用下的细观结构特征和细观破坏机理进行了较为系统的试验研究,得到了在不同载荷和温度作用下岩石中微裂纹萌生、扩展、断裂破坏等各个阶段清晰的 SEM 图像和数据。结合实时观测得到的数据和高清晰度图片,分析研究了岩石热细观损伤特性,探讨了载荷和温度的变化对岩石细观结构的影响。

张渊等(2007)采用显微光度计和 XRD 分析等方法,对细砂岩细观结构特征和矿物组分进行了分析。结果表明,在不同温度条件下,细砂岩微结构具有明显变化,微裂纹的形成与发展与温度有关,细砂岩微裂纹的宽度、长度随温度的变化具有突变性。试验初步确定了细砂岩的热破裂阈值及其热破裂规律,从细观尺度下观测了不同温度条件下细砂岩的矿物组分、微结构和发展变化,以及内部微裂纹的发生和发展。

左建平(2007)等通过扫描电镜(SEM)实时在线观察研究了温度影响下砂岩的细观破

坏,观察到砂岩的脆性断裂可同时发生在不同地方、不同矿物可能独立承载和裂纹分叉等处。温度低于100℃时,主裂纹附近有许多微裂纹及支裂纹发生;而温度超过150℃之后,表面很少出现支裂纹或二次裂纹;随着温度的升高,砂岩的断裂韧性有先升高后降低的趋势,150℃左右是断裂韧性变化的临界温度。随着温度的升高,砂岩的细观断裂机制有由脆性机制向延性机制转变的趋势,抵抗和协调变形的能力都得到增强。细观尺度下砂岩的破坏机制有沿颗粒断裂、穿颗粒断裂及其混合断裂,其中沿颗粒断裂机制占主导地位,这是由于沿颗粒破坏需要消耗较少的能量,而穿颗粒断裂需消耗较多的能量,利用数字散斑相关方法对SEM下砂岩破坏的细观变形场进行了测量,这表明利用数字散斑相关方法(DSCM)表征岩石的局部变形场的连续式测量是可行的。

赵阳升等(2008)研制了μCT225KVFCB型高精度显微CT系统,并采用该系统进行花岗岩在常温到500℃高温下的三维细观破裂显微观测,研究裂纹的发育过程。

武晋文(2008)在中高温三轴应力作用下研究岩石内部物理化学性质和结构特性,结果发现随着岩石内部结构的变化会引发一系列的声发射现象。通过试验研究了大试件花岗岩在三轴压力状态下声发射随温度的变化规律,试验研究表明:随着温度升高,岩石的声发射现象是间断发生的;花岗岩存在一个开始发生热破裂的门槛值温度,其值为120℃左右;试验温度范围内花岗岩热破裂的声发射现象可分为5个阶段,即岩石原生裂隙整合阶段、热破裂前声发射静默阶段、热破裂声发射阶段、大规模热破裂后声发射静默阶段、二次热破裂开始阶段。此外,他还采用高温三轴应力声发射试验,以及声发射试验和渗透性试验、细观CT扫描试验,对岩石在三轴应力下的热破裂规律进行了研究。

张连英(2012)借助于MTS810电液伺服材料试验系统及配套的高温环境炉、扫描电镜、X射线衍射分析仪等试验手段,应用损伤断裂理论、黏弹塑性理论等,从宏观和细观不同尺度上,对高温作用下泥岩的损伤演化与破裂机理进行了系统的研究,给出了高温作用下泥岩试样组分结构的变化特征、影响泥岩力学性能的组分因素、试样断口处裂纹的形态及发育变化特征。结果表明,高温作用下泥岩试样的组分与物相变化是导致岩样断口处裂隙的扩展、闭合、晶界破裂形式差异的重要原因,从而呈现了不同温度段泥岩宏观力学性能的变化特征,有效地揭示了高温作用下泥岩宏观破裂特征的微观机制。

3. 温度作用下无缺陷岩石微观损伤机理

自从 Z. T. Bieniawski(1967)对岩石脆性破裂的机制做了系统的论述以后,许多岩石力学和地球物理工作者做了大量的试验和理论工作,试图揭示这一从微观到宏观的破裂发展过程。总的趋势是,研究逐渐从宏观向微观发展,从定性描述到试图得出一些半定量的结果。Hallbaucr等(1973)将试件加载到不同的应力水平,卸载后制成薄片,在光学显微镜下进行了观察。结果表明,微裂纹开始是随机而分散地出现,当裂纹密度达到一定的水平之后,就开始在未来宏观断裂带周围的一个窄带上集中,最后连通而形成宏观断裂带。自从Sprunt和Brace(1974)将扫描电镜观测技术引入岩石微破裂研究以来,已有许多这方面的成果陆续发表。F. T. Wu(1975)研究了Westerly花岗岩在单轴压缩蠕变试验中的微破裂事件累积数,并且对一些试件在临近破坏时卸载,切出薄片在光学显微镜下进行观察,结论是观察到的裂纹比记录到的事件数要少得多。他们还发现,在低围压下的某些试件,临近最后断裂时的体积应变反而下降。Tapponnier(1976)研究了Westerly花岗岩中应力诱发的裂纹的扩展,他们的结论是很少看到与剪切有关的扩展裂纹,扩展裂纹大多数与颗粒边界有关,并与外应力方向成高角度。

张宗贤(1994)利用扫描电镜对岩石的热开裂等现象进行了分析讨论,得出如下结论:当热处理温度不超过一定限度时,沿晶断裂是最主要的热开裂形式;随热处理温度的继续升高,穿晶断裂会明显增多,并有可能多于沿晶开裂。此外,微孔洞和较大的沿晶裂纹可能会成为热开裂新的损伤源。

张晶瑶等(1996)研究了温度变化对磁铁石英岩和赤铁石英岩微结构的影响,结果表明,在高温条件下由于矿石中矿物成分不同所引起的结构热应力,是造成两种矿石微结构损伤的主要原因,由此而形成的微裂隙导致矿石强度明显下降。

刘小明(1997)对拉西瓦花岗岩在各种受力情况下岩石破坏断口,进行了微观扫描电镜试验研究,分析了岩石微观破坏形貌特征和微观破坏力学机制。通过试验研究和理论分析,明确地给出了高地应力地区钻孔岩芯饼状破裂和岩爆产生的微观破坏机制,为进一步分析高地应力地区脆性围岩岩爆产生的机理提供了可靠的试验依据。

黄明利等(1999)通过在扫描电镜下进行单轴加载试验,即时观察分析岩石受力过程中微裂纹的萌生、扩展和贯通破坏的全过程,得到各试样的应力-应变曲线及其所对应的微结构变化的电镜照片。试验结果表明,岩石试件的变形与破坏过程可以分为裂纹压密、微裂纹萌生和扩展及断裂破坏3个阶段;微裂缝首先在预裂缝周围的拉应力集中区产生,随着外载荷的增加不断扩展,最后形成与最大主应力方向平行的宏观断裂带。

E. O. Moustafa(2004)利用扫描电镜观测了浙江花岗岩在室温下由51.6 MPa压力产生的裂隙的发育过程,并观察花岗岩的表面以研究其微裂隙和矿物的解理、晶形及破裂作用,将微裂隙分为3种类型:晶体内裂隙(完全发育在颗粒内部)、晶体间裂隙(穿过颗粒边界进入其他颗粒中)、颗粒边界裂隙(沿颗粒边界发育或与边界重合)。

朱珍德(2005)为探讨高水压对大理岩变形、强度、脆-延转化特性及破坏断裂损伤劣化的影响,取锦屏二级水电站引水隧洞大理岩分别进行高水压、高围压、低围压作用下全应力-应变过程三轴压缩对比试验,并对大理岩破坏断裂断口进行微观扫描电镜试验,分析不同工况条件下大理岩断口微观形貌特征。

谌伦建等(2005)采用偏光显微镜、扫描电镜及岩石力学试验系统等仪器设备研究了煤层顶板砂岩在常温到1 200 ℃范围内的力学特性和破坏机理,以及不同温度条件下岩石微观结构。结果表明,煤层顶板砂岩在加热过程中强度急剧降低的温度与岩石内部裂隙形成和晶体形态变化的温度基本一致,砂岩在高温作用下的破坏是晶体晶型转变和膨胀等产生的热应力及有机物析出共同作用的结果。

谢卫红等(2005)利用带扫描电镜的高温疲劳试验机等目前最先进的试验手段,实时观测了在温度和载荷同时作用下岩石在单向压缩和拉伸中微细观结构的变化、缺陷演化方式和变形破坏过程,针对岩石的热膨胀是不可逆的,即它会受加温历史的影响,加热时和冷却后岩石结构有差异的特点,对岩石在温度载荷作用下的细观结构特征和细观破坏机理进行了较为系统的试验研究,得到了在不同载荷和温度作用下岩石中微裂纹萌生、扩展、断裂破坏等各个阶段清晰的SEM图像和数据。同时,结合实时观测得到的数据和高清晰度图片,分析研究了岩石热细观损伤特性,探讨了载荷和温度的变化对岩石细观结构的影响。

4. 温度作用下无缺陷岩石细观损伤模型

细观损伤模型主要是采用断裂力学、细观力学、弹塑性分析方法研究微裂纹、微孔洞的形成、扩展,从而建立材料的损伤演化规律。细观损伤理论必须采用一定的平均化方法,把细观构元研究的结果反映到材料的宏观性质中去,这是它与连续损伤理论的一个重要差别。如今,连续损伤力学和细观损伤力学已被众多学者所接受,并在工程应用和理论研究中相互补充、相互推动。F. Homand-Etienne 等(1998)将损伤变量定义为裂纹密度的二阶张量,根据裂纹扩展考虑其损伤演化,进而建立了相应的损伤模型。基于均匀化理论构建细观力学损伤模型的热动力学框架。朱其志等(2008)认为,岩石是由弹性固体基质和裂纹构成的非均匀材料,同时提出了相应的细观力学损伤模型。

Chengyi Huang 等(2002)在考虑微裂纹动态扩展的基础上,提出了相应的岩石损伤细观力学模型,认为岩石应力-应变曲线、破坏强度及损伤发展速率与摩擦系数、初始裂纹长度和加载速率密切相关。

J. W. Zhou 等(2010)在假定微裂纹随机分布的基础上,基于微裂纹断裂力学、岩石损伤力学等理论提出了脆性岩石在单轴压缩荷载作用下的微裂纹损伤模型,并利用该模型对单轴压缩荷载作用下的力学性质进行了分析,认为当外载达到一定水平时微裂纹开始扩展且岩石力学性质亦随之变化,裂纹扩展速率随外荷载而增加,直至岩石发生宏观破裂。

N. Xie 等(2011)在考虑微裂纹滑动引起的塑性应变及损伤的基础上,提出了一个基于微观力学的弹塑性损伤模型以考虑准脆性岩石在压缩应力状态下的力学行为。

E. Hamdi 等(2011)利用数字图像处理技术确定微缺陷所占面积,进而把损伤变量定义为微裂纹的面积与该断面总面积之比,在此基础上建立了相应的动态拉伸损伤模型。

B. Paliwal 等(2008)在考虑相互作用的基础上,把损伤变量定义为裂纹密度的函数,提出了一个脆性岩石在压缩荷载作用下的损伤模型。利用该模型对岩石在压缩荷载作用下的力学响应进行研究,认为在低应变率时,裂纹分布范围对岩石力学性质影响较大,而在高应变率时,裂纹密度影响更大。

为了考虑岩石细观局部塑性变形,赵吉坤等(2008)导出了基于应变空间理论的细观弹塑性损伤模型,并采用有限元计算方法实现岩石三维破裂过程的数值模拟,提出细观破坏单元网格消去法,利用位移加载来实现岩石逐渐破裂过程。

陈益峰等(2011)基于均匀化方法,给出低孔隙度脆性岩石在热-力耦合荷载作用条件下的各向异性损伤模型,该模型可考虑非等温条件下裂纹的法向压缩变形、刚度恢复以及裂纹的滑动剪胀特性;采用闪长岩在三轴压缩条件下的应力-应变曲线验证了该模型的有效性,并分析岩石在损伤演化过程中裂纹体积率、密度、形态等的演化规律。

韦立德等(2005)采用 Eshelby 等效夹杂方法建立了岩石弹塑性损伤本构模型,在连续介质损伤力学框架内利用细观力学的 Eshelby 等效夹杂方法建立了考虑损伤相塑性体积变形的岩石的 Helmholtz 自由比能函数,利用连续介质损伤力学方法推导出了考虑损伤相塑性变形的岩石损伤本构关系,给出了损伤演化方程和塑性应变发展方程,并通过数值模拟证实该模型能够反映岩石体积塑性应变、损伤的变化规律和损伤部分不能承受拉应力等力学特性。

近年来检测技术的飞速发展也为岩石细观力学的研究注入了新的活力。扫描电镜、计算机断层扫描(CT)技术的出现和应用都有力地推动了岩石损伤细微观研究的发展。

凌建明等(1993)在单调加载和恒载蠕变条件下进行了脆性岩石损伤动态全过程的细观试验,研究了细观裂纹的形式、发展及其损伤效应,探讨了断裂过程区的细观裂纹损伤特性。结果表明,细观裂纹是导致脆性岩石损伤极其重要而基本的因素,且具有显著的时效特征。在此基础上,将细观裂纹几何参数与岩石宏观力学参量相联系,分别建立了脆性岩石在单调加载和蠕变条件下的细观裂纹损伤模型,并做了相应验证。

赵永红等(1997)根据岩石试件受载过程中微裂纹发育的观测结果,分别将岩石构元中破裂面的分维值及各方向上裂纹面的累加量定义为各向同性及异性损伤变量,从而建立了岩石破坏的分维损伤本构模型。

Teda 等(1989)开创性地将 CT 装置引入岩石损伤断裂的研究中,而后杨更社等(1996)首先用 CT 数定义了的岩石损伤变量,从而为岩石损伤研究开创了新的途径。

葛修润等(2000)利用最新研制的与 CT 机配套的专用加载设备,进行了三轴(单轴)荷载作用下岩石材料破坏全过程的细观损伤扩展规律的实时 CT 试验,得到了在不同荷载作用下岩石材料中微孔洞被压密—微裂纹萌生—分叉—发展—断裂—破坏—卸载等各个阶段清晰的 CT 图像。同时,对得到的 CT 数等数据进行了分析,引入了初始损伤影响因子,定义了一个基于 CT 数的新的损伤变量,得到了损伤扩展的初步规律。

要深入掌握岩石损伤的机理必须从岩石破坏的细观机制入手,但是如何建立细观结构演化与宏观力学量之间的定量联系,则是细观力学研究中的一个重要问题,还有待于进一步深入研究。

1.2.6 无缺陷岩石温度场-渗流场耦合理论

国外有关裂隙围岩渗流场、温度场两场之间耦合作用的研究最早始于 20 世纪 60 年代中期。由于岩体中裂隙分布的复杂性,一般来讲,其渗流数学模型可分为以下两种类型:①裂隙-孔隙双重介质模型,可分为拟稳态流模型和非稳态流模型;②非双重介质模型,主要包括等效连续介质模型、离散裂隙网络模型。这些渗流模型各有其特点、适用性和不足之处,对应具体的工程要选择适合的模型。

Lauwerie(1955)在经过一些符合实际情况的简化假设的前提下,得出了裂隙岩体中一维流动传热的温度控制方程及解析解答。Cermak、Jetel 等(1985)研究了波希米亚地区石灰岩地层中地下水的流动和热量运移问题,根据 Mytnyk 建立的温度场控制方程,考虑地层温度梯度以及基岩热量的竖向上传等情况,得出其相应的解析解。R. Schulzl(1987)在考虑有填充裂隙的水平导热系数的前提下,分别针对一维裂隙流和二维裂隙流模型,得到解析解。Elmroth 等(1999)介绍了解决核废料处置、环境整治以及地质环境工程等地下水渗流和热传导相关问题的一种软件,该软件是基于质量守恒和能量守恒的一种有限体积法软件。

柴军瑞等(1999)针对岩体一维渗流场与温度场耦合分析的连续介质数学模型,采用迭代法进行了解析演算,得出了耦合模型的近似解析解,并定量地分析了岩体渗流场与温度场的相互影响和相互作用。

王如宾等(1999)通过隧道裂隙围岩体渗透性能与热物理性能的等效连续化处理,初步建立了围岩体温度场与渗流场耦合作用数学模型,进行了裂隙岩体渗流的热学效应研究。

刘亚晨(2000)从各自耦合过程特征出发,把裂隙岩体视为等效连续介质,对裂隙岩体介质岩体热(温度)-水(渗流)-岩(应力)(THM)耦合参数特性进行分析,从而建立描述裂隙岩体介质 THM 耦合的数学模型。概括起来,从以下几方面来完成这项研究。在裂隙岩体力学模型方面,利用 O'Connell 建立的干(或饱和水)裂隙岩体等效弹性模量与岩石模量的关系式,并由式中的裂隙密度概念意义,建立了温度作用下的裂隙密度与 Oda 提出的裂隙张量之间的关系式。在裂隙岩体渗透模型方面,利用 Oda 提出的描述裂隙岩体渗透特性的附加裂隙张量,并以裂隙结构面的开度、岩体裂隙数(包括受温度影响开通裂隙数)、裂隙连通率、附加应力、剪切膨胀和化学成分为研究对象,建立了具有 THM 耦合特性的渗流系数张量。在理论分析方面,建立了 THM 三方面满足的本构方程式和描述核废料储库裂隙岩体介质热－液－力耗散过程的定解方程。在试验基础上,给出了温度、饱和水下的单裂隙岩体应力－应变、抗压强度回归拟合关系表达式以及岩体裂隙结构面的温度－应力－水力耦合本构关系式。

A. H. Cheng 等(2001)考虑热弥散系数的影响,对一维传热情况进行解析求解,二维传热情况则用数值方法求解。

孙培德(2003)等研究了温度场－渗流场－应力场中热传导系数和渗透率以及岩体力学参数的空间变异性,用试验方法研究三场耦合效应及裂隙岩体的场性能等效处理,试图建立热－水－力耦合作用的随机性数学模型及可视化数值模拟方法。

高红梅、兰永伟(2005—2018)从理论上分析了核废料地下处置过程中温度场－应力场－渗流场三场相互影响相互作用的力学机理。

Mac Quarrie 等(2005)基于 Yucca 山核废料处置项目,建立近场、远场双重连续模型,说明了运移是如何描述渗透率的相关理论。

刘长吉(2007)基于含水层导热－对流型温度场的地温曲线和渗流连续性方程,考虑受垂向流影响的温度场,建立地温与深度之间的函数关系,并建立不动点迭代方程,编制程序计算垂向渗透系数。针对渗透系数计算结果的统计特征分别构造满足正态分布、对数正态分布和均匀分布的3组新样本,构造减速膨胀曲线,对比分析渗透系数的概率分布特征。结果表明:同正态分布和均匀分布相比,裂隙岩体地区的垂向渗透系数更接近对数正态分布,利用温度场方法和统计学方法研究裂隙岩体地区地下水渗流场参数,如渗透系数,具有避免过多主、客观因素干扰,计算过程清晰,结果明确的特点。

张玉军(2006、2007)从建立应力平衡方程、水连续性方程、能量守恒方程入手,利用 Galerkin 方法,对于岩体和不连续面分别采用等参数单元和具有相同厚度的四节点节理单元,将各控制方程分别在空间域和时间域进行离散,建立了用于分析存在不连续面的饱和－非饱和介质中的热－水－应力耦合弹塑性问题的有限元模型,并开发了相应的计算程序。通过假定的有、无节理的核废料地下处置算例,表现了由于存在渗透系数很大的不连续面,推迟了缓冲材料达到饱和的时间,并对岩体中的位移场、应力场和渗流场产生很大的影响。

Wang 等(2009)介绍了孔隙介质模型模拟耦合过程的一种近似有限元法,在建立子域扩普结构的同时,在子域上装载线性方程组并获得其解答,从而实现并行解法。

党旭光(2009)在国内外学者对耦合模型理论研究进展状况的基础上,介绍了用 adina 建立模型的过程。

任晔(2009)对反映裂隙岩体温度场分布的单裂纹岩体热流模型进行总结分析,并对影响温度场分布的相关参数进行了参数敏感性分析。

刘明(2011)分析了地下岩体温度场与渗流场间的相互作用效应,考虑流体渗流和岩体骨架本身的热传导作用以及温度梯度所产生的渗流作用,并计入温度对水体运动黏滞系数及岩体渗透率的影响,给出了完整的基于连续介质模型的地下岩体温度－渗流耦合数学模型。借助多物理场耦合软件 CM,运用该耦合模型对某核废料地质储存模型进行了双场耦合分析,分析结果显示,考虑温度－渗流耦合作用后,对废料地质储存区附近的围岩稳定性产生了不利影响。

杨天鸿等(2011)从岩石的细观结构层次出发,应用损伤力学、热力学和渗流力学理论,并在对问题合理假设基础上,初步建立了 THM 耦合数值模型,运用该数值模型计算模拟均匀与非均匀岩石试样在温度-渗流-应力耦合作用下的应力分布和破坏形态,通过与理论结果对比验证该数值模型的合理性和有效性。结果表明,该数值模型能够初步研究温度、渗流与应力耦合作用下岩体变形破裂过程中裂纹萌生、扩展和贯通的机理。

项彦勇等(2011)以裂隙岩体高放射性核废物地下处置库性能评估为目标,提出了分布热源作用下单裂隙岩体渗流-传热的简化概念模型、控制微分方程和拉氏变换-格林函数半解析法,为进一步采用半解析法计算分布热源作用下多裂隙岩体的渗流-传热问题奠定了基础。针对单裂隙岩体的渗流-传热问题,建立考虑岩石内热源和二维热传导的控制微分方程,利用拉氏变换域微分方程的基本解建立格林函数积分方程,采用解析法处理其中的奇点,通过数值积分和拉氏数值逆变换求解,计算任意时刻裂隙水和岩石的温度分布。通过算例,与基于岩石一维热传导假定的解析解进行对比,并计算分析分布热源作用下单裂隙岩体的渗流-传热特征及其对裂隙开度、岩石热传导系数和热流集度的敏感度。算例表明:就裂隙水温度而言,由于考虑了岩石的二维热传导,拉氏变换-格林函数半解析解小于基于岩石一维热传导假定的解析解;裂隙水温度和岩石温度对裂隙开度和热流集度的敏感度较大,对岩石热传导系数的敏感度较小。

1.2.7 有缺陷岩石在常温条件下的力学特性

实际工程中遇到的岩体均为含有节理、裂隙的不完整岩体,这里统称为节理岩体。节理是导致岩体与完整岩石物理力学性质差异的最根本原因。因此由于实际工程的需要,很多学者都对节理岩体的力学特性进行了大量研究。其试验方法基本与完整岩石相同,只是节理岩体试验更多地关注节理的物理力学性质对其强度及变形的影响规律。

目前研究较为深入的是含单条贯通节理的岩体,张志刚等(2011)从理论和经验两方面阐述单节理岩体的强度特征及其确定方法,结合实际的隧道工程岩体,对加工制备的 5 组完整岩石和含单节理岩石样品进行室内轴向压缩强度试验,应用基于细观离散的三维颗粒流程序 PFC3D 仿真室内试验结果,从而确定出数值试验中相应岩石和节理的基本细观输入参数。在此基础上,通过对实际工程进行地质调查构建节理岩体结构的理想地质模型,输入岩石与节理的基本细观参数,实现对大尺度单节理岩体进行数值预测的强度试验,并获得实际工程岩体的应力-应变关系及相关的强度特征。试验研究表明:节理的存在会降低岩体的强度,改变岩体的延性;岩体中同组的不同节理间存在相互的强度弱化作用,作用的结果导致岩体的总体强度下降,因此简单地分步应用单节理理论预测含多节理的岩体强度是不可行的;基于岩体结构,应用室内试验与数值试验相结合确定大型节理岩体强度的方法是可行的。

但实际工程中的岩体大都不是单节理岩体,因此更多学者对更复杂的节理岩体进行了广泛的研究。在 20 世纪 70 年代,Brown(1970)、P. A. Cheppel(1974)、Einstein(1973)及 K. W. John(1973)等人分别采用不同方法对节理岩体的力学性质及破坏模式进行了研究,结果均表明,在节理岩体中可能会存在多种不同的破坏模式,且节理岩体内部的应力分布也要比均匀岩石复杂。Reik 和 Zacas(1973)通过对由多个 4 cm×6 cm×10 cm 的小块体组成的横截面为 60 cm², 高为 130 cm 的节理岩体进行真三轴压缩试验,研究了中间主应力对节理岩体强度的影响,认为其强度与节理方向及中间主应力均有关,且当该应力与节理走向平行时,中间主应力的影响较小。Lajtai(1992)对含非贯通节理的岩体进行了直剪试验,认为当完整部分岩体和节理的强度二者同时发挥时,整个试件的强度才能达到最大值。

对于有缺陷的岩石进行的实验室研究,主要集中在常温条件下测试有缺陷岩石的各力学性能的研究。

谭志宏等(2005)通过红外热像仪对7块含相同预制单裂纹缺陷的花岗岩板状试样单轴压缩载荷下破裂过程的红外热像进行了试验研究。试验结果表明:试件加载过程中,微破裂越强,其红外辐射也就越强;在主破裂时,试件在局部破坏区域会产生高温条带的红外热像特征。试件受压过程中的红外温度异常表现为3种类型:先降温,临破裂升温;温度交替升降,破裂前升温;缓慢升温,破裂前快速升温。同一种岩石,其破坏时的红外辐射表现不一定相同。

张后全等(2005)应用RFPA系统对含断续裂纹剪切试样的断裂过程进行了数值模拟研究,讨论了不同裂纹几何分布对破坏模式和峰值强度的影响。研究结果表明:在相同围压条件下,裂纹贯通模式主要受裂纹的几何方位控制;由于试样细观缺陷非均匀性的存在,导致岩石断裂主要由拉伸破坏引起,拉剪混合破坏仍然存在。

敖波等(2006)利用混合体的线性衰减系数的线性表示方法,推导出材料受力环境下,不含杂质时,微裂纹群的出现所带来的密度相对变化量与CT数相对变化量之间的关系式;进一步分析得到了裂纹缺陷体积百分数相对变化量与CT数相对变化量之间的关系式。含单杂质时,得到了裂纹缺陷体积百分数相对变化量与CT数相对变化量之间的关系式,并且把结论进一步推广到多杂质情形。

王士民等(2006)应用数值模拟方法对含有预制裂纹的脆性岩石的破坏规律进行了初步的研究,分析了裂纹的存在对岩石破坏的影响机制。研究发现,在对带有预制裂纹的岩石试件进行加载试验过程中,预制裂纹的存在成为影响岩石破裂方式的主要因素。与之相比,由材料非均质性所造成的影响便成了次要因素,而对于含有双预制裂纹的岩石试件裂纹的间距是影响岩石破坏形式的重要因素。

林鹏等(2006)在分析Ashby和Hallam含缺陷脆性介质峰值强度理论模型基础上,对其进行修正,并用修正的理论模型研究单轴作用下,含裂纹缺陷花岗岩试样的裂纹萌生、扩展、贯通和相互作用等因素对峰值强度的影响规律。通过与物理试验和数值模拟结果对比分析发现:修正后的Ashby–Hallam强度模型能定量地预测含缺陷岩石的峰值强度,定性分析峰值强度同裂纹缺陷密度和裂纹贯通密度的关系;含裂纹缺陷脆性岩体的峰值强度主要与贯通的裂纹数以及缺陷的分布和缺陷大小有关。

杨圣奇等(2007)通过在MTS815.03岩石力学伺服试验机上对断续预制裂纹粗晶大理岩进行常规三轴压缩试验,基于试验结果研究不同围压下断续预制裂纹粗晶大理岩的变形和强度特性。结果表明:随着围压的增加,完整岩样和断续预制裂纹岩样峰后表现从应变软化逐渐转化为理想塑性的变形特性;岩石峰值环向应变对围压的敏感程度高于峰值轴向应变;强度与围压之间的关系可采用Coulomb准则来表征,且残余强度对围压的敏感性显著高于峰值强度。粗晶大理岩晶粒尺度较大,完整岩样的弹性模量随围压而增大,峰值应变与围压之间呈正线性关系;而断续预制裂纹岩样的弹性模量以及峰值应变和围压之间的关系较为复杂,且随裂纹倾角而变化。

刘晓丽等(2006)利用自主开发的岩土工程计算机辅助分析系统GeoCAAS,采用混合的Mohr–Coulomb剪切破坏准则与拉应力破坏准则,考虑材料塑性屈服后的软化特性,研究单轴压缩条件下含缺陷岩石的变形特性与强度,探讨缺陷的演化规律及其对岩石宏观力学强度的影响。对于含单个缺陷的岩样,缺陷位置的不同对岩石强度影响较大。边界上的缺陷不但能够决定岩石的最终剪切破坏带的分布,而且还极大地影响岩石的强度;岩石内部的单个缺陷对剪切破坏面的分布影响较大,而对岩石强度却影响较小。对于含多个随机缺陷的岩石,研究了缺陷体积含量与岩石强度的关系。将岩石中缺陷的体积含量近似为岩石的孔隙度,通过不同孔隙度的砂岩的室内单轴压缩试验对上述研究成果进行验证。

方恩权(2008)以理论分析和数值模拟为研究手段,以含边界缺陷的脆性岩石试样为对象,对单轴压缩缺陷状态下裂纹起裂、扩展规律和预置裂纹起裂的应力条件及试样的稳定特性进行了相应的研究。

胡盛斌等(2009)采用水泥砂浆材料和充填材料模拟含缺陷岩石,分别对含孔洞、柔性充填物及刚性充填物试样进行低周疲劳试验,观察含缺陷试样的疲劳破坏特征,得出含缺陷试样的轴向不可逆变形阶段性规律,研究不同缺陷对岩石类材料的疲劳寿命、疲劳裂纹萌生及其扩展的影响。试验结果表明:循环荷载作用下含缺陷岩石试样的轴向不可逆变形经历初始变形、等速变形以及加速变形3个阶段;含缺陷试样疲劳裂纹首先在有较大应力集中的缺陷与基体材料界面边缘处萌生及扩展;在相同循环加卸载条件下,预制孔洞直径越大,对应的孔洞试样疲劳寿命越短;刚性充填物试样最容易发生疲劳破坏,孔洞试样次之,柔性充填物试样疲劳寿命最长。

邓向允等(2009)选用水泥砂浆为参考材料,通过在试件中预制裂缝来研究含缺陷玄武岩,声波测试说明,在 0~20 MPa 范围内,玄武岩弹性波波速随压力增大开始时有一定幅度的升高,到 8 MPa 以后由于玄武岩硬度相对较高,波速基本保持在一定水平。

李术才等(2009)采用试验手段研究单轴拉伸条件下内置三维裂隙倾角对类岩石砂浆材料力学的弹性波传播特性,对含不同裂缝的试样进行了 5 种频率的声波测试。结果表明:缺陷对玄武岩的弹性波频散效应影响很大,随缺陷所占比例的增大而增大。同时,研究了单轴加载下的弹性特性及断裂特征的影响。试验中配制物理力学性能与砂岩接近的砂浆材料,研制三维裂隙空间定位装置,同时改进传统岩石材料直接拉伸试验方法,研制黏结轴拉试验装置。试验结果发现,含裂隙砂浆试件的单轴拉伸受力变形过程分为 4 个阶段:缺陷张开阶段、弹性变形阶段、弹塑性变形阶段和破坏阶段,其中弹性阶段所占比例最高,突发性破坏阶段是拉伸破坏和压缩破坏最明显的区别,裂隙倾角 α 的改变对砂浆材料力学性能影响很大。

王学滨等(2009)采用 FLAC 软件模拟了围压存在时孔隙压力对具有初始随机材料缺陷的岩石的破坏过程、前兆及声发射的影响。密实的岩石服从莫尔库仑剪破坏与拉破坏复合的破坏准则,破坏之后呈现应变软化 – 理想塑性行为,即缺陷在破坏之后经历理想塑性行为,在孔隙压力存在时,缺陷在施加轴向加载速度之前就发生了破坏。当施加轴向速度后,声发射累积数先一度保持恒定,然后由于缺陷的长大声发射累积数发生了少量的突增。经历了一段短暂的平静之后,由于短剪切带聚合成长剪切带声发射累积数发生了大量的突增,穿越应力峰值。之后,仅有零星声发射活动,试样处于平静的残余变形阶段。随着孔隙压力的增加,应力峰值达到时的声发射累积数提高,应力峰值附近的声发射活动变得强烈,残余变形阶段达到时的声发射累积数提高。

任建喜等(2009)完成了含单一预制裂纹的裂隙砂岩三轴压缩条件下的细观破坏特性 CT 实时扫描试验,得到了裂纹萌生、发展、宏观裂纹形成、破坏等各阶段的 CT 图像。结果表明:与完整岩石试样一样,三轴压缩单一裂隙砂岩的破坏过程也可以分为线性发展阶段、细观裂纹萌生及发展阶段、损伤快速发展阶段和峰后损伤加速发展阶段4个阶段。裂隙岩石的损伤演化速度高于完整岩石的损伤演化速度,已有预制裂纹对新的裂纹的起裂位置及贯通性宏观破坏裂纹的形成具有重要影响,裂隙砂岩试样的扩容量大于完整试样破坏时的扩容量。

李地元等(2010)通过对 Iddefjord 花岗岩切片的微观结构分析发现,硬岩试样存在明显的微观缺陷和结构的非均质性。利用线弹性断裂力学方法,对单轴压缩下楔形滑移型裂纹的扩展规律进行了理论推导,得到了单裂纹条件下裂纹扩展的临界应力和裂纹初始长度、裂纹面倾角、摩擦角、岩石断裂韧度等之间的关系,并推导了压缩载荷和裂纹扩展长度之间的关系式,同时还分析了双轴压缩载荷作用下滑移型裂纹尖端翼裂纹扩展的应力强度因子和裂纹长度之间的关系。

曹林卫(2010)基于细观损伤力学和统计学方法,考虑材料内部椭圆形微裂纹的变形、扩展、摩擦滑移及偏折扩展对材料变形和渗透性的影响,采用 Taylor 方法建立了计算微裂纹内水压力的准脆性岩石材料三维细观损伤-渗流耦合模型。同时,采用深埋椭圆形微裂纹的代表性单元(RVE),在远场应力作用下,根据微裂纹变形和扩展规律的不同,将微裂纹受力状态分为拉剪和压剪,分别研究具有任意空间取向的单个微裂纹在裂隙水压力和远场应力下的附加柔度张量,考虑微裂纹的稳定扩展以及围压对微裂纹偏折扩展的影响,采用 Taylor 方法并引入概率密度函数,分别建立准脆性岩石在三轴拉应力和三轴压应力下的三维细观损伤本构模型。

申培文等(2010)应用 FLAC3D 软件对含预制裂纹砂浆块和完整砂浆块试样在单轴压缩点荷载作用下的破碎过程进行了数值模拟。结果表明:完整砂浆块的破碎过程首先出现一个应力集中区,形成密实核,然后形成中间裂纹、径向裂纹、侧向裂纹,这些裂纹迅速扩展,并衍生许多新的次生裂纹,沿着剪切或拉应力迹线贯通整个岩块;而含预制裂纹岩块的破碎则是在出现密实核后,随之在裂纹的两个端部出现应力集中,然后沿主载荷方向扩展,形成翼型裂纹,最后贯通整个试件;含预制裂纹试件和完整岩块的破碎应力-侵深曲线均出现跃进式特征,但裂纹试件裂尖局部的应力集中导致了翼型裂纹的产生并且沿主应力方向扩展,导致试件的破碎,其临界失稳荷载明显下降,预制裂纹对试件破碎效果的影响是显著的。

李廷春等(2010)采取3种不同区域划分方案,通过对不同层、不同阶段的 CT 数、CT 方差、CT 图像的对比分析,获得裂隙被压密、自相似扩展、翼裂纹扩展、微裂纹扩展、裂纹加速扩展直到试件破坏的整个裂隙扩展过程。试验结果表明,在三轴压缩荷载作用下,裂隙被压密较为明显,翼裂纹扩展缓慢,自相似扩展更大,而且翼裂纹的扩展是从自相似扩展后的边缘开始的。总之,预置裂隙的扩展受围压影响很大,扩展过程相当艰难,试件破坏类似于延性破坏。

刘杰等(2011)初步探讨了预制裂纹对表面电位的影响机理,通过表面电位变化规律与载荷变化及预制裂纹密切相关,能够很好地反映含宏观缺陷煤样受压时内部的破裂发展情况。

朱明礼等(2012)基于 SEM 的大理岩试样细观损伤全程跟踪试验方案,选取四川锦屏二级引水隧洞围岩大理岩试样进行试验观察。利用扫描电镜拍摄大量不同荷载作用下的细观损伤演化图像,从中选取有代表意义的图像进行损伤破坏特性分析。研究结果表明,由于应力集中的影响,预制裂纹大理岩试样在加载初期产生与预制裂纹垂直的微裂纹;随着荷载的增加产生大量的拉裂纹及分叉裂纹,裂纹的扩展方向逐渐向加载轴方向转动;由于初始损伤和损伤的不断积累,压剪作用对岩石的破坏起控制作用,并形成剪切破坏面。

杨圣奇等(2012)基于在伺服试验机上获得的不同围压下断续预制裂隙大理岩体积应变-轴向应变全程曲线,分析了围压对断续预制裂隙大理岩扩容特性的影响规律。结果表明:完整和断续预制裂隙大理岩裂纹损伤阈值随着围压的增加均近似呈线性增大,而且裂纹损伤阈值对围压的敏感性低于峰值强度;同等围压下,粒径较小的中晶大理岩具有较高的裂纹损伤阈值;完整或断续预制裂隙大理岩的长期内摩擦角均显著低于瞬时内摩擦角值,但长期黏聚力的降低幅度与裂隙分布密切相关;完整或断续预制裂隙大理岩的峰值强度越高,相应的裂纹损伤阈值也越大,且两者之间具有较好的线性关系。

程龙等(2012)采用岩石力学伺服控制试验机和声发射仪,对含缺陷砂岩进行了单轴压缩试验,研究了岩石的裂纹扩展和声发射特征。同时,采用岩石破裂过程分析系统进行了模拟研究,试验结果和模拟结果具有较好的一致性。在此基础上进行了多次重复模拟试验,探讨了材料非均质性对岩石裂纹扩展特征的影响。试验结果表明:岩石材料裂纹扩展特征与材料非均质性密切相关,主裂纹首先在裂隙尖端产生并沿垂直裂隙方向扩展,而后改沿最大主应力方向朝端部扩展,但此后的裂纹扩展方向不同,且主裂纹在各阶段扩展长度、速度不同;同时,次生裂纹参数(数量、长度、宽度、走向)存在差异。

于洪丹等(2012)利用高精度渗流应力耦合三轴试验系统,对含裂隙砂岩和粉砂岩加载及卸载作用下的渗流特性进行试验研究。试验结果表明:加载试验过程中,随着载荷的增大,试样裂隙隙宽逐渐减小,渗透率随之减小,渗透率与有效围压呈负指数关系;卸载过程中,随着载荷的减小,岩石渗透率逐渐回升,但回升路径明显低于原始路径,路径不重合表明试样中裂隙的变形具有塑性变形的特征。根据试验结果,建立渗透率与有效围压的关系式,并确定关系式中的待定参数。在试验及理论研究的基础上,通过数值模拟分析试样裂隙面渗透率及渗流速度的变化规律。

杨圣奇等(2012)利用岩石力学伺服试验机与岩石声发射仪,对含孔洞裂隙砂岩(尺寸为 60 mm × 120 mm × 30 mm)的力学特性进行单轴压缩试验。基于试验结果,首先分析含孔洞裂隙砂岩岩样的强度和变形特性,结果表明,含孔洞裂隙砂岩岩样的力学参数均显著低于完整岩样,但降低幅度与孔洞直径及缺陷对称分布密切相关,随着孔洞直径的增加,含单孔洞砂岩的峰值强度与峰值应变均呈衰减趋势,而不对称分布的孔洞裂隙砂岩岩样的力学参数均低于对称分布;然后基于含孔洞裂隙砂岩加载过程中的声发射特征,揭示声发射分布显著受孔洞裂隙等缺陷分布的影响,这主要是由于含不同孔洞裂隙砂岩中裂纹扩展模式存在着显著差异;最后通过照相量测技术,探讨含不同孔洞裂隙砂岩的裂纹扩展特征,分析含缺陷砂岩裂纹扩展过程及其对宏观应力-应变曲线的影响规律。

刘大庆等(2012)对含45°预制裂纹的花岗岩板进行单轴压缩试验,采用电阻应变计监测裂纹延伸扩展过程中的受力状态。结果表明:翼形裂纹是单纯受到拉伸应力作用产生的,而二次裂纹是受到剪切作用产生的,表现为拉压应力交替作用,但在二次裂纹扩展的不同阶段,所受到的主要应力不同,在二次裂纹刚开始扩展时压应力是主要应力,随着二次裂纹的延伸扩展,拉应力成为主要应力;引起二次裂纹扩展的剪切应力区域比引起翼形裂纹扩展的拉伸应力区域宽泛得多;受挤压作用产生的裂纹,实质上是由受压引起的剪切型张拉应力迫使其开裂的。

1.2.8 缺陷岩石热损伤理论和本构方程

由于岩石是含有微裂隙、微孔洞等初始缺陷的天然材料,因此利用损伤理论来研究岩石等含有初始缺陷的材料已被认为是最有效的研究方法,而损伤理论也已渗透到岩石工程如高温、蠕变、冲击等的各个方面,而且其研究方法都是建立在连续介质力学和热力学的框架之内。

宏观唯象损伤模型是以连续体力学和连续介质热力学为基础,把包含各种缺陷的材料看成是一种含有"微损伤场"的连续体。进而通过引入内变量把细观结构变化现象渗透到宏观力学现象中进行分析。其主要目的是模拟材料的宏观力学行为而不涉及引起其变形及破坏的物理本质。

李长春等(1991)在内时理论的基础上建立了考虑温度效应的岩石损伤本构方程,导出了增量型岩石材料损伤本构关系式。该方程反映受损伤材料外载荷增量导致的应变增量、内时标度增量(实质上是累积塑性变形历史)对应变分量的贡献和累积损伤增量的影响,体积变形中具有温度 T 的一项则可解释为材料在主应变方向受到的热膨胀伸长。

Shuke Miao 和 Ming L. Wang(1997)通过试验在热力学框架内将弹塑性理论和连续损伤力学结合起来预测半脆性材料的力学性能,方程表示在热力学框架内弹塑性损伤过程,total P 表示总的耗散率。

M. H. H Hettema 等(1999)通过黏土岩在压实过程中高温下的三轴试验,用扫描电镜观察分析图像,建立了黏土岩在压实过程中以微结构参数变化相关的微力学模型。

L. Wenbo 等(2000)在试验研究温度变化对有缺陷体受外载和温度变化问题时,利用了 Allen 研究非弹性固体的热-力耦合方程,导出各向异性非弹性体热耦合方程和熵方程。

徐燕萍等(2001)分析研究了岩石在高温作用下的热弹塑性力学特性,研究了岩石的加、卸载过程,根据损伤力学的基本理论,推导了温度作用下的岩石热弹塑性力学特性本构方程。在推导过程中,假设宏观的损伤变形和塑性变形是同时出现的,由于岩石的损伤演化规律和塑性应变的演化规律不完全独立,因此本构方程中只需引入塑性变形的屈服准则。

谢卫红、高峰等(2007)采用清华大学带扫描电镜的岛津 SEM 高温疲劳试验机系统,对高温作用下石灰岩在单向压缩和单向拉伸加载的细观结构进行了实时试验研究,探讨了岩石热损伤演化过程和热裂纹扩展、破坏特征,建立了岩石热裂纹生长的损伤模型,结合试验结果和利用位错、扩散蠕变的概念,分析了岩石热损伤变形的破坏机制。

Kavchanaov 等(2007)从岩石本身的组构特征出发建立了相应的模型和理论,提出了著名的"应变等效假设",为损伤理论研究奠定了基础。

刘保县等(2009)采用基于塑性应变的损伤变量,定义岩石在破坏过程中塑性应变增量与损伤增量成正比关系,并把极限塑性应变归一于岩石的临界损伤值,建立了岩石塑性应变损伤模型和本构模型。

张莱等(2010)针对基于几何特征统计的损伤张量无法描述由局部应力集中或局部变形不协调引起的损伤局部化问题,建立了基于材料应变状态的损伤本构模型,它不但具有更快的损伤演化速度,而且能更好地反映脆性岩石的性质。

C. Y. Zhou 等(2010)基于不可逆热力学和损伤力学提出了一个新的弹塑性损伤模型,

该模型综合考虑了塑性摩擦变形和塑性孔隙变形,并用损伤变量来描述微观缺陷的发展。

周建廷等(2007)基于连续介质力学基本概念得出岩土损伤复合体理论的应力-应变合成一般模式,简化得出岩土各向同性损伤复合体理论的应力-应变合成模式,建立了岩土各向同性损伤本构模型。提出了岩土各向同性损伤本构模型的数值求解法。通过对一个算例分析,加深了对岩土损伤机理的认识。计算分析认为:串联假设不适用于岩土体;严格意义上,并联假设不适用于岩土体;当应力较小时混合体的应力-应变关系与理想原状岩土类似,与重塑土差异较大,应力较大时,应力-应变关系特点与应力路径有关。

陈明祥等(1993)基于能量原理和热力学第二定律建立了一个新的岩石损伤本构模型,结合断裂力学的有关概念给出了岩石破坏发生的判别准则,并引进一个取决于破坏后能量传递与转换关系的指数作为度量破坏剧烈程度的参量,从而系统地解释了岩爆的形成机制。

根据岩石在受载过程中同时引起弹性模量的降低和产生塑性应变的现象,秦跃平等(2003)采用作者曾建立的损伤力学模型,分析了岩石全应力-应变曲线的峰值点参数;用数学方法证明了损伤变量定义的随意性和不同损伤变量的等效性,说明了同一数学模型可用不同方式表示;给出了损伤变化速率曲线,分析了其变化特点及其与全应力-应变曲线的关系,解释了岩石试验中声发射规律。

王利等(2008)根据单轴受力特性曲线唯象地考察岩石材料损伤演化,定义弹性应变表示的一维损伤变量及其本构模型,利用双剪强度理论将其推广至三维模型。塑性是潜在破坏面的摩擦滑移,在传统塑性理论的框架中,该研究建立了基于摩尔-库仑强度理论与潜在滑移面摩擦软-硬化特性的各向异性损伤弹塑性本构关系。结果表明,计算的损伤演化与CT观测结果一致,说明用弹塑性模型反映损伤材料的力学特性是可行的。

1.2.9 缺陷岩体渗流温度耦合

目前,裂隙岩体渗流温度耦合的研究主要有以下几方面:

(1)裂隙岩体渗流场数学模型的建立。

由于岩体中裂隙分布的复杂性,一般来讲,其渗流数学模型可分为以下两种类型:①裂隙-孔隙双重介质模型,可分为拟稳态流模型和非稳态流模型;②非双重介质模型,主要包括等效连续介质模型、离散裂隙网络模型。这些渗流模型各有其特点、适用性和不足之处,对应具体的工程要选择适合的模型。

(2)裂隙岩体中温度场数学模型的建立。

目前,对于裂隙岩体温度场数学模型的研究分为以下两个方面:①对于岩体中裂隙分布相对比较密集、表征单元体比较小的情况,则引用连续性介质中的热传导理论来建立基于等效连续介质的温度场数学模型;②对于裂隙分布比较稀疏,而且岩体中的渗流主要取决于大的断裂时,则应该采用裂隙网络系统分别建立岩块与水流的热量运移方程,然后通过二者在接触面上的热量交换将其联系起来。

(3)裂隙岩体中渗流场与温度场耦合机理分析。

目前,连续性介质中渗流温度的耦合机理相对已比较成熟,当介质中存在渗流时,一方面,渗流的存在与改变,将使渗透水流参与介质系统的热量传递与交换,从而影响温度的分布;另一方面,温度的改变可以引起水的黏度及介质渗透系数的改变和由于温度梯度的存在引起水的运动,此外温度的改变还可能引起水的相变。而对于裂隙岩体系统,则应该从渗流－岩块温度－水流温度三者之间的相互影响关系来分析裂隙岩体中渗流场与温度场耦合作用的机理。

(4)裂隙岩体渗流场与温度场耦合的等效连续介质模型建立。

在总结裂隙岩体中渗流场与温度场数学模型的基础上,做出一定的假设:①渗流视为连续介质渗流,即介质中的渗流和介质骨架同时存在于整个介质空间中。②介质中的水流通过渗流携入和带出介质中的热量,影响温度的分布;温度通过改变介质渗透系数及温度梯度引起的水流运动,影响介质渗流的分布。③温度的改变不引起水的相变。在做出以上假设的基础上,得出了岩体连续性介质中渗流场与温度场耦合的数学模型。

(5)裂隙岩体渗流场与温度场耦合连续介质模型计算方法。

耦合模型的计算方法依赖于耦合场的物理环境和边界条件,根据对耦合项的处理方法的不同可分为迭代耦合法和直接耦合法。

(6)裂隙岩体渗流场与温度场耦合的非连续介质模型建立。

连续性介质虽然有很好的理论基础,但是其并不能完全反映岩体的实际情况,因此裂隙网络中渗流场与温度场耦合模型的建立就成为一种发展需要。目前,对裂隙网络中渗流场与温度场的耦合分析处于初步发展阶段,即机理研究阶段。

(7)裂隙岩体渗流温度耦合分析在工程中的应用。

大量的工程实践表明,是否能够准确地得到岩体中渗流场与温度场对于岩体稳定性非常重要。如今随着我国许多重大型工程的开工,岩体的稳定问题便成为亟待解决的问题。坝基对于整个坝体的安全非常重要,通过对重力坝坝基的裂隙岩体渗流温度耦合分析,结果表明,考虑耦合作用的影响时,得到的渗流场水头普遍偏高,而温度场水头普遍偏低。另外,在研究核废料地下储存的安全问题中,裂隙岩体耦合分析也起到了不可忽视的作用。所以,在工程实际中对裂隙岩体进行耦合分析虽然十分复杂,但具有极其重要的意义。

核废料深层地质储存的安全性分析,一个重要指标就是要充分体现在储库裂隙围岩介质中地下水流动附加应力和热载耦合作用下的岩体性能稳定。为了达到这一耦合过程,刘亚晨(2000)试图从各自耦合过程特征出发,把裂隙岩体视为等效连续介质,对裂隙岩体介质THM耦合参数特性进行分析,从而建立描述裂隙岩体介质THM耦合的数学模型。在裂隙岩体力学模型方面,利用O'Connell建立的干(或饱和水)裂隙岩体等效弹性模量与岩石模量的关系式,并根据式中的裂隙密度概念意义,建立了温度作用下的裂隙密度与Oda提出的裂隙张量之间的关系式。在裂隙岩体渗透模型方面,利用Oda提出的描述裂隙岩体渗透特性的附加裂隙张量,并以裂隙结构面的开度、岩体裂隙数(包括受温度影响开通裂隙数)、裂隙连通率、附加应力、剪切膨胀和化学成分为研究对象,建立了具有THM耦合特性的渗流系数张量。在理论分析方面,建立了THM 3方面满足的本构方程式和描述核废料储库裂隙岩体介质热－液－力耗散过程的定解方程。在试验基础上,给出了温度、饱和水下的单裂隙岩体应力－应变、抗压强度回归拟合关系表达式以及岩体裂隙结构面的温度－应力－水力耦合本构关系式。在数值分析方面,利用加权残数法理论,导出了求解所建立的THM耦合数学模型的有限元计算公式,并编制了二维有限元计算程序用于BMT1问题的算例,获得了较满意的计算结果,从而显示了其数值模拟的成功性。

路威等(2011)选取我国高放射核废物地下处置库重点预选场区——甘肃北山地区的花岗岩进行室内试验,研究热源温度和裂隙水流速对多裂隙岩体内水流－传热过程的影响。试验结果表明:由于热源和垂直裂隙之间的距离,岩石热传导和裂隙水流动约在试验开始1小时后耦合;在水平裂隙与垂直裂隙的交汇处存在局部热对流,使垂直裂隙水的温度在该处明显升高;热源温度越高,裂隙水流速越低,系统温度场达到稳定的时间越长,热源的影响距离越远,邻近热源侧的垂直裂隙对整个温度场的分布起控制作用,水平裂隙会增加热源的影响距离;试验中裂隙水温度低于100 ℃,热源温度变化对裂隙水压力变化的影响很小。

唐超等(2011)用粒径为0.5～0.63 cm的河砂填充花岗岩的裂隙,在不同热源温度下分别进行了填砂裂隙的渗流－传热试验,并与无填砂试验结果进行比较。结果表明:裂隙填砂加强了裂隙两侧岩石之间的热量传递,热源的水平影响距离也大于无填充裂隙岩体模型的情况。

贾善坡等(2012)以ABAQUS软件为求解器,在MATLAB语言环境下编制相应的计算程序,并通过典型算例考证程序的正确性。然后研究石油钻井过程中的热－流－固耦合作用过程,详细分析场耦合作用对井壁孔隙压力、温度和应力的影响,计算结果表明,热－流－固耦合作用对井壁稳定有重要的影响,应全面考虑各物理场之间的耦合作用。

刘学伟等(2013)基于裂隙网络渗流理论和数值流形理论,通过分析考虑裂隙作用的温度场和流形覆盖与裂隙网络的关系,以裂隙网络节点水头、覆盖温度函数为求解量,提出裂隙岩体温度－渗流耦合的数值流形方法。

董海洲等(2013)针对岩石单裂隙渗流－传热问题,在传热几何简化模型的基础上,借鉴非稳态平面热源法建立岩石单裂隙在瞬态下的传热数学模型,由此计算任意时刻裂隙岩石的温度分布。同时,对裂隙岩石的传热影响因素进行研究。结果表明:渗透作用下岩石温度场受裂隙水流速度、隙宽、水流与岩石初始温度差等综合作用的影响。在一定范围内对这3个参数进行敏感性分析,得出岩石温度场对裂隙水流速度、水流与岩石初始温度差的敏感度较大,而对隙宽敏感度较小的结论。

陈必光等(2014)基于离散裂隙网络模型的思想,在商业有限元软件COMSOL中实现一种计算已知裂隙网络的裂隙岩体渗流和传热过程的数值方法,该方法可以同时计算岩石基质与裂隙中的渗流和传热过程及二者间的交换,并与解析解比较进行验证。用该方法对一随机生成的二维裂隙岩体进行计算,得到的出口温度曲线可以反映裂隙岩体渗流传热的早期热突破和长尾效应等特点,并分析岩石基质渗透率、热传导系数的不同取值对裂隙岩体渗流和传热过程的影响。

薛奕鸾等(2016)采用交叉迭代算法,对裂隙岩体的渗流场和温度场进行耦合分析,耦合算法不仅考虑了温度对流体运动黏度的影响,而且可计算裂隙中流体与相邻岩块间渗流－传热过程以及两者间的渗流量和热量交换。通过与已有近似解析解相比较,验证了复合单元耦合算法的可靠性。算例分析表明,渗流－传热耦合作用对裂隙岩体的渗流场和温度场均有一定的影响。分析了不同岩块热传导系数和裂隙开度对热能提取效率的影响,结果显示,岩块热传导系数越大、裂隙开度越大,低温流体从高温岩块中吸取的热能会较多,出口处流体温度下降得较快。

薛东杰等(2016)在细观尺度下,基于北山花岗岩单轴拉伸试验,考虑3种不同耦合路径,对比分析试样破坏区域SEM图像,揭示细观破坏特征,并利用数值仿真,建立细观模型,分析了热开裂特征及能量变化规律,进而指出裂纹拓展数量与角度关系,同时分析了微裂纹空隙率与应力、角度关系。主要结果表明:不同耦合路径下裂纹扩展细观特征迥异,演化顺序迥异,耦合路径与非均质性对裂纹细观特征变化均有影响。

Luo 等(2017)利用人工单裂隙花岗岩开展了应力-温度-渗流耦合条件下渗流试验,并对裂隙面进行了三维建模分析。发现裂隙的表面形态对裂隙水力学特性有重要影响,而水力等效开度和水力传导系数均随围压和温度的增大而减小,能量的交换律随着岩石温度的升高而增大。

陈卫忠等(2018)针对比利时 HADES 地下实验室 PRACLAY 现场加热试验,应用温度-渗流-应力耦合弹塑性模型,模拟现场加热过程中泥岩核废料处置库的水力学响应特征。采用单因素分析法,就泥岩热、水、力学参数对核废料处置库围岩孔压、温度、有效应力的影响进行了三维有限元分析。同时,基于参数敏感性分析结果,就温度、渗流、应力三场两两耦合作用对处置库围岩水力学响应的影响程度进行了系统分析。结果表明:泥岩热、水、力学参数中,渗透系数、弹性模量以及导热系数对加温所导致的超孔压的值影响较大;凝聚力、内摩擦角以及热膨胀系数对孔压的影响较小,但会显著影响围岩的有效应力;导热系数对围岩温度场的分布有决定性影响,温度传递的差异会显著影响围岩的孔压和有效应力;不同的热、水、力学参数对孔压、温度以及有效应力的影响机制是不同的,温度、渗流、应力三场两两耦合作用对围岩水力学响应的影响程度也存在显著的差异。温度场对应力场、温度场对渗流场的耦合效应十分显著,加热后,围岩超孔压的产生以及热膨胀导致的有效应力变化会显著影响处置库的稳定。

1.3 需要探讨的科学问题

国内外学者对高温无缺陷岩石的热破裂特性和渗透特性研究做出了许多有益工作,积累了丰富的经验。但对于高温作用下内部含缺陷的花岗岩渗透特性的研究尚处于研究阶段,存在大量需要探讨的科学问题。

(1)花岗岩孔隙结构及渗透特征的演化极其复杂,花岗岩本身有机质化学结构所决定的热解特性、无机矿物组成所决定的热破裂及分解特性是其内因,而温度、压力、孔隙压等作用因素则是其发展演化的外因。在对于高温岩石渗流的试验研究方面,试件多为完整性较好的岩石试件,没有充分考虑在高温条件下,岩石自身缺陷或外部条件影响产生的缺陷对岩石热破裂微观结构损伤变形的影响,未能较好地研究不同缺陷对高温作用下岩石孔隙度、渗透率的影响。

(2)花岗岩热解机理及其化学构成方面已有大量研究,但利用其解释孔隙结构及渗透性演化方面存在不足,热解过程中花岗岩各组成物质与孔隙结构的相互关系有待深入研究。有关花岗岩孔隙结构的微细观结构表征手段趋于多元化与精细化,但因各种测试方法原理不同以及精度方面的限制,使研究结果片段化,需要多手段联合使用以在更大尺度范围内完整表征孔隙结构及其演化规律,在试验技术及处理手段上尚需改进。

(3)高温作用下岩石试件渗透率的实验室测试是采取高温加热,再将岩样降低到室温后进行测试,只考虑升高温度对岩石渗透率的影响,没有考虑由高温降至低温时的过程对岩石渗透率的影响,出现试验研究结果与工程实践偏差较大的现象。

(4)高温作用下岩石热破裂的微观测试,主要单纯进行声发射试验和细观 CT 扫描试验,未能定性或定量研究高温作用下,岩石热破裂微观损伤变形参数和岩石热破裂宏观渗流参数之间的关系,也没能考虑缺陷对岩石热破裂微观损伤变形和渗流特性的影响,需要系统地进行岩石高温作用下宏观力学试验,运用现代分析试验技术,在更深的层次上探索岩石热损伤、热变形、热破裂的微观物理机制,并寻求这些微观热效应对花岗岩宏观力学性能的影响。

(5)有些试验虽然选择缺陷岩石试件,但只是在常温下测试岩石的力学性能,没有进行常温、高温作用下缺陷岩石渗流测试。岩石缺陷的制造方法基本可以归纳为3种:①利用高速切割机直接在岩石试件表明或内部切割缺陷;②切割岩石试件,在岩石内部制造缺陷后用胶粘接形成岩石内部缺陷;③采用水泥砂浆材料,通过一定配合比进行预制试件内部缺陷。这些方法都不能够真实地反映岩石内部的缺陷,也不能够确定缺陷在高温条件下岩石结构内部变形、渗透特性和实际情况是否一致。

(6)现有的岩石温度场-渗流场耦合模型普遍把岩石介质假设成为弹性或者弹塑性介质,虽然也考虑了单个或者裂隙网络的存在对于耦合效应的影响,但未能考虑缺陷对高温岩石的损伤演化过程影响,及其缺陷损伤对岩石热力学特性及渗透特性影响。

1.4 研究思路与成果的科学意义

本研究围绕核废料处置工程中,围岩热传导、地下水渗流耦合核心问题,采用现场考察、理论分析和试验研究等方法,研究高温作用下缺陷花岗岩热破裂过程中内部结构微观变化规律和渗透特性,探讨高温结构微观参数和宏观渗流参数之间的关系。拟利用室内高温高压三轴岩石模拟试验机、MTS810电液伺服材料试验系统以及与之配套的高温炉MTS652.0和孔隙度测定仪等仪器,对特制内部含三维单裂纹缺陷的花岗岩试件在高温作用下进行渗透率、孔隙度测试,建立含有缺陷影响因子的花岗岩高温-渗流数学模型;通过电镜CT扫描等试验手段,研究高温作用下缺陷花岗岩结构内部微观变形机理;将数字图像处理技术和分形基础理论引入到岩石热破裂分析系统,将微观CT图像量化到宏观缺陷裂纹尺度,探讨高温缺陷花岗岩微观参数和宏观渗流参数之间的关系;建立正确描述缺陷花岗岩宏观、微观高温-渗流耦合模型。本研究成果,能够对核废料处置库的设计和安全评价提供重要理论基础。

1.5 研究内容

(1)预制缺陷花岗岩试件制作和常温下花岗岩基础物理特性分析。

①本研究试件取自核废料地质处置库重点预选场区——甘肃北山地区的天然致密无缺陷花岗岩,加工成尺寸为 $\Phi 50 \text{ mm} \times 100 \text{ mm}$ 的试件60块,取其中48块激光技术制造成含有单裂纹缺陷试件,裂纹长度为 l、裂纹倾角(裂纹面与试件轴线方向所成的夹角)为 β。

②常温下测试无缺陷和有缺陷花岗岩试件的孔隙度、微观结构、组成成分、渗透率等基础数据。

(2)高温作用下,无缺陷和含有不同倾角、不同长度缺陷花岗岩渗透特性研究。

①无缺陷花岗岩,进行在温度作用下花岗岩试件孔隙度及渗透率测试,确定温度对花岗岩渗透特性的影响规律。

②裂纹倾角固定,长度不同时,进行花岗岩渗透性测试,研究在温度作用下花岗岩试件孔隙度及渗透率的变化规律,探索缺陷长度对花岗岩渗透特性的影响机理。

③裂纹长度固定,倾角不同时,进行花岗岩渗透性测试,研究在温度作用下花岗岩试件中孔隙度及渗透率的变化特性,揭示裂纹倾角对花岗岩渗透性能的影响机制。

④通过试验结果比对,确定裂隙参数对高温花岗岩渗透特性参数影响敏感性,从大到小做出排序,以热应力作为桥梁,定量分析高温作用对含三维单裂纹缺陷渗透率、孔隙度的影响,建立含有缺陷影响因子的花岗岩温度-渗透率-孔隙度之间的数学模型。

(3)高温作用下,花岗岩在热破裂过程中裂缝微观演化机理。

利用电镜CT扫描等试验手段,分别对无缺陷和含有缺陷花岗岩进行微观测试,研究缺陷长度、倾角对高温缺陷花岗岩微观结构演化的影响,将数字图像处理技术和分形基础理论引入岩石热破裂分析系统,将微观CT图像量化到宏观缺陷裂纹尺度,探索花岗岩微观损伤参数和宏观缺陷花岗渗透参数之间的关系。

(4)考虑缺陷、微观裂纹演化影响的单裂纹缺陷花岗岩温度-渗流耦合机理研究。

基于试验研究成果,结合含有缺陷影响因子的花岗岩温度-渗透率之间的数学方程和缺陷花岗岩微观结构损伤参数和宏观缺陷花岗岩渗流参数之间的关系,建立能够正确描述考虑缺陷影响和结构微观参数的花岗岩温度-渗流耦合模型。

1.6 研究目标

围绕核废料处置工程中热传导、地下水渗流耦合核心问题,基于岩石力学、渗流力学、热物理学以及环境岩土工程学等理论与方法的交叉融合,通过一系列室内试验测试,从宏观多场耦合理论和结构内部微观变形演化规律出发,进行三维单裂纹缺陷花岗岩在高温作用下渗透特性的研究。

(1)通过室内高温高压岩石试验测试结果,确定裂纹参数对高温花岗岩渗透特性参数影响敏感性,从大到小排列顺序,定性分析高温作用对含三维单裂纹缺陷花岗岩孔隙度、渗透率的影响,以热应力作为桥梁,建立含有缺陷影响因子的花岗岩温度-渗透率-孔隙度之间的数学关系。

(2)从多场耦合角度出发,结合花岗岩结构微观扫描试验,测试含不同缺陷的花岗岩在高温作用下的微观结构损伤演化规律,定性研究高温缺陷花岗岩微观结构损伤度和宏观缺陷孔隙度、渗透率之间的非定常关系。

(3)建立能够正确描述考虑缺陷影响的花岗岩高温-渗流耦合数学模型。

1.7 拟解决的关键性问题

(1)将裂纹缺陷的倾角、长度对高温花岗岩渗透率的影响用数学参数形式体现在缺陷花岗岩高温-渗流数学模型中。以热应力为桥梁,建立花岗岩温度-渗透率之间的数学关系,拟对缺陷的倾角、长度对花岗岩渗透率的影响采用敏感因子来控制,可以达到解决问题的目的。

(2)高温条件下缺陷花岗岩微观热破裂测试获得CT图像如何量化到花岗岩宏观破坏尺度,拟把分形的基本理论应用到缺陷花岗岩高温微观研究中,建立分形维数,将微观CT图像量化到宏观裂纹尺度,探寻裂纹尺度与渗透参数之间的关系,可以达到探讨花岗岩渗透参数和结构内部微观演化的非定常关系。

1.8 研究方法

本项目采取调研与现场考察、理论分析、数值模拟、试验研究相结合的方法对缺陷花岗岩在热破裂过程中渗透特性展开研究工作。

(1)调研与现场考察。

在充分调研、查阅文献与现场考察的基础上,总结前人在岩石受温度作用下渗透特性、热破裂研究方面取得的成果和不足;选取特制单裂纹缺陷花岗岩为研究对象,开展高温缺陷花岗岩热破裂过程中内部结构演化规律和渗透特性研究工作。

(2)试验研究。

①试件选取地为核废料地质处置库重点预选场区——甘肃北山地区,采集致密无缺陷的花岗岩,加工成尺寸为 $\Phi 50\text{ mm} \times 100\text{ mm}$ 的试件60块,取其中48块试件加工成含不同长度、不同倾角的三维单裂纹缺陷花岗岩。

②采用孔隙度测定仪、扫描电镜、紫外可见分光光度计等先进仪器获得无缺陷花岗岩研究所需的孔隙度、微观结构、组成成分等参数。

③利用20MN高温高压岩体三轴试验机、高温炉(MTS652.0)和孔隙度测定仪,测量不同长度、不同倾角的缺陷花岗岩和无缺陷花岗岩在不同温度作用下的孔隙度和渗透率等参数,揭示缺陷参数对渗透参数的影响因子。

④采用美国先进 μ – CT225kVFCB型高精度CT试验仪器,对缺陷花岗岩在温度作用下进行微观测试,研究缺陷演化的机制,探索缺陷对花岗岩在温度作用下结构内部裂纹演化影响规律。

⑤将数字图像处理技术和分形基础理论引入到缺陷花岗岩破裂过程分析系统,将微观CT图像量化到宏观裂纹尺度,探寻裂纹尺度与渗透参数之间的关系,从而达到探讨花岗岩渗透参数与结构内部微观演化的非定常关系。

(3)理论分析。

在现场调研、实验室研究和综合分析的基础上,考虑缺陷对高温花岗岩微观演化规律和渗透特性的影响,应用热力学、渗流力学、分形基础理论、损伤力学等理论,分析含有单裂纹缺陷花岗岩在高温作用下结构内部微观变化规律及相应微观对花岗岩渗透特性的影响机理。

1.9 技术路线

(1)在充分调研、查阅文献与现场考察的基础上,总结前人在岩石受高温作用下渗透特性、热破裂研究方面取得的成果和不足,特制含三维单裂纹缺陷的花岗岩试件作为研究对象。

(2)通过试验研究,获得不同长度、不同倾角三维单裂纹缺陷花岗岩分别在高温作用下的渗透特性参数,揭示缺陷参数对花岗岩渗透参数的影响因子,建立含有缺陷影响因子的花岗岩高温 – 渗流耦合数学模型。

(3)通过试验比对,确定影响渗透特性的最大的缺陷参数,研究该缺陷参数对高温花岗岩热破裂微观结构损伤变形的影响,揭示缺陷微观演化对花岗岩渗透特性的影响规律。其技术路线如图1-5所示。

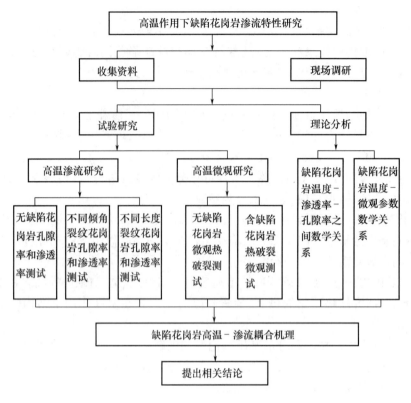

图 1-5 技术路线

1.10 试验手段

(1) 采集的试验岩块经实验室钻石机采用水钻法钻孔取芯,制备试件时,为了避免各向异性对试验结果的影响,沿同方向加工成60块尺寸为 $\varPhi 50 \text{ mm} \times 100 \text{ mm}$ 的标准试件,取其中48块特制成2组含有缺陷的试件,一组试件做高温渗流特性研究,另一组试件做高温微观特性研究。

①将24块标准试件分别加工成裂纹长度为 10 mm、20 mm、30 mm,倾角 β 分别为30°、45°、60°、90°的单裂纹缺陷试件。

②将24块标准试件分别加工成裂纹倾角固定为30°、45°、60°、90°,长度分别为 10 mm、20 mm、30 mm 的单裂纹缺陷试件。

③取2块标准试件进行相应的物理、化学性质(密度、含水量、渗透率、孔隙度、粒径分布和化学成分构成等)分析,以备后续试验参考。

(2) 采用20MN高温高压岩体三轴试验机、孔隙度测定仪、AE21C-06岩石声发射仪,开展不同倾角、不同长度缺陷花岗岩在温度(升温、降温)作用下孔隙度、渗透率的测试。

①无缺陷花岗岩,进行在温度作用下花岗岩试件孔隙度及渗透率测试。

②裂纹倾角固定,长度不同时,进行在温度作用下缺陷花岗岩试件隙率及渗透率测试。

③裂纹长度固定,倾角不同时,进行在温度作用下缺陷花岗岩试件隙率及渗透率测试。

采用手动方式,以 5 ℃/min 的升温速率开始加温,当达到设定的温度(20 ℃、50 ℃、80 ℃、110 ℃、130 ℃、160 ℃、200 ℃)时,恒温 30 min,再进行渗透率、孔隙度测试,为了保证测量结果的准确性,测试均在上游气体压力稳定 2 h 之后进行,而且在同一温度下不同孔隙压下的气体流量至少测试 5 次。

(3)采用 μ – CT225kVFCB 型高精度 CT 试验仪器,开展含缺陷、无缺陷花岗岩在高温作用下内部结构微观裂纹演化试验。

研究温度分别为 20 ℃、50 ℃、80 ℃、110 ℃、130 ℃、160 ℃、200 ℃时,将温度升温到规定温度,恒温 30 min,观察整个升温过程缺陷花岗岩微结构随温度的变化并扫描图片,利用分形基础理论和图像数字处理技术定性分析缺陷花岗岩在高温作用下微观损伤参数与宏观渗透参数之间的关系。

第2章　高温花岗岩成分、细观结构变化规律

花岗岩作为储存核废料的理想材质，具有渗透性小、致密、强度高等一系列优点，常作为能源储存及高放射性核废料的永久处置场所。花岗岩受高温作用后其细观结构及物理力学性质将发生改变，因此开展高温下花岗岩微观物理力学性能的研究具有理论意义及工程实用价值。

2.1　高温下花岗岩微观物理力学性能

近年来，研究者用了很多精力对高温花岗岩细观结构进行了研究，试验成果较多。赵亚永等对加温后的3种岩石进行了偏光显微镜扫描试验，从微观角度分析3种岩石的微观颗粒间的变化情况。S. Liu从宏观和微观的角度综合考虑，对高温后的大理石和花岗岩进行了受热损伤分析，并对二者的热变形和损伤进行了对比分析。胡少华通过偏光显微和X射线衍射细微观分析手段，对其宏观变形、损伤演化以及破坏特征开展了研究。徐小丽测试了高温岩石的压缩试验和高温后岩石破坏的微观扫描试验，得到了有温度影响因素的岩石应力-应变本构模型。左建平等通过扫描电镜实时在线观察和研究了不同温度作用下平顶山砂岩的热开裂现象，观察到砂岩表面微缺陷发生闭合的全过程及在冷却过程中微裂纹形成等现象。陈世万利用甘肃北山的花岗岩开展室内热破裂模拟试验研究，采用多通道温度测试仪、声发射、波速层析成像和数码显微镜等手段研究了该花岗岩热破裂过程。朱其志对花岗岩进行了三轴压缩数值模拟，从细观力学和微观损伤出发，模拟、分析了其破坏过程中的力学特性。刘芳对花岗岩进行了单轴压缩试验，试验中通过破坏岩石进行了细观测试试验，发现了花岗岩破裂过程中首先是云母破坏，其次是长石破坏，最后是石英晶体破坏。温世亿等研究发现岩石受力破坏的形式和特点与岩石微观晶体组成有直接的联系。刘招伟和李元海对岩石试件的变形破裂进行了研究。朱泽奇等利用图像处理技术研究了岩石单轴受压时应力集中现象。徐金明等进行了石灰岩单轴压缩试验，应用电子图像技术对石灰岩压缩过程进行细致研究，真实地描述了石灰岩破裂过程中裂纹的萌生、扩展进程。陈中一等对岩石破裂过程中存在的裂纹进行了跟踪研究，测试其不同时段的裂纹状态，并分析其与应力和裂纹扩展的关系。于庆磊等使用数字图像处理技术测定了花岗岩组成成分的晶体颗粒对其宏观参数的影响机理。薛东杰在细观尺度下，基于北山花岗岩单轴拉伸试验，对比分析了试样破坏区域SEM图像，揭示了岩石细观破坏特征。

虽然国内外学者对高温作用下花岗岩的强度、变形及声发射特性的研究成果较多，但将高温下花岗岩的细观结构与其孔隙结构结合起来的研究鲜有的报道。

花岗岩是主要由石英、长石和黑云母成分组成的复杂矿物质，同时也是含有微孔洞、微裂隙等初始缺陷的天然材料，是一种各向异性、非均匀的不连续体。当花岗岩受热后，在花岗岩内部，石英、长石和黑云母微细观晶体颗粒及缺陷在热应力作用下形成热膨胀，由于矿物质之间热膨胀系数不同，矿物质晶体颗粒之间的变形会受到相互约束。在温度继续升高时，花岗岩矿物质晶体间的相互制约会造成花岗岩微观损伤扩展、联通，直至破坏，渗透性也会发生明显的变化。

因此,研究温度作用下花岗岩中石英、长石和黑云母组成矿物质的含量,以及石英、长石和黑云母矿物质的变形性质,对于分析花岗岩细观损伤形式,尤其研究花岗岩中黑云母的变化特性及对于分析花岗岩宏观破坏特点、孔隙特性、渗透特性具有一定的理论价值。

2.2 花岗岩成分测试

2.2.1 花岗岩成分测试试验设备

图2-1所示为电子马弗炉,其工作温度为室温至1 600 ℃,电子马弗炉设置日本进口智能程序控制温度升高、恒温、降温过程,温度控制精度较高,误差在0.1 ℃左右。图2-2所示为X射线衍射仪,靶材为Cu靶,波长为0.154 06 nm,步长为0.02°/0.01°,加速电压为15 kV,束流为10 nA,束斑大小为1 μm,主要氧化物分析误差(质量分数)为1%。图2-3所示为离子溅射仪,喷溅厚度为0.12 mm,溅射直径为50 mm。图2-4所示为扫描电镜能谱,工作电压为0~25 kV,分辨率为1.5 nm,放大倍数为3~600 000倍,能谱仪分辨率达到1.33 eV(MnK_2)。

图2-1 电子马弗炉

图2-2 X射线衍射仪

图2-3 离子溅射仪

图2-4 扫描电镜能谱仪

扫描电镜的原理实际上就是用一束非常细的电子束扫描样品,在样品表面激发出次级电子,电子束的入射角关系到次级电子的多少,换言之就是与样品的表面结构有关,次级电子通过探测体收集,并在探测体中被闪烁器转变成光信号,再经由光电倍增管与放大器转变为信号,从而控制荧光屏幕上电子束的强度,这样与电子束同步的扫描图像就被显示出来。简单地讲,就是利用聚焦的极细高能电子束在样品上进行扫描,将激发出的各种物理信息放大并显示成像,从而观察到试样表面的形貌。扫描电镜的结构由电子光学系统、真空系统、信号检测放大系统、电源系统组成。该设备具有如下特点。

(1)具有超高分辨率,有较高的放大倍数,25~650 000倍之间连续可调,可以对各种固态样品的表面形貌做二次电子像、反射电子像观察和图像处理。

(2)附加高性能X射线能谱仪,可以同时对样品表层的微区点线面元素进行定性、半定量及定量分析,具有形貌和化学组分的综合分析能力。

(3)图示操作界面相对独特,可以用来控制参数设定、移动样品台马达、成像和存储数据,保证操作稳定可靠。

(4)采用圆锥形场发射枪以及半漏磁物镜的优点,可以在任何扫描速度下得到高分辨率与高质量的实时图像显示。

该设备主要用途包括对金属、陶瓷、半导体、高分子、矿物质、复合材料和纳米级一维、二维、三维材料的表面形貌结构观察;纳米材料显微结构、尺寸分析;材料微结构及相分布观察;样品表层微区元素定性分析。

2.2.2 试件加工和测试过程

本研究的样品分别采自甘肃北山地区花岗岩岩体,均为新鲜样品。首先把花岗岩研磨成200目的粉末状,如图2-5所示。再把另一部分花岗岩试件加工成近似0.5 cm×0.5 cm的小试块,如图2-6所示。

图2-5 粉末状的花岗岩样品

图2-6 花岗岩试件

把粉末、小试块干燥2 h,通过电子马弗炉加热,使其工作温度为室温至1 600 ℃,升温过程为5 ℃/min,升温结束后保持到规定(25 ℃、50 ℃、80 ℃、110 ℃、130 ℃、160 ℃、200 ℃)温度保持恒温5 h,恒温结束后,降温过程为缓慢降低到室温,部分加温过程如图2-7所示,其他温度加载与图2-7基本一致。然后用离子溅射仪对加热高温处理后小试块镀一层Pt金属,使试件能够导电。

经过高温煅烧后的粉末、小试块称重后,将其放入X射线衍射仪中开始花岗岩

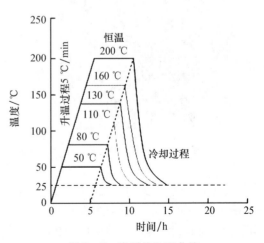

图2-7 岩样热处理曲线

矿物质成分、云母化学成分测试;把经过高温煅烧后的块状试件放入电镜扫描仪的样品台

上,并把电镜扫描仪联通低温液氮瓶,把样品室抽成真空进行电镜扫描、物质化学能谱分析测试。

2.2.3 花岗岩矿物质成分和形态分布

通过对试件(图2-6)观察发现,花岗岩标本总体呈灰白色至灰色,内部不均匀地分布黑色的云母晶体。岩体中的黑云母均为原生黑云母,未发生蚀变。通过X射线衍射测试得到的花岗岩试样矿物成分及含量如图2-8所示,由图可知花岗岩主要组成为长石(质量分数为60%)、石英(25%)、黑云母(10%)及其他(5%)。常温(25 ℃)下花岗岩电镜扫描如图2-9所示,可知镜下石英、长石粒度较小,粒径为0.2~0.5 mm,以粒状集合体存在。黑云母为聚晶出现,呈片状单晶,每层云母晶片上下平行排列,基本为原生黑云母,粒径分布在0.1~0.5 mm。

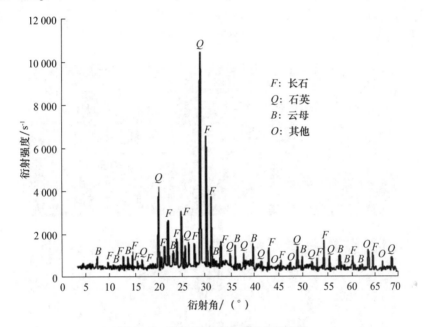

图2-8 花岗岩试样矿物成分及含量

2.3 高温作用下花岗岩的微观变化

近年来,在面对高放射物质深埋处置、低渗透油田开发及高温岩体地热开发的问题中,已不单单从宏观角度去研究,而是从细观角度出发,进行材料变形分析、细观结构演化、裂隙起裂机制等研究,更好地解释了宏观的力学行为,对工程实际做出了极大的贡献。对于岩石类材料,有学者认为想要真正了解其微裂纹的起裂机制必须从多尺度的力学模型出发。故许多专家学者在对岩石细观损伤及裂纹起裂机制做了大量研究工作后发现,高温蒸汽作用下的花岗岩宏观表现为断裂,而这与其内部微观结构及其微缺陷也是密切相关的。从微观角度去分析花岗岩的断裂过程,更有助于了解花岗岩的断裂机理。

2.3.1 电镜扫描试验结果及分析

花岗岩微观结构的研究主要对其细观形貌分析,因为岩样的细观形貌能在一定程度上反映其破坏特征及损伤演化过程。不同温度的花岗岩破坏方式不同，但都大致包含3个阶段，即裂纹成核、裂纹扩展、瞬时断裂，各个阶段的变形特征在断口上都留有相应的痕迹。温度和载荷的作用对岩石细观损伤破坏及矿物成分和岩石晶格都能造成不同程度的影响。岩石的微观断裂形式主要包括穿晶断裂和沿晶断裂。在扫描电镜下还可以看到微孔隙和微裂纹，以及它们的扩展和汇聚。

常温下花岗岩质地均匀致密，不同温度下花岗岩试样的细观结构形态如图2-9所示。从图中可以看出，从室温25 ℃至80 ℃、110～200 ℃，随着温度的升高，岩样内部微裂纹、孔洞缺陷的萌生和扩展并不明显，表明花岗岩对80 ℃以下的温度并不敏感；当温度为110～200 ℃时，视野区域内细小裂纹开始增多，孔隙、裂隙明显增大；当温度超过80 ℃时，裂纹的数量增多，宽度变宽，并由于岩石内部矿物颗粒的热膨胀各向异性，颗粒内部萌生的热裂纹显著增多，这种情况一直持续到200 ℃。究其原因主要有以下两方面：①在高温作用下，岩样内部的原生裂隙进一步发育；②高温也导致新生微热裂纹的生成，且在温度的作用下热裂纹有扩展、贯通、汇合成宏观热裂纹的趋势。

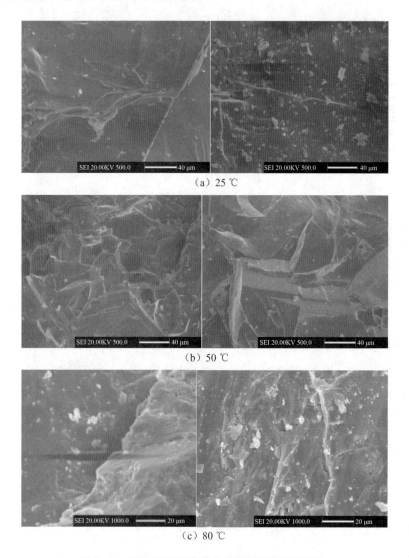

图2-9 不同温度下花岗岩试样的细观结构形态

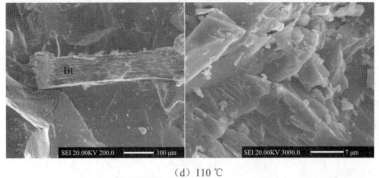

(d) 110 ℃

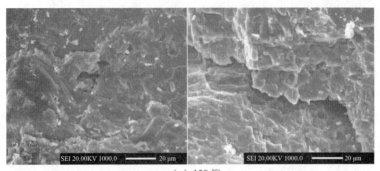

(e) 130 ℃

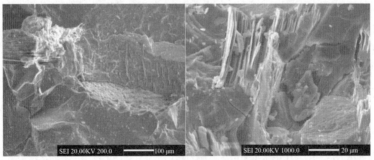

(f) 160 ℃

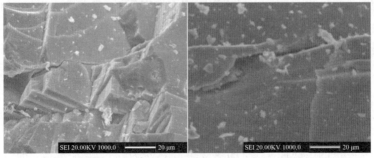

(g) 180 ℃

续图 2-9

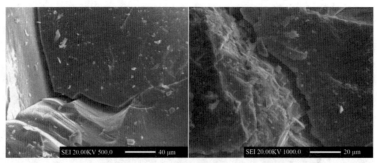

(h) 200 ℃

续图 2-9

花岗岩属于典型的脆性岩石,在常温和低温下显示典型的脆性破坏,当温度超过 110 ℃ 时,破坏形式开始由脆性向延性转化。

岩石是由多种矿物组成的天然材料,这些成分基本上由不同尺寸的晶体颗粒构成,在力学和热学性质等方面,各种矿物一般都表现为各向异性,因此对岩样的加热往往会在其内部产生一个三维拉应力状态,加热产生的拉应力极易在岩石内部形成沿晶和穿晶断裂,如图 2-9 所示,当热处理温度低于 200 ℃ 时,沿晶断裂是主要的热开裂形式,随着热处理温度的继续升高,穿晶裂纹明显增多,此外,微空洞和较大的沿晶裂纹可能会成为新的热开裂损伤源。

温度作用下,岩石颗粒将发生膨胀而引起体积增加。由于体积的变化和热膨胀的各向异性,在岩石颗粒内部以及颗粒之间将发生热应力效应。当加热到一定温度使得岩石内部产生的热应力超过岩石颗粒之间拉力屈服强度时,岩石内部结构就会发生破坏,从而产生新的微小裂隙,使得岩石渗透率、孔隙度的物性参数发生突变。

(1)花岗岩孔隙结构及组分组成特点。

花岗岩由不同的矿物组成,矿物中一般都存在吸附水、层间水和结构水。吸附水和层间水与矿物的结合比较松弛,在 100~200 ℃ 下即可脱出。一般来说,矿物中各种水分子的体积与岩样的孔隙体积相比是不可忽略的。当加热温度低于阈值温度时,岩样的主要变化是吸附水和层间水的变化。这些水赋存于微小孔隙中,因而岩样渗透率和孔隙度的变化较小。随着温度的升高,花岗岩介质活化和塑性成分增加,从而促进岩石由脆性向延性转化,使得矿物结构和成分发生变化。当温度高于阈值温度后,组成矿物出现脱水和相变,氢基、羟基或水产生晶内扩散,微裂纹端部水发生聚集和水解作用以及其他物理、化学反应,这些因素使得微裂缝迅速扩展,导致岩样孔隙结构发生变化,从而增加和改善了流体流动通道,使岩样孔隙度变化幅度增加。

(2)热应力作用。

岩样在受热过程中除了出现矿物脱水、黏土收缩降解外,岩石骨架颗粒也会膨胀变形,在岩样内产生较大的热应力。最大热应力主要集中在颗粒棱角或微裂缝端部。一般说来,固体颗粒都具有一定的内部应力,当加热产生的热应力超过其内部应力时,固体颗粒内部应力的平衡状态被破坏,导致应力的重新分配,从而产生一些新的结构上的变化。当最大热应力超过岩石颗粒或胶结物质的屈服强度时,微裂缝将会进一步延伸或在颗粒接触处产生新的裂纹。这些新的裂纹将破坏岩石内部原有的微小网络结构,使原本连通或不连通的裂缝网络的连通性增加,改善了孔道的流通能力,从而极大地提高了岩样的孔隙度。不同的矿物成分发生热开裂的阈值温度不完全相同,因此热开裂的阈值温度或者阈值温度范围只具有统计意义。花岗岩热开裂主要与矿物成分的热学与力学性质有关,除了受到矿物热膨胀不匹配及热膨胀各向异性的影响,高温作用过程中岩石矿物脱水、晶格重组、矿物收缩和分解作用也增加了裂缝的连通性,此外矿物颗粒形状也对热开裂有较大的影响,如热开裂多发生在矿物颗粒的短轴方向、优势结晶取向、颗粒奇异界面等,且热开裂的分布具有随机性。

花岗岩孔隙度随着温度升高而增加,因为花岗岩本身结构致密,内部无法容纳由温度产生的颗粒膨胀变形,导致内部应力较大区域产生微裂隙。当热处理温度较高时,花岗岩的开口孔隙度均有大幅增加,这是因为前一阶段产生的不连续裂隙的贯通与开口裂隙的数量增长所致。

在室温25 ℃状态下,花岗岩试样质地均匀致密,但花岗岩颗粒表面含有一定初始微裂隙和孔洞,如图2-9(a)所示。在50 ℃状态下,花岗岩组成颗粒受热膨胀占据了原始孔隙裂隙空间,花岗岩颗粒表面初始微裂隙和孔洞空间变小,如图2-9(b)所示。在80 ℃状态下,矿物颗粒受热膨胀部分原生微观结构面闭合,微观缺陷的数量和面积均有一定程度上的减小到最低,同时在固体颗粒之间形成破坏的趋势,如图2-9(c)所示。

在110 ℃状态下,花岗岩微观缺陷的面积增大和数量明显增多,说明花岗岩试样内部结构被弱化了,出现了一些新的沿晶裂纹,如图2-9(d)所示。花岗岩相邻晶粒间排列受晶界原子的影响,相对能量较高,花岗岩矿物颗粒的边界容易被黏土矿物或其他杂质填充,使得晶界的强度受到一定削弱,因而颗粒边界晶粒内的相关物理力学特性也会被影响,尤其在外部温度作用下,更加容易发生沿晶裂纹,而且在两种矿物颗粒边界处容易出现。同时,云母、石英、长石晶体颗粒的热膨胀系数不同,也加快了沿晶裂纹的扩展。同等条件下,云母在高温作用下热膨胀系数较大,沿晶裂纹首先出现在云母晶体周边。

在130 ℃状态下,花岗岩微观缺陷的面积继续增大,说明花岗岩试样内部结构被继续弱化了,增加了新的沿晶裂纹。沿着云母晶体周边、长石晶体周边、石英晶体周边出现沿晶裂纹,除此之外,裂纹的形状较复杂包括树叶状、蜂窝状、花絮状和网状,晶体粉末散落表面,裂纹较粗糙,如图2-9(e)所示。

在160 ℃状态下,花岗岩微观缺陷的面积继续增大,增加了新的沿晶裂纹,沿着云母晶体周边、长石晶体周边、石英晶体周边继续增加,还出现了部分穿晶裂纹。穿晶断裂和沿晶断裂是岩石脆断的主要微观表现形式,高温作用致使岩石内部的微孔隙变化、晶格缺失、微裂纹扩展,出现了穿晶和沿晶耦合断裂,起源于晶界处,也可以认为是脆性沿晶断裂,裂纹起源于晶粒内部则为穿晶断裂。云母晶体层理间较薄,在温度作用下,裂纹容易在层间起裂成核,再加之其他矿物颗粒和杂质的存在,使得裂纹的扩展容易改变方向从而形成层状撕裂断口。如图2-9(f)所示为典型的层状撕裂断口穿晶断裂,云母晶体表面的解理断裂。

在180 ℃状态下,花岗岩微观缺陷的面积继续增大,增加了新的沿晶裂纹,还出现了较多的穿晶裂纹。穿晶断裂发生在石英结晶面上。解理断裂通常是在塑性变形下的脆性断裂,解理裂纹通过撕裂的方式形成台阶。解理台阶一般平行于裂纹扩展方向,台阶在扩展过程中会发生合并或消失,相同方向的台阶合并后高度增加,相反方向的台阶合并后高度减小或消失。在不同的解理面扩展过程中裂纹会相交成不同形状特征的花样。河流状花样是由相反的解理台阶结合或抵消而成的,因为其形似河流故称为河流状花样。河流状花样的特征是在一个晶粒内同时包含多个断裂面,断裂面间有弯曲的线条沿同一方向发展。

根据河流的流向可以判断裂纹扩展方向。河流花样在扩展过程中遇到小角度倾斜晶界,会连续地穿过晶界,遇到扭转晶界时,河流会激增;当河流遇到普通大角度晶界时,河流因为位错也会激增。在石英晶体表面层状解理断裂、台阶状花样、河流花样、舌状花样、扇形花样等如图2-9(g)所示。

在200℃状态下,花岗岩微观缺陷的面积继续增大,增加了新的沿晶裂纹、穿晶裂纹,出现了明显的碎裂断口。花岗岩不仅会沿着主断裂面破坏,而且在之前会试图从其他平面破裂,产生新的断裂面,各个部分的破碎积累逐渐形成了宏观断裂面,如图2-9(h)所示。

由扫描电镜的试验观察结果可知,当热处理温度低于200℃时,沿晶断裂是主要的热开裂形式,随着热处理温度的继续升高,穿晶裂纹明显增多,此外,微空洞和较大的沿晶裂纹可能会成为热开裂新的损伤源。当温度为25~80℃时,花岗岩孔隙随着温度升高而降低;当温度为110~200℃时,花岗岩随着温度升高,内部出现的平行板裂纹不断增加。

2.3.2 花岗岩受热过程中黑云母晶体微观损伤

国内外学者普遍认为,黑云母晶体组成成分的变化受岩浆成岩时所处的物理化学环境决定。通过研究黑云母的化学成分和含量,可以对探讨岩浆演化、成岩构造环境具有良好的指示意义。而黑云母晶体矿物质是花岗岩中一种主要的组成物质。因此,学者Wones、Burkhard、Abdel-Rahman认为可以通过研究花岗岩中黑云母成分,来确定花岗岩成岩环境物理化学条件。同时,可以提供有关花岗岩岩浆起源、成因及成矿元素富集的重要信息,以及花岗岩岩浆起源和演化等成岩信息。此外,还可以作为花岗岩成矿重要专属性判别条件。

近年来,应用先进的微观电镜扫描、数字图像处理技术,岩石的微观组成、细观损伤研究问题取得了很大进展。W. J. Xu利用数字图像处理技术对类岩石结构进行了研究,揭示了类岩石结构宏观抗剪强度和微观化学成分之间的相关性。M. C. Weng研究了受力状态下岩石变形及细观组分的运动。T. L. Nguyen通过改进传统的数字图像相关方法,得到了单轴压缩条件下花岗岩数字图像中云母晶体倾斜裂纹在时域和空域中的演变过程。B. Grasemann研究了花岗岩中长石、黑云母晶体与岩石断裂方向的关系。M. J. Jiang提出了岩石微观颗粒之间的相互作用力对花岗岩破坏具有内在的作用。

黑云母作为花岗岩中一种重要组成矿物,由于其对生长环境十分敏感,能够提供花岗岩的成分及物理学特征,其组成成分和微观破坏等信息对花岗岩整体的特性有重要的影响。而对于温度作用下黑云母晶体微观损伤特性对宏观花岗岩破坏的物理化学特性研究尚处于研究阶段。因此本节将以北山花岗岩中的云母为研究对象,研究受热后花岗岩的内部黑云母晶体的化学成分和微观结构损伤变化规律,进而为探讨花岗岩力学特性提供理论基础。

(1)黑云母晶体元素物理化学特征。

花岗岩中黑云母化学成分及结构计算见表2,通过试验结果分析,具有如下特征:(1)北山花岗岩的黑云母中富含Si、O、Mg、Fe、K等元素;黑云母中$w(SiO_2) = 27.00\% \sim 38.59\%$;$w(MgO) = 8.25\% \sim 11.97\%$;$w(FeO) = 18.87\% \sim 20.46\%$,可见花岗岩黑云母晶体中的Fe值变化幅度较小,表明黑云母未遭受后期热液流体改造作用。$Mg/(Mg^{2+} + Fe^{2+})$比值较为均一,为$0.42\% \sim 0.58\%$,表明其未遭受后期改造。黑云母中$w(Al_2O_3) = 15.24\% \sim 20.08\%$,$w(TiO_2) = 0.20\% \sim 2.38\%$,$w(K_2O) = 3.69\% \sim 7.06\%$;O元素平均质量分数为40.05%;以22个氧原子为单位计算的阳离子数中$w(Al^{3+}) = 2.66\% \sim 3.69\%$,$w(K^+) = 0.63\% \sim 1.41\%$,$w(Ca^{2+}) = 1.02\% \sim 2.58\%$,$w(Fe^{3+}) = 0.04\% \sim 0.37\%$,$w(Fe^{2+}) = $

$2.05\% \sim 2.28\%$，$w(\mathrm{Na}^+) = 0.06\% \sim 0.17\%$。

表 2-1 花岗岩中黑云母化学成分及结构计算

样品号	$w(B)/\%$				
	XL-1	XL-2	XL-3	XL-4	平均
MgO	11.97	9.58	9.25	8.25	10.595
Al_2O_3	15.24	20.08	18.19	18.19	17.925
SiO_2	30.94	27.00	38.59	36.45	36.24
K_2O	4.65	7.06	3.69	3.69	4.7725
CaO	13.52	14.87	6.78	10.82	7.7925
TiO_2	2.38	0.20	1.30	1.30	1.295
FeO	20.46	18.87	20.30	20.30	19.9825
Fe_2O_3	1.29	2.87	0.37	0.37	1.225
Na_2O	0.27	0.57	0.22	0.22	0.32
总计	100.72	101.09	98.688	99.589	100.14
样品号	以 22 个氧原子为单位计算的阳离子数				
	XL-1	XL-2	XL-3	XL-4	平均
Mg^{2+}	2.66	2.24	1.87	1.79	2.14
Al^{3+}	2.66	3.69	2.88	3.10	3.08
Si	4.59	4.22	5.20	5.27	4.82
K^+	0.88	1.41	0.63	0.68	0.90
Ca^{2+}	2.23	2.58	1.02	1.74	1.89
Ti	0.27	0.02	0.13	0.14	0.14
Fe^{2+}	2.28	2.21	2.05	2.20	2.19
Fe^{3+}	0.16	0.37	0.04	0.04	0.15
Na^+	0.08	0.17	0.06	0.06	0.09
$Mg^{2+}/(Mg^{2+}+Fe^{2+})$	0.5215	0.464	0.4722	0.4452	0.476
$Fe^{2+}/(Mg^{2+}+Fe^{2+})$	0.4784	0.535	0.5277	0.5547	0.524

$Mg-(Fe^{3+}+Al^{3+}Ti)-(Fe^{2+}+Mn)$ 分类图解如图 2-10 所示，黑云母的化学组成元素投点落在铁质黑云母的范围内，说明花岗岩中的云母为镁质黑云母。图 2-11 所示为 $Fe^{3+}-Fe^{2+}-Mg$ 图解，黑云母落在 $Ni-NiO$ 缓冲线与 $Fe_2SiO_3-SiO_2-Fe_2O_3$ 缓冲线之间。

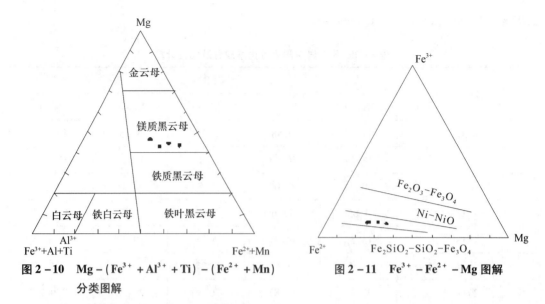

图 2-10　$Mg-(Fe^{3+}+Al^{3+}+Ti)-(Fe^{2+}+Mn)$ 分类图解

图 2-11　$Fe^{3+}-Fe^{2+}-Mg$ 图解

(2) 花岗岩中黑云母电镜扫描、矿物能谱分析。

对经过高温后花岗岩进行电镜扫描试验-X 射线能谱分析,确定该花岗岩云母的矿物成分与微观结构变化。图 2-12~2-13 所示为不同温度下花岗岩中两处黑云母 EDS 能谱分析图。花岗岩中的黑云母呈现薄片层状晶体,在 SEM 图片上识别度很高。电镜扫描图中可以通过图中谱峰的位置和强度确定矿物的元素组成、元素与各种氧化物相对质量分数,对矿物。通过图 2-12、图 2-13 可知,黑云母的阳离子为 Mg^{2+}、Al^{3+}、Si、K^+、Ca^{2+}、Ti、Fe^{2+},阴离子为 O^{2-}。图 2-13 中 O、Si、Fe、Ca、Al 元素谱峰都较强,Na、Ti 元素谱峰较弱。通过研究发现,不同温度下黑云母不同测点的化学成分含量基本没有发生变化,且和衍射仪测试结果一致。

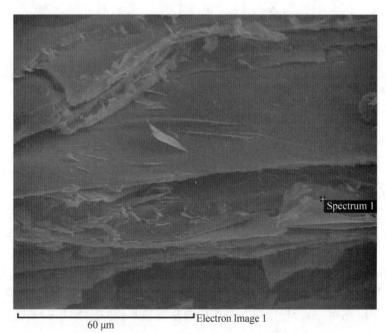

图 2-12　黑云母 EDS 能谱分析图(测定 1)

第 2 章 高温花岗岩成分、细观结构变化规律

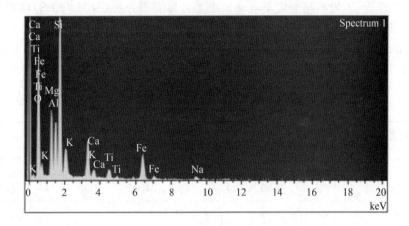

续图 2-12

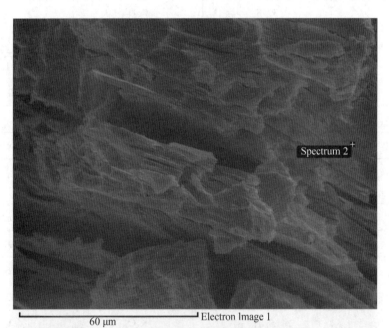

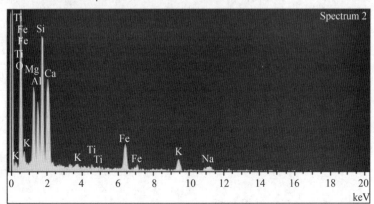

图 2-13 黑云母 EDS 能谱分析图(测定 1)

表 2-2 表 2-3 为不同温度下花岗岩中黑云母能谱分析（SEM-EDS）结果微区元素组成，$w(O) = 39.69\% \sim 39.93\%$，$w(Si) = 14.79\% \sim 15.01\%$，$w(Mg) = 5.63\% \sim 5.89\%$，$w(Fe) = 13.54\% \sim 15.12\%$，和实验室测试云母矿物质成分结果基本一致。同时可以看出温度作用下云母的矿物成分无明显的变化，说明温度对云母化学成分影响较小。

表 2-2 测定微区（Spectrum1）元素组成

元素	w/%	物质	w/%
O	39.69	MgO	9.82
Mg	5.89	Al_2O_3	16.49
Al	8.73	SiO_2	31.69
Si	14.79	K_2O	4.56
K	3.78	CaO	14.99
Ca	11.12	TiO_2	0.93
Ti	0.56	FeO	21.55
Fe	15.12	Na_2O	0.47
Na	0.35		
总计	100	总计	100

表 2-3 测定微区（Spectrum2）元素组成

元素	w/%	物质	w/%
O	39.93	MgO	9.38
Mg	5.63	Al_2O_3	16.11
Al	8.53	SiO_2	32.16
Si	15.01	K_2O	4.47
K	3.71	CaO	17.14
Ca	12.72	TiO_2	1.48
Ti	0.89	FeO	19.29
Fe	13.54	Na_2O	0.28
Na	0.21		
总计	100	总计	100

（3）温度作用下黑云母变形结果分析。

温度作用下黑云母微观变化如图 2-14 所示，从图中可知，黑云母和周围的长石和石英晶体之间有明显的识别度。

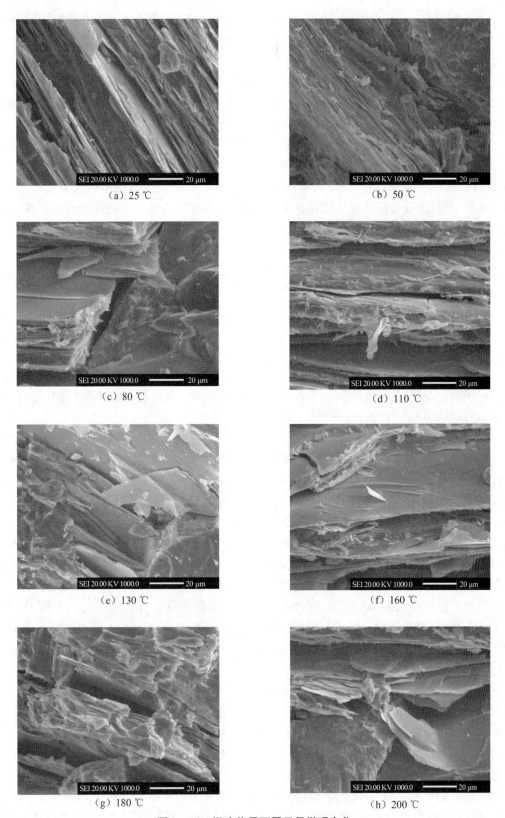

图 2-14 温度作用下黑云母微观变化

由图 2-14(a)～(c)可知,在 25～80 ℃,黑云母晶体内结构没有明显的变化,但同一温度作用下黑云母晶体热膨胀系数较大,随着温度升高,在黑云母、长石、石英晶体间形成的相互作用力增大,当晶体间的相互作用力大于晶体之间的黏结力时,产生了和其他晶体之间明显的沿晶裂纹。主要形成明显的黑云母晶体层间裂纹花样,原因在于矿物晶体层间黏结力一般小于晶体的强度,在相互拉应力作用下层晶间强度率先丧失,从而发生黑云母和其他晶体颗粒之间的沿晶裂纹。

由图 2-14(d)～(f)可知,在温度 110～160 ℃,部分黑云母颗粒发生了一定程度的变形,黑云母晶体受热必然造成其体积的膨胀,且晶体体积热膨胀存在各向异性,会在黑云母晶体之间、晶体边缘形成相互制约,这种约束力会让层状的黑云母晶体形成类似微小单跨梁的弯曲变形,黑云母层状晶体之间存在剪切作用,黑云母晶体片之间形成分离缝隙,从而发生黑云母晶体层间分离裂纹。

由图 2-14(h)可知,在 180～200 ℃时,黑云母晶体膨胀受到周围晶体膨胀的相互制约和自身晶体热膨胀的双重影响,黑云母晶体片层之间形成分离缝隙加大,部分单片黑云母在外力作用下形成黑云母片状晶体发生断裂,原因在于石英晶界强度与黑云母晶体晶间强度相当,在拉应力作用下晶界、晶间强度均发生不同程度的丧失,从而发生晶界、晶间断裂。

2.4 本章小结

通过对花岗岩进行系统 X 衍射试验、电镜扫描、X 射线能谱分析试验,对北山花岗岩进行了矿物质成分测试,尤其对黑云母晶体化学成分分析与微观晶体变形进行测试,对测试结果分析总结得出如下结论:

(1)在室温 25 ℃状态下,花岗岩试样质地均匀致密,但花岗岩颗粒表面含有一定的初始微裂隙和孔洞。当热处理温度低于 200 ℃时,沿晶断裂是主要的热开裂形式,随着热处理温度的继续升高,穿晶裂纹明显增多,此外,微空洞和较大的沿晶裂纹可能会成为热开裂新的损伤源。当温度为 25～80 ℃时,花岗岩孔隙随着温度升高而降低。当温度为 110～200 ℃时,花岗岩随着温度升高,内部出现的平行板裂纹不断增加。

(2)花岗岩的主要矿物质为黑云母、长石、石英等。黑云母中 $w(FeO) = 18.87\%$～20.46%,可见岩体黑云母的 Fe 值变化幅度较小,黑云母未遭受后期热液流体改造作用;$Mg^{2+}/(Mg^{2+}+Fe^{2+})$ 比值较为均一,说明黑云母未遭受后期改造;以 22 个氧原子为单位计算的阳离子数计算结果,确定黑云母的化学组成元素投点落在镁质黑云母的范围内;黑云母 $Fe^{3+}-Fe^{2+}-Mg$ 图解,确定黑云母花岗岩中的黑云母落在 Ni-NiO 缓冲线与 Fe_2SiO_3-SiO_2-Fe_2O_3 缓冲线之间;通过研究不同温度作用下黑云母化学成分含量,得出温度对黑云母化学成分的影响微弱。

(3)通过对北山花岗岩黑云母进行不同温度下电镜扫描 SEM 试验,发现温度对黑云母物理形态、破坏形态的影响较大。在室温至 80 ℃之间,云母结构本身没有明显的变化,在温度作用下热膨胀系数较大,花岗岩的孔隙减少,和周围其他晶体之间形成了明显沿晶裂纹;在 110～160 ℃,部分黑云母颗粒发生了一定程度的变形,黑云母受热其体积继续膨胀,晶体之间的热膨胀存在各向异性,形成矿物晶体之间的相互作用,使得层状云母晶体形成微小单跨梁的弯曲变形,云母晶体片之间形成分离缝隙,从而发生云母晶间分离裂纹;在 200 ℃时,黑云母晶体膨胀受到周围晶体膨胀的相互制约和自身晶体热膨胀的双重影响,云母晶体片之间形成分离缝隙加大,部分单片云母在外力作用下形成黑云母片状晶体发生晶界、晶间断裂。

第3章 高温缺陷花岗岩孔隙结构微细观表征

本书第 2 章分析了花岗岩在温度作用下的热解特性及矿物成分变化,有机质热解、无机矿物反应及温度作用下花岗岩矿物组成热应力不均又是促进花岗岩孔裂隙形成与发展的关键因素。花岗岩在温度作用下发生复杂而剧烈的热解反应,伴随着有机质的分解析出,包含于无机矿物骨架中的孔隙结构也相应变化。花岗岩的孔隙结构复杂且具有非均质特性,它的形貌变化不仅与热解过程的相关化学反应和矿物颗粒的热应力属性有关,而且还会影响到化学反应与气体的运移过程;其中,比表面积和结构对热解反应活性的影响、孔隙结构演化对传热效率及产物运移的影响,对花岗岩原位地下开采尤为重要。花岗岩原位地下开采过程中,可理解为孔隙-裂隙-生产管道-地面。孔裂隙结构是花岗岩的一个重要特征,直接影响花岗岩内渗透性能。一些学者基于 CT 技术结合三维重建手段,研究了微米尺度孔裂隙连通团结构,热失重与孔裂隙变化的一致性及渗透率模拟计算。Yang 等利用高压压汞(Mercury Intrusion Porosimetry,MIP)技术对热解过程中孔裂隙结构进行了定量表征,并在更小尺度上,利用低温液氮吸附(LTNA)分别分析了蒸馏与微波加热条件下温度对花岗岩孔隙结构的影响。Han 和 Sun 等分析认为,温度使有机质软化或炭化导致气孔堵塞,对孔隙结构参数产生了影响。Wang 等认为,热解产物产生与运移所引起的孔隙连通是孔隙度增加的重要因素。因各种测试方法的有效范围及测试原理并不相同,而温度作用下花岗岩孔径由纳米级到微米级均有分布,跨度极大,采用单一手段很难全面展现整个孔裂隙空间的分布规律。为此,Liu 等联合 MIP 与 CT 或 LPNA 等测试手段,分析了花岗岩的热解特性和孔裂隙结构。以上成果加深了人们对花岗岩孔裂隙分布规律的认识,但关于花岗岩孔隙结构的多尺度表征研究仍不充分。

目前,国内外学者对于花岗岩的孔隙度的试验测定基本采用压汞法。压汞法指压汞孔隙测试或压汞毛细管压力(Mercury Injection Capillary Pressure Analysis,MICP)试验,是利用压汞仪将汞在不同压力下压入多孔固体以获取样品孔隙特征的方法。压汞仪的最大工作压力决定最小可测孔径,目前常见的压汞仪其理论可测孔径范围分别为 $0.005 \sim 360~\mu m$ 与 $0.003 \sim 360~\mu m$。

由于花岗岩孔隙孔径小、孔隙度低、渗透率低的特点,将压汞孔隙测试应用于花岗岩孔隙研究受到一定的限制,这是由于花岗岩低孔低渗的特点,需要高排驱压力促使贡进入样品,但高压会造成人为裂缝导致误差;Washburn 方程假设样品孔隙为光滑的圆柱状连通孔,实际测量中花岗岩复杂的孔隙形态会造成误差;压汞试验中开孔与闭孔的划分受到样品粒度影响,样品的粒度越小,闭孔就越有可能转变为开孔,导致开孔数目的增加,使所测比表面积和孔隙度增大。压汞法测量的是孔隙最大开口尺寸,对孔喉尺寸的测量存在限制,使测量孔径分布偏离真实值。同时受试验方法的限制,压汞法只能用于研究开孔,不能表征闭孔。

低温液氮吸附法是在等温条件下将液氮(N_2)注入样品,记录不同压力下在介质表面的吸附量,并利用理论模型计算以揭示样品的表面及孔隙特性的方法。理论上本方法所能测定的最小孔径为液氮的分子直径,最大孔径由高相对压力下测定探针液氮吸附量的实际难度决定,由于表征尺度细微因此可获取样品比表面积、表面分形维数与孔径分布等多方面信息。但其测试一般不超过孔径测定范围(0.35~500 nm)。

高压压汞试验是获得储层岩石孔喉特征参数的重要途径。常规压汞仪器的最高进汞压力较低,无法突破花岗岩纳米级孔隙中的毛管压力,不能有效描述花岗岩纳米量级的孔隙结构。本研究结合这两种测试方法的各自优势,采用液氮吸附试验和压汞试验相互结合的方式测试不同温度条件下花岗岩吸附-脱附曲线和孔径分布曲线,提出以渗流贡献能力为标准来选择不同测试方法所描述的孔隙半径区间,从而研究花岗岩不同温度下的孔隙度高变化规律。

基于以上考虑,本章结合理论分析、低温液氮吸附及高压压汞测试手段,分析研究不同热解终温作用后花岗岩孔隙结构演化规律,尤其是孔隙度、孔径分布、孔隙形态的变化,并结合两种测试结果对孔径分布进行联合分析,以期为花岗岩储层的孔隙结构演化规律提供更全面的定量表征,为核废料地质处置提供一定的基础理论支持。

孔径分类采用国内应用较多的霍多特(1966)的分类方法:大孔(大于1 000 nm)、中孔(100~1 000 nm)、小孔或过渡孔(10~100 nm)、微孔(小于10 nm)。

3.1 高温缺陷花岗岩孔隙度变化机理

花岗岩的孔隙度和渗透率是研究其渗透特性评价的十分重要的两个参数。许多学者对岩石孔隙度与渗透率的影响因素进行了研究,指出花岗岩内部结构对花岗岩的孔隙度和渗透率有较大影响。致密的花岗岩储集空间主体为纳米级孔喉系统,具有小孔微喉或者细孔微喉的特征,孔喉比能达到几十甚至数百。花岗岩的孔隙度是地下水运移过程的关键参数,准确获取岩石孔隙度对于模拟和预测花岗岩渗透行为具有重要意义。

近年来,随着核废料地下处置工程失稳事故逐渐增多,花岗岩的热-流-固耦合作用越来越受到学者们的关注。孔隙度是衡量花岗岩孔隙结构发育程度的关键指标,也是决定花岗岩渗透和强度性能的重要因素,而温度作用则是花岗岩产生变形的本质因素。花岗岩孔隙度和温度、应力作为核废料处置工程热-流-固耦合研究的关键因素日益成为研究热点,国内外学者在此领域开展了大量研究,其成果主要集中在孔隙度理论模型的建立和有效应力规律及其影响因素分析等方面,尽管成果显著,但研究中考虑的因素仍有所偏失,大部分学者依据体积应变和孔隙度定义导出了孔隙度为地应力引起的体积应变函数,但忽略了温度变化对花岗岩变形影响。

花岗岩孔隙度和有效应力问题研究本身就是从微观角度展开的课题,有效应力、温度效应都不能随意舍弃。孔隙度是多孔介质重要的特性参数之一。传统的流-固耦合理论把花岗岩孔隙度视为常数不符合实际,因为应力变化使花岗岩体颗粒产生的压缩变形与吸附膨胀变形,以及温度变化引起的热膨胀变形都将使花岗岩颗粒发生不同程度的本体变形。含有缺陷的花岗岩尤其受到温度、应力作用下敏感性较强,从而使孔隙度亦随之动态改变。本节从以上分析所存在的问题出发,依据孔隙度基本定义和力学平衡原理,同时考虑有效应力、温度的综合作用,建立了含缺陷的花岗岩孔隙度和温度、有效应力理论模型,并利用试验数据对其进行了验证。

取内部含有单裂隙缺陷的花岗岩微元体作为研究模型,如图3-1所示。根据孔隙度 Φ 的定义有

$$\Phi = \frac{V_P}{V_B} = \frac{V_{P0} + \Delta V_P}{V_B + \Delta V_B} = 1 - \frac{V_{S0}(1 + \Delta V_S/V_{S0})}{V_{B0}(1 + \Delta V_B/V_{B0})} = 1 - \frac{(1 - \Phi_0)}{1 + e}\left(1 + \frac{\Delta V_S}{V_{S0}}\right) \quad (3-1)$$

式中，V_P 为孔隙体积；V_B 为花岗岩外观总体积；V_S 为花岗岩骨架体积；ΔV_S 为花岗岩骨架体积变化；ΔV_P 为花岗岩孔隙体积变化；ΔV_B 为花岗岩外观总体积变化；e 为体积应变；Φ_0 为花岗岩初始孔隙度。

花岗岩的本体变形 ΔV_S 引起的岩体颗粒体积应变增量 $\Delta V_S/\Delta V_{S0}$ 主要由 3 部分组成：因孔隙压力变化压缩花岗岩颗粒引起的应变增量 $\Delta V_{SP}/\Delta V_{S0}$、温度作用引起花岗岩颗粒体积膨胀的应变增量 $\Delta V_{ST}/\Delta V_{S0}$ 和裂隙中气体体积膨胀的应变增量 $\Delta V_{SF}/\Delta V_{S0}$。

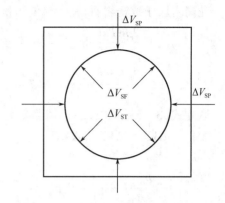

图 3-1 微元体模型

体积应变增量的关系为

$$\frac{\Delta V_S}{V_{S0}} = \frac{\Delta V_{SP}}{V_{S0}} + \frac{\Delta V_{ST}}{V_{S0}} + \frac{\Delta V_{SF}}{V_{S0}} \quad (3-2)$$

孔隙度变化与有效应力变化的关系为

$$d\Phi = C_m(1-\Phi)d\sigma' \quad (3-3)$$

式中，Φ 为岩石的孔隙度；C_m 为综合岩石压缩系数，与气体压缩系数的关系式为

$$C_m = \Phi C_p \quad (3-4)$$

式中，C_p 为流体压缩系数。

在式(3-3)中，假定所有的应力变化归因于有效的相互连接的孔隙空间。联立式(3-3)和式(3-4)得

$$d\Phi = -\Phi(1-\Phi)C_p d\sigma' \quad (3-5)$$

对式(3-5)积分可得孔隙度与有效应力的关系式：

$$\varepsilon_{Sp} = \frac{\Delta V_{SP}}{V_{S0}} = \frac{\Phi}{1-\Phi} = \frac{\Phi_0}{1-\Phi_0}\exp\left(-\int_{\sigma_0}^{\sigma} C_p d\sigma'\right) \quad (3-6)$$

式中，ε_{Sp} 为因孔隙压力变化压缩花岗岩颗粒引起的应变增量。

Somerton、Scorer 和 Miller 观察到岩块和孔隙介质的压缩系数与有效应力相关。在这里，引进平均孔隙度压缩系数 $\bar{C}_p$ 为

$$\bar{C}_p = \frac{1}{\sigma'-\sigma_0}\int_{\sigma_0}^{\sigma'} C_p d\sigma' \quad (3-7)$$

则式(3-6)变为

$$\varepsilon_{Sp} = \frac{\Delta V_{SP}}{V_{S0}} = \frac{\Phi_0}{1-\Phi_0}l_m\exp(-\bar{C}_p\Delta\sigma_p) \quad (3-8)$$

式中，l_m 为含有缺陷长度的影响参数；σ_p 为有效应力。

由式(3-8)可得

$$\begin{cases} \dfrac{\Delta V_{SP}}{V_{S0}} = \dfrac{\Phi_0}{1-\Phi_0}l_m\exp(-\bar{C}_p\sigma_p) \\ \dfrac{\Delta V_{SF}}{V_{S0}} = \dfrac{\Delta V_S}{V_{B0}-V_{P0}} = \dfrac{l_m\varepsilon_p}{1-\Phi_0} \\ \dfrac{\Delta V_{ST}}{V_{S0}} = \alpha_T\Delta T \end{cases} \quad (3-9)$$

花岗岩属于致密岩石,其中单位体积花岗岩裂隙中空气产生的膨胀应变可近似取值为

$$\varepsilon_p = \frac{2\rho RTaC_p}{3V_m}\ln(1+b\sigma') = \frac{2\rho RTaC_p}{3V_m}b\sigma' = \frac{2\rho RabC_p}{3V_m}[\sigma_p - \beta\Delta T]T$$
$$= \frac{2\rho RabC_p}{3V_m}[\sigma_p - \beta(T-T_0)]T \tag{3-10}$$

联立式(3-2)和式(3-9)可得单元体花岗岩颗粒体积总应变量:

$$\frac{\Delta V_S}{V_{S0}} = \frac{\Delta V_{SP}}{V_{S0}} + \frac{\Delta V_{ST}}{V_{S0}} + \frac{\Delta V_{SF}}{V_{S0}}$$
$$= \frac{\Phi_0}{1-\Phi_0}l_m\exp(-\bar{C}_p\sigma_p) + \frac{2\rho RabC_p}{3V_m}l_m[\sigma' - \beta(T-T_0)]T + \alpha_T(T-T_0) \tag{3-11}$$

式(3-10)~(3-11)中,C_p 为花岗岩颗粒体积压缩系数,MPa^{-1};$\Delta T(=\Delta T - T_0)$ 为绝对温度改变量,K;β 为热应力系数,$\beta = \alpha_T E/(1-\nu)$;$\alpha_T$ 为花岗岩线膨胀系数,$m^3/(m^3·K)$;E 为花岗岩弹性模量;ν 为花岗岩泊松比;ρ 为花岗岩的视密度,t/m^3;V_m 为气体摩尔体积,$V_m = 22.4 \times 10^{-3}\ m^3/mol$;$R$ 为普适气体常数,$R = 8.3143\ J/(mol·K)$;a 为单位质量花岗岩在参考压力下的极限吸附量,m^3/t;b 为花岗岩的吸附平衡常数,MPa^{-1}。

将式(3-11)代入式(3-1)可得在压缩、温度条件下(扩容前)的孔隙度动态演化模型,即

$$\Phi = 1 - \frac{(1-\Phi_0)}{1+e}\left(1 + \frac{\Phi_0}{1-\Phi_0}l_m\exp(-\bar{C}_p\sigma_p) + \frac{2\rho RabC_p}{3V_m}l_m[\sigma' - \beta(T-T_0)]T + \alpha_T\Delta T\right) \tag{3-12}$$

由体积压缩系数的定义可得

$$V_B = V_{B0}\exp(-\bar{C}_p\sigma_p) \tag{3-13}$$

由弹性力学可得

$$1 + e = 1 + \frac{V_B - V_{B0}}{V_{B0}} = \frac{V_B}{V_{B0}} \tag{3-14}$$

将式(3-13)代入式(3-14)可得

$$1 + e = 1 + \frac{V_B - V_{B0}}{V_{B0}} = \frac{V_B}{V_{B0}} = \exp(-\bar{C}_p\sigma_p) \tag{3-15}$$

将式(3-15)代入式(3-12)中,可得温度、应力条件下花岗岩的孔隙度动态演化模型:

$$\Phi = 1 - \frac{(1-\Phi_0)}{\exp(-\bar{C}_p\sigma_p)}$$
$$\left\{1 + \frac{\Phi_0}{1-\Phi_0}l_m\exp(-\bar{C}_p\sigma_p) + \frac{2\rho RabC_p}{3V_m}l_m[\sigma' - \beta(T-T_0)]T + \alpha_T\Delta T\right\} \tag{3-16}$$

由式(3-16)可知,本研究所建含缺陷花岗岩的孔隙度模型具有一定的优越性,由于核废料地下处置工程中花岗岩密度、有效应力是变化的,但现场实测数据不全,因此进行理论值计算时假设这些因素为恒定不变量,故预测结果本身存在一定的误差,但即便如此,本节从基本定义出发所建立的孔隙度模型拟合精度在三者当中最好,误差不大,除非地质构造突然发生变化才有可能造成理论计算值的较大失真。

只有温度作用时,孔隙度随温度变化关系简化为

$$\Phi = 1 - (1 - \Phi_0)\left\{1 + \frac{2\rho RabC_p}{3V_m}l_m[-\beta(T - T_0)]T + \alpha_T\Delta T\right\} \quad (3-17)$$

由此可知,在温度变化时,缺陷花岗岩的孔隙度随温度服从二次函数关系,与缺陷长度成正比。

3.2 低温液氮吸附法测试花岗岩孔隙度

3.2.1 低温液氮吸附原理

低温液氮吸附法测试原理为:样品表面存在剩余的表面自由能,当气体分子与样品表面接触时,气体分子被吸附,若气体分子足以克服样品表面自由能则发生脱附现象。在固定条件下,吸、脱附速率相等时达到吸附平衡。氮气在样品表面的吸附量取决于氮气的相对压力,当 $p/p_0 = 0.05 \sim 0.35$ 时,吸附量与相对压力的关系符合 BET 方程,这也是低温液氮吸附法测定材料比表面积的依据;当 $p/p_0 \geq 0.40$ 时,氮气开始在微孔中凝聚,通过 BJH(Barrett – Joyner – Halenda)理论模型,可以计算得出孔体积、孔径分布等相关参数。

低温液氮吸附法将烘干脱气处理后的样品置于低温液氮中,调节不同试验压力,分别测出对氮气的吸附量,绘出吸附和脱附等温线。根据滞后环的形状确定孔的形状,按不同的孔模型计算孔分布、孔容积和比表面积。

(1)孔半径计算。

低温液氮吸附法用递推法计算不同孔径区间的孔半径,常用的是 Kelvin 原理。Kelvin 原理假设孔隙为圆柱状,计算公式为

$$r_k = \frac{-2\gamma V_m}{RT\ln(p/p_0)} \quad (3-18)$$

式中,r_k 为孔的 Kelvin 半径;γ 为 N_2 沸点时的表面张力;V_m 为液氮时的摩尔体积;R 为气体常数;T 为 N_2 的沸点(77 K);p/p_0 为 N_2 的相对压力。

(2)孔径分布计算。

对于大多数的中孔使用 BJH 原理进行孔径分布计算,计算公式为

$$V_{pn} = \left(\frac{r_{pn}}{r_{kn} + \Delta t_n/2}\right)^2 \left(\Delta V_n - \Delta t_n \sum_{i=1}^{n} A_{ci}\right) \quad (3-19)$$

式中,V_{pn} 为孔隙容积;r_{pn} 为最大孔半径;r_{kn} 为毛细管半径;t_n 为吸附的氮气层厚度;V_n 为毛细管体积;A_{ci} 为先前排空后的面积。

对于花岗岩的层状微孔隙模型,使用 DA(Dub – inin – Astakhov)原理计算,DA 计算公式为

$$W = W_0\exp\left[\left(\frac{-RT\ln p/p_0}{E'}\right)^n\right] \quad (3-20)$$

式中,W 为在压力 p/p_0 和温度 T 时吸附的质量;W_0 为吸附的总质量;T 为温度;n 为非整数值(通常为 $1 \sim 3$)。E' 为特征能;n 和 E' 是在微孔区域内相对压力低时不断地将非线性曲线与吸附等温线拟合计算得到的。然后将得到的 n 和 E' 值代入下式,计算出微孔径分布情况,即

$$\frac{d(W/W_0)}{dr} = 3n\left(\frac{K}{E'}\right)^n r^{-(3n+1)}\exp\left[\left(-\frac{K}{E'}\right)^n r^{-3n}\right] \quad (3-21)$$

式中，K 为相互作用常数，2.96（kJ·nm³）/mol；r 为半径。

3.2.2 低温液氮吸附仪器

低温液氮吸附试验采用美国 MICROMERITICS INSTRUMENT 公司生产的 ASAP2020M 型全自动比表面积及物理吸附分析仪，如图 3-2 所示，低温液氮吸附试验采用 V-Sorb 2800P 静态容量法氮气吸附比表面积及孔径测定仪，进行面积、孔体积、孔径、孔分布、等温吸附和脱附的分析；V-Sorb 通过独创的液氮面控制系统（使用液氮在 -196 ℃ 温度条件下进行测试，在相对压力 0.01~1.00 测定吸附等温线），确保测试全程液氮面相对样品管位置保持不变，采用可编程控制器电磁阀控制系统提高仪器测试的稳定性。基于低温液氮吸附试验数据，根据 BET 多分子层吸附理论计算煤样的比表面积，同时采用 BJH 模型计算岩样的孔径分布。低温液氮法测试的孔径范围为 1.7~300.0 nm，系统配有 2 个分析站和 2 个脱气处理站；采用压力分段测量的进口双压力传感器，显著提高低 p/p_0 点下测试精度。比表面积测定范围：0.01（m²/g）至无上限（比表面积），孔径测定范围为 0.35~500 nm。

图 3-2 ASAP2020M 型全自动比表面积及物理吸附分析仪

3.2.3 低温液氮吸附试验花岗岩样品制备

花岗岩样品取自甘肃北山地区，均为新鲜样品。为了更好地符合行业的测试标准，把花岗岩研磨成粉末状，通过 0.1 mm 的过滤筛过滤，样品都被磨碎至粒度为 60~80 目。

把花岗岩粉末样品（图 3-3）通过干燥箱干燥 2 h，通过电子马弗炉（图 2-1）加热，升温过程为 30 min，升温结束后保持到规定温度保持恒温 5 h，恒温结束后，降温过程为 30 min。花岗岩样品加温过程如图 2-7 所示。

图 3-3 花岗岩粉末样品

3.2.4 低温液氮吸附试验过程

低温液氮吸附试验具体试验过程如下：

(1)对加热后的花岗岩样品进行洗油处理；

(2)低温液氮吸附法测试中,将加热后的花岗岩样品称重约 1 g(图 3-4),烘干后装入专用试管中,置于仪器脱气室内进行脱气处理；

(3)脱气完成后将试管置于液氮中,移至分析室进行分析,测试氮吸附量和压力,生成等温吸附)脱附曲线；

(4)分析等温吸附-脱附曲线滞留环形态,使用相应原理进行计算,得到孔径分布曲线。

图 3-4 花岗岩样品称重

3.2.5 低温液氮吸附试验结果分析

花岗岩是一种内部含有孔隙、裂隙的复杂材料,因此,可从低温液氮吸附-脱附曲线形态着手,分析不同温度作用下花岗岩的孔隙、裂隙、孔径分布形态。目前,国内外对岩石孔隙的划分还没有统一的标准。这里借鉴煤层孔隙结构研究成果,采用 Xoaotb 十进制孔隙分类标准,将孔径结构分为 4 类:大孔(孔径大于 1 000 nm)、中孔(孔径为 100~1 000 nm)、过渡孔(孔径为 10~100 nm)以及微孔(孔径小于 10 nm)。

(1)花岗岩低温液氮吸附-脱附等温线特征分析。

国内已有许多学者基于低温液氮吸附-脱附曲线对孔隙形态进行了分类,使用较为广泛的分类方法是按照国际纯化学与应用化学联合会(IUPAC)等温线分类标准,将吸附等温线分为 3 种类型,依据低温液氮吸附回线的形态分别为:①H_1 型,为一端封闭的不透气性孔,包括一端封闭的圆筒形孔、平行板状孔、楔形孔以及锥形孔。这类孔不产生吸附回线或回线微弱,滞回环狭小,吸附曲线与脱附曲线几近平行,只有接近饱和蒸汽压时才发生明显的毛细凝聚,吸附曲线陡直上升。②H_2 型,孔隙系统较复杂,其中微孔主要为一端封闭型而大孔则既有封闭型又有开放型,这类孔能产生吸附回线。③H_3 型,为一种特殊形态的孔,即细颈瓶形(墨水瓶状)孔,滞回环较宽大,吸附曲线变化缓慢,脱附曲线在中等相对压力处表现为陡直下降,且脱附曲线远比吸附曲线陡峭,但它却能产生吸附回线,其最为明显的标志是脱附曲线有一个急剧下降的拐点。

不同温度下花岗岩样品等温吸附-脱附曲线如图 3-5 所示。从不同温度下花岗岩

SEM 图像和液氮吸附曲线可知,岩石中孔隙结构十分复杂,孔洞、孔隙形态各异,因此产生的滞后环是两种或更多类型的复合。

从等温吸附-脱附曲线可以看出,25~200 ℃花岗岩样品的吸附-脱附曲线不重合,产生吸附滞后,说明花岗岩含有一定的微孔、过渡孔和中孔。

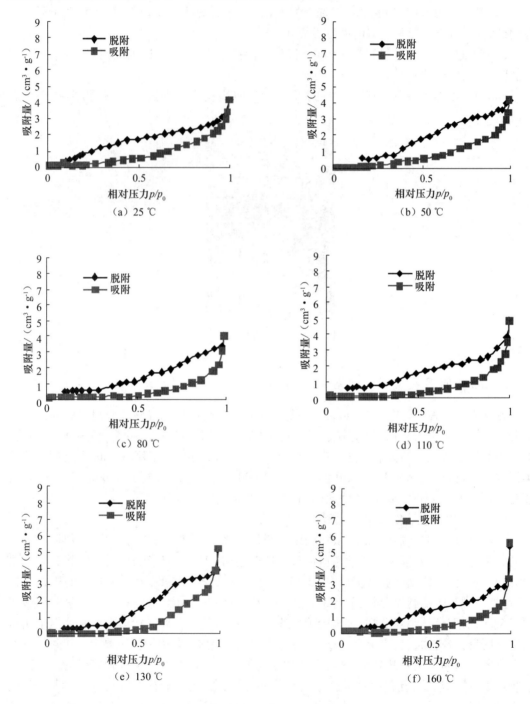

图 3-5　不同温度下花岗岩样品等温吸附-脱附曲线

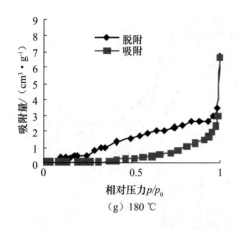
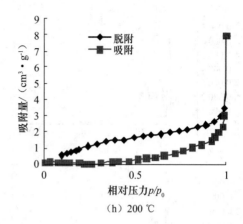

续图 3-5

在温度为 25 ℃、50 ℃、80 ℃时，花岗岩滞后环和 H_3 型曲线比较接近，滞回环较宽大，吸附曲线变化缓慢，脱附曲线在中等相对压力处表现为陡直下降，且脱附曲线远比吸附曲线陡峭，在接近饱和蒸汽压时发生一定的毛细凝聚，吸附曲线发生一定上升，说明孔隙间的连通性较差，以细颈广体的墨水瓶形孔隙为主，还含有一定的平行板状孔隙。温度为 25～80 ℃阶段，随着温度升高，花岗岩颗粒热膨胀，导致不透气性孔隙的孔容变小，原有微小的不透气性孔体积逐渐变小，渗透性继续弱化，表现为滞后环间距变小。

花岗岩在 110 ℃、130 ℃、160 ℃、180 ℃、200 ℃时滞后环和 H_1 型曲线比较接近，吸附曲线与脱附曲线几近平行，只有接近饱和蒸汽压时才发生明显的毛细凝聚，吸附曲线陡直上升，滞回环有一定宽度，说明高温花岗岩中孔隙形式以平板孔为主，还含有墨水瓶孔。110～200 ℃阶段，花岗岩由于质地致密，内部孔隙空间无法容纳花岗岩固体晶体的变形，形成热破裂，在花岗岩晶体间以形成平行孔为主，还含有墨水瓶孔，孔隙体积有一定量的增加，渗透性也随之增大，表现为滞后环中明显的毛细凝聚。

根据 Kelvin 计算公式得出，在相对压力为 0.8 时，花岗岩对应孔径约为 10 nm；相对压力为 0.5 时，对应孔径约为 4 nm；相对压力为 0.3 时，对应孔径约为 3 nm。由此可知，对于样品在 25～200 ℃而言，以小于 3.3 nm 的微孔隙为主，微孔形态主要是墨水瓶形，还含有一定狭缝平板形中孔。

(2) 花岗岩液氮吸附试验的孔径分布。

不同温度下花岗岩孔容-孔径分布曲线如图 3-6 所示。从图中可以看出，温度为 25～200 ℃时，花岗岩孔径分布曲线呈多峰，且峰值主要在 2～10 nm，孔径为 2～10 nm 时对孔体积的贡献最大。花岗岩的孔径分布曲线在孔径大于 10 nm 以后缓慢下降，说明 10 nm 以上孔隙出现的概率较小，但存在孔径大于 100 nm 的孔隙。随着花岗岩温度升高，孔径大于 10 nm 孔的体积占总孔容的百分比整体呈增加趋势，但这并不能说明孔体积随温度升高而不断增加。

由此可知，北山花岗岩质地致密，花岗岩中发育的孔隙主要为原生微孔孔隙和个别中孔隙。随温度的升高，25～80 ℃的花岗岩各孔径段孔隙体积均不断减少，80 ℃时孔隙体积减小到最小。但随着温度继续升高，110～200 ℃阶段，花岗岩中大于 10 nm 的孔不断增加，使得微孔的体积占比不断降低，在此过程中也有一定数量的中孔产生，过渡孔、中孔体积占比进一步升高。

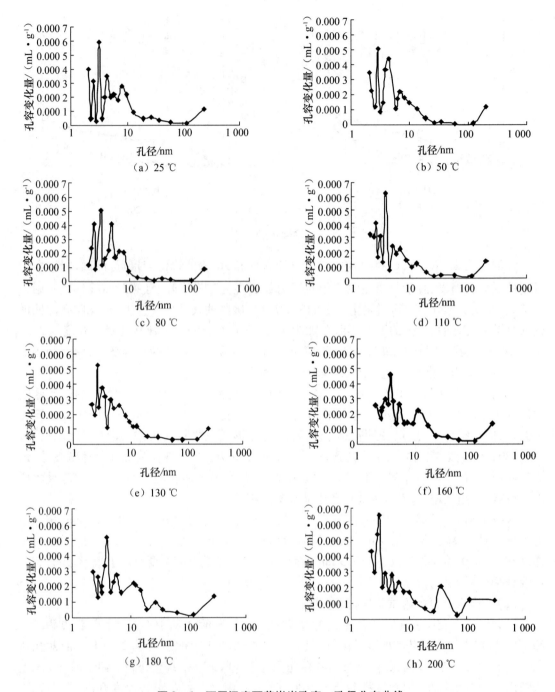

图3-6 不同温度下花岗岩孔容-孔径分布曲线

3.3 高压压汞法测试花岗岩孔隙度

3.3.1 高压压汞法测试原理

高压压汞法测试原理为非湿相注入多孔介质，表面张力阻止非湿相进入孔隙，需要额外施加压力才能将非湿相液体注入岩石的孔隙中，这个额外压力等于毛细管压力。在压汞法测试毛细管压力时,汞作为非湿相注入岩石孔隙,注入量对应孔喉大小在多孔介质中的孔体积。岩样在每一个压力点达到平衡时,测得随注入压力变化进汞量的变化。将记录结果绘图,得到压汞法测得的岩样毛细管压力曲线。

退汞效率反映非润湿相的毛细管效应采收率,它表示喉道体积占岩心中孔隙与喉道总体积的百分数,退出效率越大,则岩心中孔隙与喉道的尺寸大小分布越均匀。最大进汞饱和度反映了孔裂隙系统的连通性和孔隙的发育程度,孔隙度则直观反映了孔隙的大小,本节选用此3个参数进行对比,即从孔径大小、孔径连通性、孔径分选性(均匀程度)上对花岗岩进行研究。

3.3.2 高压压汞法试验测试设备

采用的试验仪器为 AutoPore IV 9500 高性能全自动压汞仪,如图3-7所示,使用汞侵入法来测定总孔体积、孔径分布、孔隙度、密度、有效孔喉半径和传输性。压汞仪配置2个低压站和1个高压站,进汞或退汞体积精度优于 $0.1\ \mu L$,内置强大的数据处理和报告程序包,测定孔径范围为 $0.003 \sim 1\ 000\ \mu m$。

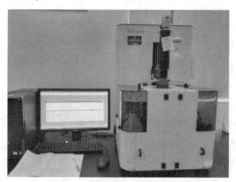

图3-7 高性能全自动压汞仪

3.3.3 试件加工过程

把花岗岩加工成近似小试件,通过全自动电子马弗炉加热,升温过程为 $5\ ℃/min$,升温结束后保持到规定(50 ℃、80 ℃、110 ℃、130 ℃、160 ℃、180 ℃、200 ℃)温度,恒温5 h,恒温结束后,缓慢降低到室温,加热处理后的部分花岗岩样品如图3-8所示。

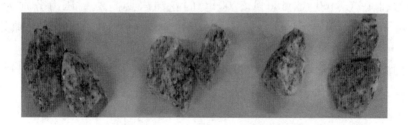

图3-8 加温后的花岗岩试件

3.3.4 高压压汞法试验过程

高压压汞法试验过程如图3-9所示。

(1)测定高温处理后的花岗岩样品质量、体积、密度；

(2)把样品放入岩心室中,提高注入压力,压力稳定后记录压力值及注入汞的体积；

(3)注入压力就相当于毛细管压力,所对应的毛细管半径即孔隙喉道半径,进入孔隙中的汞体积即该喉道所连通的孔隙体积。不断改变注入压力得到孔隙大小分布曲线和毛细管压力曲线。

从进汞-退汞曲线可以看出,花岗岩孔隙度较小,从孔径分布图可以看出孔径分布在4~50 000 nm之间,可以根据吸入汞量计算孔隙度。

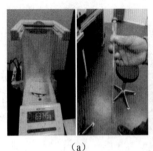
(a)

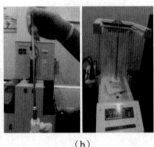
(b)

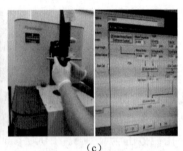
(c)

图3-9 高压压汞法测试过程

3.3.5 高压压汞法试验结果分析

1. 压汞曲线和孔径分析

将毛细管压力(对数)和汞饱和度拟合,得到花岗岩高压压贡法毛细管压力曲线,如图3-10所示。由图3-10总体可知:在25~200 ℃时,花岗岩初始进汞饱和度较高,说明花岗岩内部含有较大孔隙。随着毛细管压力的增大,汞饱和度将逐渐增大,每一点进汞压力达到平衡时的进汞量反映了该孔喉半径区间所连通的孔隙体积。在汞饱和度为80%附近,进汞曲线出现了不连续性,毛细管压力持续增大,汞饱和度保持不变,说明花岗岩内部孔径分布不均匀连续,孔隙间连通性较差。花岗岩中的孔隙类型复杂,孔隙形态多样,存在墨水瓶孔、平行板孔隙等多种孔隙,毛细管压力曲线整体偏向右上方,孔隙之间的连通性较差,退汞效率低。具体分析如下:

(1)不同温度下花岗岩进汞曲线中初始饱和度近似为40%,说明花岗岩含有初始裂纹。拐点切线与汞饱和度的交点,反映了汞进入最大喉道所需的压力,温度为25 ℃、50 ℃、80 ℃、110 ℃、130 ℃、160 ℃、180 ℃、200 ℃的花岗岩最高驱替压力分别为653 MPa、670 MPa、678 MPa、656 MPa、646 MPa、634 MPa、619 MPa、601 MPa,可描述孔隙分布最小半径为5~10 nm。

(2)不同温度作用下,汞饱和度为80%附近时,进汞曲线出现毛细管压力持续直线上升段,说明花岗岩内部存在孔喉半径级配单一化,孔隙连通性差。温度为25~80 ℃时,进汞曲线持续上升的突变高度随着温度升高而增长。温度为80 ℃时,进汞曲线中部的直线上升段为最长,说明花岗岩内部孔隙体积、有效的孔喉半径随着温度升高而降低,孔隙连通性减弱。温度为110~200 ℃时,进汞曲线持续上升段长度随着温度升高而减小,200 ℃时,基本没有汞曲线持续上升段,说明花岗岩内部孔隙体积、有效的孔喉半径随着温度升高而增大,孔隙连通性有所改善。

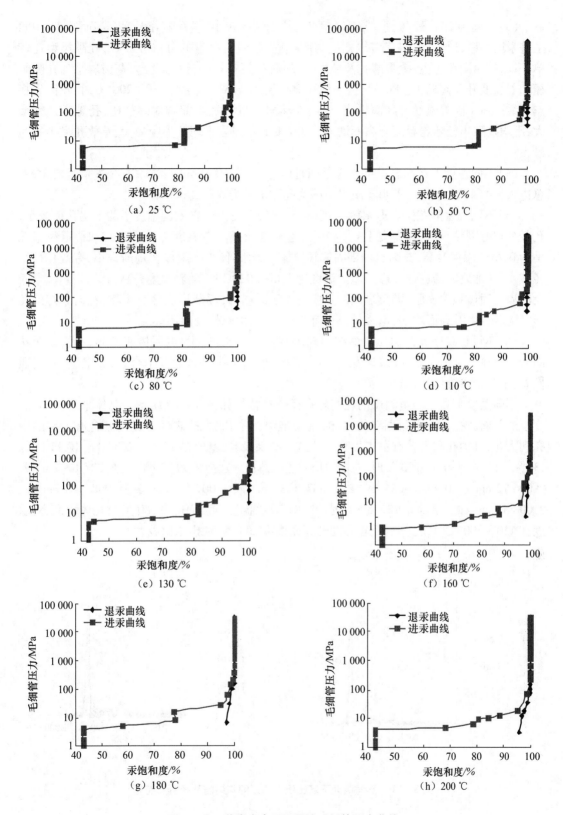

图3-10 花岗岩高压压汞法毛细管压力曲线

（3）温度为 25～80 ℃时，花岗岩拐点切线的斜率较小，斜率随着温度升高而减小，中间主进汞段平缓且长。说明花岗岩即使温度不同，花岗岩喉道的分选性较好，孔隙类型比较单一，以晶间微孔为主，少量溶孔及粒内孔，均质性相对较好，致密性高，花岗岩平均孔隙半径随着温度升高而减小。80 ℃时，平均孔隙半径为最小。温度为 110～200 ℃时，花岗岩拐点切线的斜率随着温度升高而增大，说明花岗岩孔喉半径级配相对多样化，孔隙连通性增大，平均孔隙半径随着温度升高而增大。200 ℃时花岗岩平均孔隙度最大、有效孔喉半径为最大。

（4）不同温度下花岗岩试件进汞毛细管压力为 1～10 MPa 时，进汞曲线进汞量较大，占总进汞量的 40%～45%，表明花岗岩中平均孔隙半径为 6～12 nm。

（5）不同温度的花岗岩退汞效率在 0～5%，说明花岗岩在不同温度下的平均孔径较小，孔径分布范围较小，孔径的类型较为单一，连通性较差。在温度为 25～80 ℃时，退汞率几乎为 0，随着温度升高，花岗岩内部固体颗粒体积膨胀，使得孔隙体积逐渐减小，有效孔径半径减小，孔隙之间的连通性会更差。温度为 110～200 ℃时，随着温度升高，花岗岩内部空间无法满足固体颗粒膨胀，颗粒之间的热应力大于黏结力，逐渐形成微小裂隙，花岗岩有效孔半径随着温度升高而增加，退汞效果也有明显变化，但总体变化不大。

（6）不同温度下花岗岩压汞曲线表现出突降型特征，进汞、退汞体积差异较大，说明花岗岩中存在一定细颈瓶孔隙，微孔与少量中孔、极少大孔串联配置不合理，孔喉细小，连通性差，不利于渗流体的运移。

不同温度下高压压贡测试的花岗岩孔径分布特征如图 3-11 所示。总体来看，不同温度下的花岗岩孔径大小两端双峰分布，主要集中在中孔、大孔之间。花岗岩含有一定的中孔和大孔，且中孔和大孔有一定发育。从试验结果来看：温度在 25 ℃、50 ℃、80 ℃、110 ℃、130 ℃、160 ℃、180 ℃、200 ℃时，花岗岩压汞法孔体积分别为 0.007 3 cm³/g、0.007 109 cm³/g、0.006 72 cm³/g、0.007 405 cm³/g、0.007 528 cm³/g、0.007 85 cm³/g、0.008 146 cm³/g、0.008 43 cm³/g。温度在 25～80 ℃时，孔体积随着温度升高而降低，80 ℃时孔体积最小；温度在 110～200 ℃时，孔体积随着温度升高而增大，200 ℃时孔体积最大。

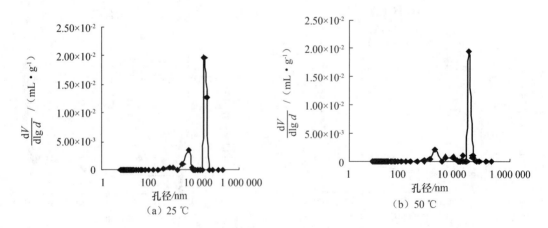

图 3-11 不同温度下高压压汞测试的花岗岩孔径分布特征

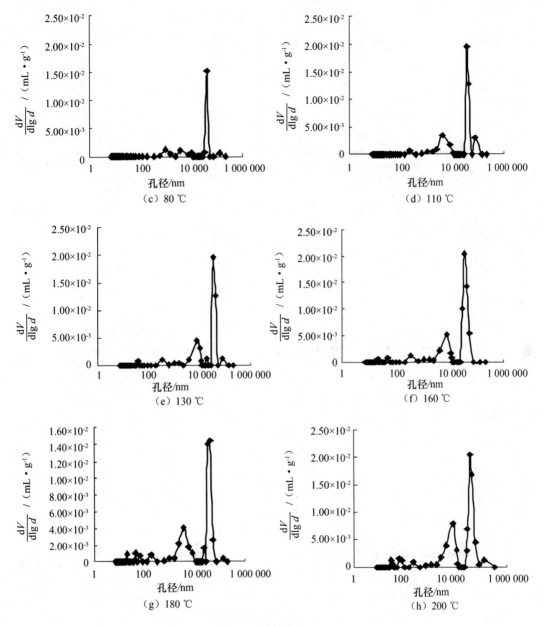

续图 3-11

2. 孔容分析

不同温度下高压压汞测试花岗岩孔容分布特征如图 3-12 和表 3-1 所示,从测试结果可知:25~200 ℃时,花岗岩总孔容随着温度升高先减小后增大;相比于 25 ℃,25~80 ℃的样品,总孔容降低了 $\frac{17}{50} \sim \frac{4}{5}$,减低幅度较低;110 ℃时,花岗岩岩样孔容比 25 ℃样品的孔容增加了1.667倍。与 25 ℃时相比,110~200 ℃的花岗岩岩样总孔容增大了 3.861~10.028倍。

25~200 ℃,花岗岩中大孔孔容、中孔孔容、过渡孔孔容和微孔孔容随着温度升高而先降低后增加,中孔、过渡孔和微孔所占的比例随着温度升高逐渐降低,大孔孔容所占的比例从38.89%增长到85.39%。

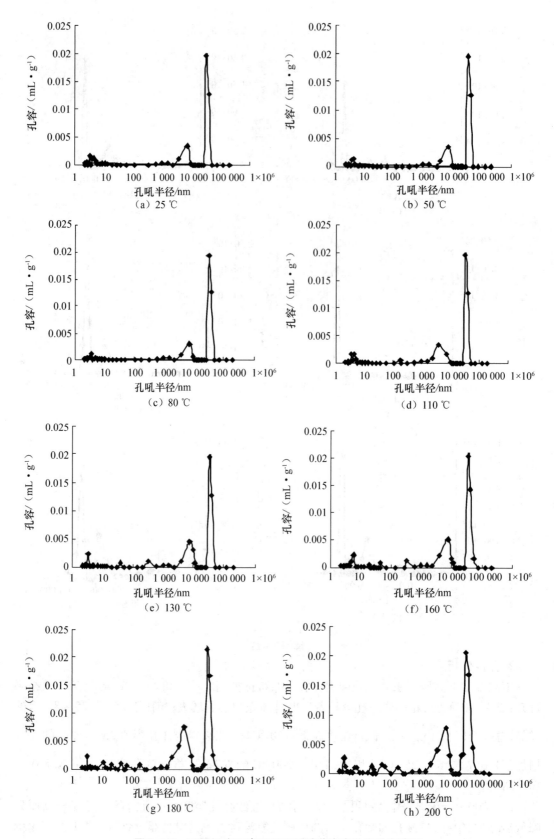

图3-12 不同温度下高压压贡测试花岗岩孔容分布特征

表3-1 不同温度下高压压贡测试花岗岩孔容分布特征

温度/℃	孔容/(mL·g^{-1})					孔容比/%			
	V_0	V_1	V_2	V_3	V_4	V_1/V_0	V_2/V_0	V_3/V_0	V_4/V_0
25	0.003 3	0.000 1	0	0.002 1	0.001 4	3.03	0	54.55	42.42
50	0.003 2	0.000 1	0	0.002 0	0.001 4	3.13	0	53.13	43.75
80	0.002 9	0.000 0	0	0.001 9	0.001 3	0	0	55.17	44.83
110	0.003 2	0.000 0	0	0.001 9	0.001 4	0	0	56.25	43.75
130	0.003 4	0.000 1	0	0.001 9	0.001 5	2.94	0	52.94	44.12
160	0.003 5	0.000 1	0	0.002 1	0.001 7	2.86	0	54.29	42.86
180	0.003 9	0.000 1	0.000 1	0.002 0	0.002 1	2.56	2.56	51.28	43.59
200	0.004 1	0	0.000 2	0.000 4	0.002 5	2.44	4.88	31.71	60.98

注：V_0 是总的孔容，V_1 是微孔的孔容，V_2 是过渡孔的孔容，V_3 是中孔的孔容，V_4 是大孔的孔容。V_1/V_0 是微孔孔容所占的百分比，V_2/V_0 是过渡孔孔容所占的百分比，V_3/V_0 是中孔孔容所占的百分比，V_4/V_0 是大孔孔容所占的百分比。

根据表3-1中数据，作孔径-孔容分布图，如图3-13所示，由图3-13可知，在25～80 ℃时，大孔孔容、中孔孔容、过渡孔孔容、总孔容随着温度升高呈降低趋势，但降低趋势不明显。在110～200 ℃时，大孔孔容、中孔孔容、过渡孔孔容、总孔容随着温度升高而缓慢增大，尤其是大孔增大趋势最为突出。说明温度作用下，所有孔隙都有一定程度的发育，但大孔发育最为突出，受温度敏感性较强，与前面研究的孔径分布规律一致。

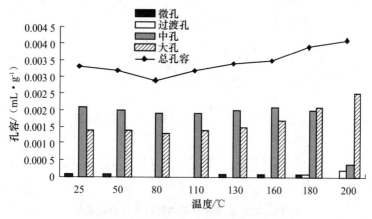

图3-13 高温花岗岩孔径-孔容分布图

3. 孔喉大小及分布

由于进汞过程中主要反映孔喉半径，一般通过研究中值半径和平均孔喉半径来确定孔喉半径。

平均孔喉半径通过不同半径对其饱和度进行加权。

$$\bar{R} = \sqrt{\frac{\sum_{i=1}^{n} r_i^2 \cdot \Delta S_{Hgi}}{\sum_{i=1}^{n} \Delta S_{Hgi}}} \tag{3-22}$$

式中，r_i 为某一区间孔喉半径中值，μm；ΔS_{Hgi} 为某一孔喉半径区间退汞饱和度。

由式(3-21)计算获得表3-2的平均孔喉半径，温度与平均孔喉半径的关系曲线如图3-14所示，结合表3-2、图3-14可以看出，25~80℃时平均孔喉半径为137.5~854.7 nm，喉道偏细，以微细喉道为主，平均孔喉半径随着温度升高总体呈现增大趋势。25~80℃时平均孔喉半径随着温度升高缓慢降低，110~200℃时，平均孔喉半径平稳增大。

表3-2 高温花岗岩颗粒的平均孔喉半径

温度/℃	残余汞饱和度 S_R/%	退汞饱和度 ΔS_{Hgi}/%	平均孔喉半径 $\bar{R}$
25	99.352	58.342	6.760
50	99.451	58.431	6.510
80	99.550	58.520	6.458
110	99.248	58.208	6.673
130	98.900	57.850	6.752
160	98.400	57.340	6.810
180	97.944	56.874	6.930
200	96.658	55.578	7.090

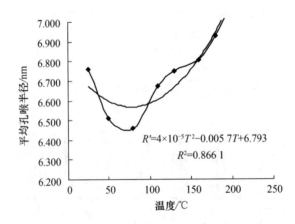

图3-14 花岗岩温度与平均孔喉半径的关系曲线

虽然中值半径和平均孔喉半径结果略有差异，但对于随着温度升高孔隙半径增大的结论，基本具有一致性。因此，喉半径直接控制储层物性，也决定了地热在储层中储集及渗流的能力。

4. 孔喉体积比

通过压汞和退汞曲线最大进汞饱和度、参与饱和度可以计算出岩样孔喉体积比：

$$b_t = \frac{S_R}{S_{max} - S_R} \tag{3-23}$$

式中，b_t 为平均孔喉体积比；S_{max} 为最大进汞饱和度，%；S_R 为残余汞饱和度，%。

通过试验及式(3-23)计算得出数据见表3-3，并绘制不同温度下花岗岩平均孔喉体积比变化曲线,如图3-15所示。

表3-3 高温花岗岩颗粒的平均孔喉体积比

温度/℃	残余汞饱和度 $S_R/\%$	最大进汞饱和度 $S_{max}/\%$	退汞饱和度 $S_{max}-S_R/\%$	平均孔喉体积比 b_t
25	99.352	100	0.648	153.32
50	99.451	100	0.549	181.15
80	99.550	100	0.450	221.22
110	99.248	100	0.752	131.98
130	98.900	100	1.100	89.910
160	98.400	100	1.600	61.500
180	97.944	100	2.056	47.640
200	96.658	100	3.342	28.920

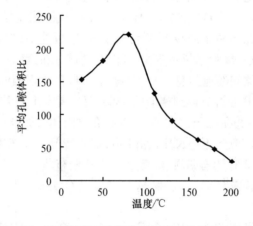

图3-15 不同温度下花岗岩平均孔喉体积比变化曲线

25~200 ℃时花岗岩孔喉体积比分布在28.92~221.22,喉道空间较少,喉道相对较细,渗透率低,渗流能力差。从图3-15可以看出,随着温度升高,孔喉体积比先增大后逐渐减低。20~80 ℃时,孔喉体积比随着温度升高迅速升高,曲线较为陡峭,说明花岗岩渗透率低,不利于地热中热量的运移富集及后期开采。80 ℃时,孔喉体积比最大,说明结构受热膨胀,原有的孔隙被堵塞,孔隙体积最小,孔隙度最小,渗透率最低。110~200 ℃时,孔喉体积比随着温度升高逐渐降低,说明在温度较高时,花岗岩内部喉道发育较为复杂,总体孔隙有一定的发育,说明喉道越发育,渗透率越高,越有利于地热通过孔隙喉道热量运移。

3.4 综合低温液氮吸附法、高压压汞法研究花岗岩全尺度表征

目前,高压压汞(速率控制或压力控制)、低温液氮吸附、磁共振等测试手段广泛应用于岩石孔隙结构特征的研究,但各种测试方法的有效范围及侧重点并不相同。如前所述,温

度作用下花岗岩孔径由纳米级到微米级均有分布，跨度极大，采用单一手段很难全面展现整个孔隙空间的分布规律。为全面准确反映花岗岩的孔隙结构及其在温度作用下的演化规律，本节提出 LTNA 和 MIP 联合表征花岗岩孔径全尺度的分析方法。在实现岩石孔径全尺度分析的研究中，文献以 LTNA 和 MIP 试验数据为基础，通过二者在累计孔体积一阶导数 – 孔径关系曲线上的交点确定临界孔径以实现有效衔接；文献通过 LTNA 和 MIP 曲线在 100 nm 处连接，分析了自燃过程孔隙结构演化规律；文献通过 LTNA、MIP 及低温二氧化碳孔径分布曲线，按 3 种方法的适用范围分别取值对花岗岩孔径分布进行了联合表征；文献基于 LTNA 与磁共振（NMR）测试结果，通过插值方法建立了致密砂岩全尺度孔径分布曲线。

低温液氮吸附试验和高压汞试验都是通过试验提供压力 – 孔体积（氮气吸附量或进汞量）的原始数据，再利用相应数学模型从这些数据中得到孔径分布结果，不同的是它们测量的孔径范围。高压压汞与氮气吸附在多孔材料孔隙结构表征中各有优势，高压压汞测试范围较大，可实现跨尺度孔径结构表征，但测试中因高汞压产生的孔隙变形甚至破坏导致其对 10 nm 以下的孔隙表征偏离实际；而低温液氮吸附对 2～50 nm 区间的孔隙结构表征更为可靠，尤其对比表面积和孔隙结构形态的分析更具优势，因此应考虑结合二者优势对孔隙结构进行联合表征。理论上，二者结合应满足相同孔径所对应孔隙进液量（汞液或发生毛细凝聚的液氮）相等，即 $(dV/dD)\text{LTNA} = (dV/dD)\text{MIP}$，从而使孔径分布曲线在一定范围内重叠或相交。但多数情况下两条曲线并未完全重合，造成这一结果的可能原因主要为：① 因试验原理不同，高压压汞试验结果体现的是孔隙喉道分布，而基于 LTNA 数据的 BJH 理论计算结果则包含了孔隙和喉道信息，对于某些孔喉与孔体积相同的孔隙结构（如狭缝型孔），理论上 LTNA 与 MIP 分析应得到相似的结果，而二者产生差异可能是部分孔隙形状发生了偏离（如墨水瓶孔）；② 在汞压力作用下，多孔介质固体骨架产生压缩，导致实测数据偏大，尤其在高压力区间（对应于更小尺度的孔隙），这一情况在孔隙度较低时体现尤为明显。尽管两种测试结果在其共有的有效测试范围内孔径分布曲线不重合，但对于同一测试对象，二者的变化规律却有较高的一致性，这为二者结合实现全尺度孔径分布分析提供了依据。

在 LTNA 试验中，测试的有效孔径范围为 2～100 nm，而 MIP 测试的孔径范围为 10 nm～100 μm。显然，这两种技术有一个共同的有效孔径测试范围（10～50 nm），因此需要计算出实测的 LTNA 和 MIP 数据在多大孔径处进行连接。本节随机抽取花岗岩 25～200 ℃下的曲线为例图解说明其连接过程：

（1）基于两种技术的实测数据分别由小孔径开始累加获得累积孔隙体积，因拟合曲线具有更好的稳定性，故实际操作中需先对累积孔体积进行曲线拟合，为控制拟合精度，要求所有拟合曲线的相关性系数 $R^2 > 0.999$。需要注意的是，基于压汞方法的数据由大孔开始累加，需重新计算使其由小孔开始累加。

（2）对两条累积孔体积曲线进行求导，在两条微分曲线上获得交叉点，以交叉点横坐标作为其连接点孔径，使 $(dV/dD)\text{LTNA} = (dV/dD)\text{MIP}$，其中连接点前采用 LTNA 方法实测孔体积变化量数据，而在连接点后则采用 MIP 方法实测孔体积变化量数据，进而获得全尺度范围的孔体积变化量分布曲线，孔体积变化量累加求得累积孔体积；累积孔体积与实测表观密度相乘可得修正的孔隙度数据。采用同样的方法，可得北山两组花岗岩其他温度点的孔容增量及孔隙度曲线。

值得注意的是,该方法仅考虑每一种技术所获得的增量体积和孔径直径之间的关系,而忽略了 LTNA 和 MIP 技术的内在特性,所得结果仅对孔径-孔体积(及其增量)分布及由此衍生的相关数据具有实用性,具有一定的局限性。

3.4.1 综合法研究花岗岩孔隙度

根据扫描电镜可以比较直观地观察花岗岩孔隙结构及孔隙演化、扩展规律,但是观察到的孔隙多为几十到几百纳米,对于一些细小的孔隙难以分辨。扫描电镜只能够在一定程度上定性描述孔隙度的大小,不能够定量测定花岗岩的孔隙度变化。

根据低温液氮吸附测试结果可知,不同温度下花岗岩的微孔、过渡孔、中孔比表面积分别占总孔体积的 79%~84%、12%~15%、1%~9%。花岗岩中孔径小于 10 nm 的微孔和 100~1 000 nm 过渡孔提供了主要的比表面积和孔体积,是气体吸附存储的主要场所。

根据高压压汞法测试结果可知,不同温度下花岗岩孔径小于 100 nm 的孔隙占总孔隙比例为 5%~11%,100~1 000 nm 的孔隙占总孔隙比例为 20%~25%,大于 1 000 nm 的孔隙占总孔隙比例为 64%~75%,测试结果显示中孔和大孔占比较大。

高压压汞试验证实了不同温度下花岗岩有效孔径为 4~50 000 nm,但由于孔隙结构的不均匀,大孔隙由外部的微小孔隙连接时,汞首先要克服微喉道产生的毛细管力才能进入大孔隙,这导致大孔隙被误计算入微孔隙分布,而且压汞测量过程中汞的表面张力和接触角会发生变化,因此测量结果出现偏差,特别对于主体孔径为纳米级别的花岗岩,这种偏差非常明显。低温液氮吸附法利用氮气分子在固体表面的吸附,可以对微孔和中孔进行准确评价,但由于测试样品大小和压力计精度的限制,可能会忽略部分大孔的存在。

本研究将两种方法测试结果进行相加,去掉重叠部分的孔隙。叠加之后的孔隙度比高压压汞测试的孔隙度要稍高一些,叠加后的有效孔喉半径比压汞法测试孔喉半径小。结合低温液氮吸附法、高压压汞法测试花岗岩的孔隙度、有效孔喉半径,结果见表 3-4。从表中可以看出,温度在 25~80 ℃ 时,花岗岩孔隙度、有效孔喉半径随着温度升高而降低,80 ℃ 时的孔隙度最小。温度在 110~200 ℃ 时,花岗岩孔隙度、有效孔喉半径随着温度升高而增大。因此,在一定程度上,不同温度下花岗岩的有效孔喉半径比孔隙度更能直观地描述渗透率。

表 3-4 花岗岩全尺度孔隙特征参数

温度/℃	25	50	80	110	130	160	180	200
全尺度孔隙度/%	0.67	0.65	0.61	0.66	0.75	0.68	0.82	0.94
压汞法孔隙度/%	0.68	0.65	0.60	0.67	0.74	0.75	0.83	0.93
有效孔喉半径/nm	6.78	6.52	6.45	6.78	6.83	6.86	6.94	7.12

结合低温液氮吸附法、高压压汞法测试花岗岩的孔隙度数据,不同温度下花岗岩孔隙度变化曲线如图 3-16 所示。

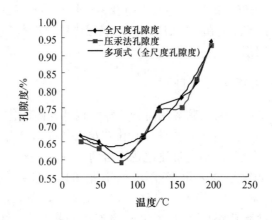

图 3-16 花岗岩孔隙度-温度曲线

25 ℃时孔隙度为0.67,25~80 ℃相比于25 ℃孔隙度降低了$\frac{7}{50} \sim \frac{19}{25}$,降低幅度相对较低;110 ℃时孔隙度达到0.66%,是25 ℃样品的0.98倍;130 ℃时孔隙度达到0.75%,是25 ℃样品的1.69倍;180 ℃时孔隙度达到0.82%,是25 ℃样品的1.80倍;200 ℃时孔隙度达到0.94%,是25 ℃样品的1.77倍。总体可以看出,160 ℃以后,花岗岩孔隙度大幅增长,说明孔隙结构劣化趋势显著。

在80 ℃时,花岗岩孔隙度最小。温度200 ℃时,花岗岩孔隙度最大。同时说明25~200 ℃花岗岩孔隙度测定结果和扫描电镜结果、理论分析结果具有一致性。

由图3-16可知,花岗岩孔隙度随热解终温变化曲线呈凹形,即低温段和高温段变化缓慢,而中间段(80 ℃)变化剧烈的特点。对比图3-16中压汞法与全尺度所得孔隙度变化曲线可以看出,全尺度分析法因在微、小孔径段接入更为精确的LTNA测试数据,修正了压贡法因高压作用对样品骨架压缩而引起的孔体积增量测试偏高问题,所得孔隙度总体上低于对应温度下的压汞测试结果,但二者随温度的变化趋势具有较高的一致性。

3.4.2 综合法研究花岗岩孔径

为了更好地描述孔径分布,可按照压汞中对渗透率起明显贡献作用的最小孔隙来确定压汞描述的孔径下限,低于此直径的孔隙用低温液氮吸附法来描述。依据花岗岩的渗透率主要由占据小部分孔隙体积的较大孔隙所贡献。对渗流起主要贡献的孔隙孔径集中在14~47 nm,其提供了约78%的渗透率贡献值,在压汞试验中,这部分孔隙可以被比较准确地测量。而半径为几个纳米的微孔对渗透率的贡献值很小,压汞试验只有达到很高的压力下才能识别这些孔隙,且结果偏差相对较大。半径为2.6 nm的孔隙占16%的孔隙空间,但是其对渗透率的贡献只有0.25%,而且在222 MPa的高压下才能被识别,说明这些孔隙基本不起渗流作用,而主要起储集作用。

这并不能说明这些孔对花岗岩的渗流没有影响,很多学者发现,影响花岗岩渗流特性的不是孔隙度,而是有效的孔隙半径。因此本研究将高压压汞法与低温液氮吸附法相结合实现对花岗岩孔径从微孔到大孔的精细描述。

根据低温液氮吸附测试结果,不同温度下花岗岩的微孔、中孔和大孔的比表面积分别占总孔体积的88%、11%和1%。花岗岩中孔径小于10 nm的微孔和中孔提供了主要的比表面积和孔体积,是气体吸附存储的主要场所。

根据高压压汞法测试结果作孔径分布直方图(图3-13)。从图中可以看出,直径小于10 nm 的孔隙占总孔隙比例为60%,10~100 nm 的孔隙占总孔隙比例为20%,说明花岗岩中10~100 nm 的孔隙有一定的发育。

显然,这两种技术有一个共同的有效孔径测试范围(10~50 nm),因此需要计算出实测的 LTNA 和 MIP 数据在多大孔径处进行连接。

为了细致研究温度作用下花岗岩孔隙发展变化规律,根据两种测试方法的原理和测试范围(图3-17),将两种方法测试结果进行相加,去掉重叠部分的空隙,即为真实花岗岩孔隙度。

结合低温液氮吸附试验和高压压汞试验测试结果,花岗岩不同温度下孔径分布如图3-18所示。从图中可知,花岗岩孔径基本都存在多个峰值。

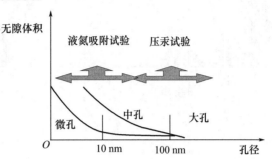

图3-17 低温液氮吸附试验和高压压汞试验测试孔隙范围

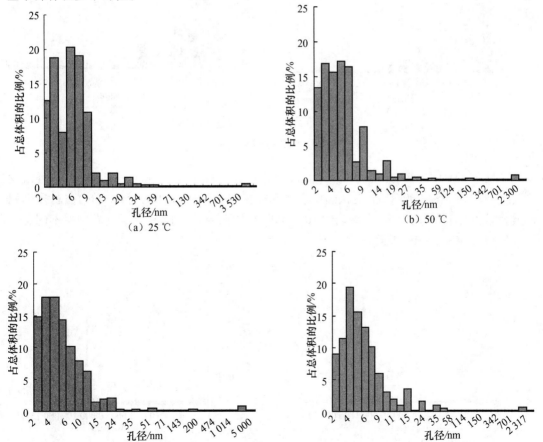

图3-18 花岗岩不同温度下孔径分布

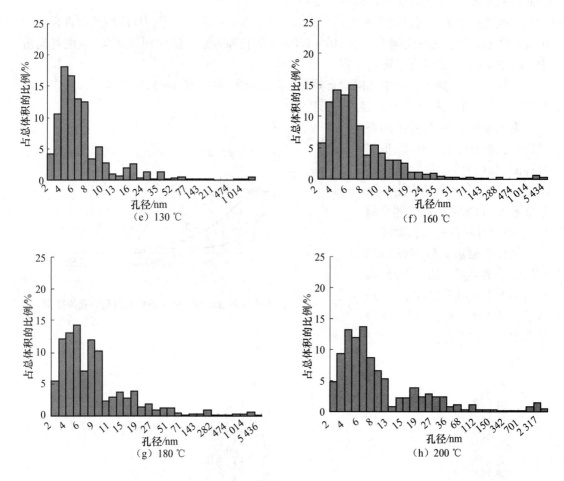

续图 3-18

从图 3-18 中可知,在温度作用下花岗岩孔径分布较为复杂,随机性较强,但是可以发现总体规律为:25～200 ℃时,花岗岩中主要孔径集中为微孔,孔径小于 10 nm,占总孔体积的比例较大,随着温度升高,花岗岩中 10～100 nm 的孔径,比例逐渐增大。花岗岩不同温度下孔容分布如图 3-19 所示。

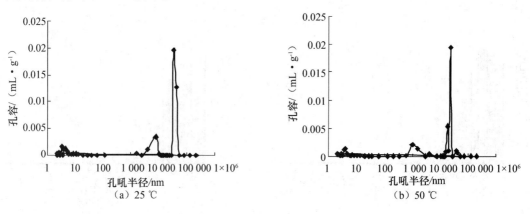

图 3-19 花岗岩不同温度下孔容分布

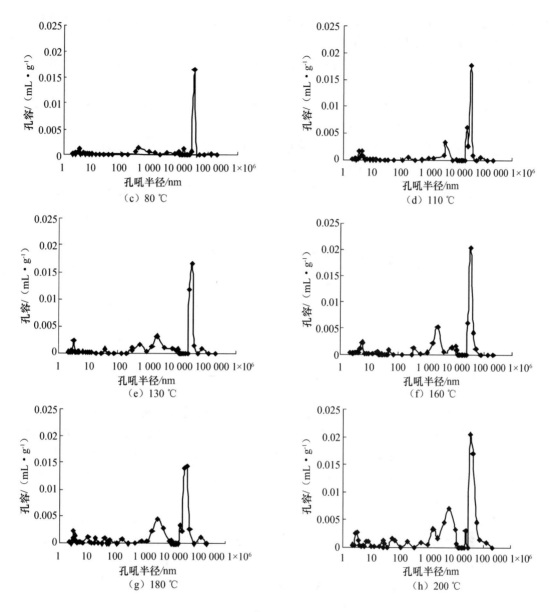

续图 3-19

由图 3-19 可知,温度为 25 ℃时,花岗岩中微孔(孔径大于 10 nm)占孔体积的 89.85%,中孔(孔径 10~100 nm)占孔体积的 6.01%,大孔(孔径大于 100 nm)占孔体积的 1.04%。

温度为 50 ℃时,花岗岩中微孔占孔体积的 90%,中孔(孔径 10~100 nm)占孔体积的 7.01%,大孔占孔体积的 2.89%。

温度为 80 ℃时,花岗岩中微孔占孔体积的 91.04%,中孔(孔径 10~100 nm)占孔体积的 7.22%,大孔占孔体积的 2.84%。

温度为 110 ℃时,花岗岩中微孔占孔体积的 88.64%,中孔(孔径 10~100 nm)占孔体积的 10.9%,大孔占孔体积的 1.04%。

温度为 130 ℃时，花岗岩中微孔占孔体积的 80.12%，中孔（孔径10~100 nm）占孔体积的 18.44%，大孔占孔体积的 1.04%。

温度为 160 ℃时，花岗岩中微孔占孔体积的 78.12%，中孔（孔径10~100 nm）占孔体积的 22.87%，大孔占孔体积的 1.04%。

温度为 180 ℃时，花岗岩中微孔占孔体积的 75.6%，中孔（孔径10~100 nm）占孔体积的 30.09%，大孔占孔体积的 1.04%。

温度为 200 ℃时，花岗岩中微孔占孔体积的 72.98%，中孔（孔径10~100 nm）占孔体积的 27.73%，大孔占孔体积的 1.04%。

充分考虑两种测试方法孔径和孔容的关系，计算出不同温度下花岗岩平均有效孔径，见表3-5。

表3-5 不同温度下花岗岩的平均有效孔径

温度/℃	25	50	80	110	130	160	180	200
压汞法平均有效孔径/nm	6.67	6.45	6.31	6.54	6.56	6.81	6.89	7.54
全尺度平均有效孔径/nm	6.48	6.32	6.25	6.57	6.66	6.71	6.85	7.04

由表3-5可看出，25~80 ℃时，平均有效孔径随着温度升高而降低，80 ℃时平均有效孔径最小，降低幅度较小，这是因为花岗岩本身结构致密，内部容纳由温度产生的颗粒膨胀变形较小。但随着温度继续升高，花岗岩平均有效孔径会出现增加趋势，200 ℃时花岗岩平均有效孔径相对于 25 ℃增长 12.77%，花岗岩内部无法容纳由温度产生的颗粒膨胀变形，导致内部产生微裂隙。

统计花岗岩在不同热解终温作用下各尺度的累积孔体积，绘制有效喉半径-温度曲线，如图3-20所示，图中显示了随温度变化各尺度下的平均有效孔径变化。由图可知，各尺度孔体积随温度变化并不一致，在25~80 ℃段各阶段平均有效孔径变化有差异；随温度升高，在110~180 ℃段各阶段平均有效孔径变化基本一致，200 ℃时，各阶段平均有效孔径变化较大且不一致。

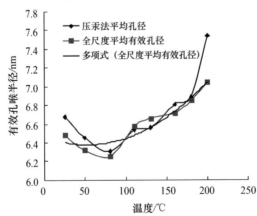

图3-20 有效孔喉半径-温度曲线

3.4.3 综合法研究花岗岩孔隙度－温度拟合数学模型

充分考虑两种测试方法的孔径和孔容的关系，计算出不同温度下花岗岩平均孔径、孔隙度，通过数据回归分析得到花岗岩孔隙度－温度函数、有效孔喉半径－温度函数，如图3-21、图3-22所示。

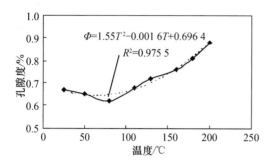

图3-21 花岗岩孔隙度－温度函数　　　图3-22 有效孔喉半径－温度函数

同一条件下，通过两种方法测试的孔隙度比高压压汞法测试的孔隙度要高，但是考虑低温液氮吸附测试中有效孔喉半径比高压压汞法测试的有效孔喉半径小得多，综合两种方法可知花岗岩实际的有效孔喉半径要比高压压汞法测试的孔喉半径小。要想充分说明花岗岩孔隙度－温度之间的关系，还必须结合花岗岩的有效孔喉半径来综合考虑。

由图3-21、图3-22可知：25～80 ℃时，孔隙度随着温度升高而降低，80 ℃时孔隙度最小，降低幅度较小，这是因为花岗岩本身结构致密，内部容纳由温度产生的颗粒膨胀变形较小。但随着温度继续升高，花岗岩孔隙度会出现增加趋势，200 ℃时花岗岩孔隙度相对于25 ℃时增长12.77%，花岗岩内部无法容纳由温度产生的颗粒膨胀变形，导致内部产生微裂隙。

通过用两种方法结合求解出的孔隙度－温度之间仍然服从二次多项式，拟合曲线的函数表达式为 $\Phi = 0.6964 - 0.0116T + 1.55T^2$，相关系数 $R^2 = 0.9755$，充分说明求解花岗岩孔隙度的方法是比较符合实际情况的。虽然花岗岩孔隙分布复杂，变化也多样，但是总孔可以在一定范围内说明花岗岩孔隙度随温度变化理论模型的可靠性。

3.5 高温花岗岩孔径分布分形

3.5.1 花岗岩多孔介质的分形模型

从微观角度来讲，花岗岩为多孔介质，是由大小不同的颗粒逐渐堆积而成的，这与分形的构造过程十分相似，因此可用分形模型进行定量分析。在一个自相似系统中，经过 i 次迭代后，单元数目与单元尺寸的关系为

$$N\left(\frac{1}{b^i}\right) = k\left(\frac{1}{b^i}\right)^{-D} \quad (i = 0,1,2,\cdots,\infty) \tag{3-24}$$

式中，$N\left(\dfrac{1}{b^i}\right)$ 为长度为 $\dfrac{1}{b^i}$ 的单元数量；i 为迭代次数；k 为单位长度初始元的个数；b 为尺度变换因子，$b>1$；D 为分形维数。式(3-24)是分形构造的普适关系，与初始元的维数和构造

方法无关。

不同的分形构造方法可用于模拟多孔介质的不同特性,减少模型分形适合描述孔隙尺寸分布,Menger 海绵模型可以用来模拟花岗岩类多孔介质材料的孔隙特征,根据其构造过程,可以得到花岗体多孔介质的构造过程如下。

假设有一边长为 L 的立方体作为初始元,将 L 分成 m 等份,得到 m^3 个立方体,边长为 L/m,随机去掉其中的 n 个小立方体,则剩余的立方体个数为 m^3-n。按照此方法迭代下去,经过 i 次构造,小立方体的边长为 $l_i=L/m^i$,立方体个数为 m^3-n,样本中剩余的体积 V_S 为

$$V_S = (m^3-n)^i \left(\frac{L}{m^i}\right)^3 \tag{3-25}$$

孔隙体积 V_P 为

$$V_P = L^3\left[1-(m^3-n)^i\left(\frac{L}{m^i}\right)^3\right] = L^3\left[1-\left(\frac{m^3-n}{m^3}\right)^i\right] \tag{3-26}$$

则孔隙度 Φ 为

$$\Phi = \frac{V_P}{V} = 1-\left(\frac{m^3-n}{m^3}\right)^i \tag{3-27}$$

由式(3-27)可以得出分形维数 D 为

$$D = \frac{\lg(m^3-n)}{\lg(m)} \tag{3-28}$$

式中,m 最直观的含义为所考虑的样本内某一弦长方向上样本边长与最高阶次的孔隙平均直径之比;n 为最高阶次孔隙的个数。由此可见,体积分维 D 反映了样本内孔隙大小分布空间关系。

由式(3-25)、式(3-26)可得,孔隙度和分形维数的关系为

$$\Phi = 1-(m^{D-3})^i \tag{3-29}$$

式中,$i=\frac{\lg(1/l)}{\lg(m)}$(取 $L=1$),l 为第 i 次构造的立方体边长,其物理意义相当于观测尺度,则可写成

$$\Phi = 1-(m^{D-3})^{\frac{\lg(1/l)}{\lg m}} \tag{3-30}$$

从式(3-30)可看出,在一定的观测尺度下,通过分形维数就可以求得多孔介质的孔隙度。

3.5.2 分形维数及孔隙度的计算

基于高压压汞的孔隙分形理论,利用高压压汞试验数据,运用 Washburn 方程构建对数方程,有效描述花岗岩较大孔隙的形态特征,分形维数计算公式如下。Menger 海绵的构造思想可以用来模拟花岗岩的孔隙特性,通过改进经典几何学理论从而建立分形维数计算的理论公式。

$$\lg\left(\frac{\mathrm{d}V_P(r)}{\mathrm{d}p(r)}\right) = (D-4)\lg p(r) \tag{3-31}$$

式中,$V_P(r)$ 为在压力 p 下累计注入汞的体积;$\mathrm{d}V_P(r)$ 为孔容增量,mL;$\mathrm{d}p(r)$ 为相应压力增量,MPa。

根据式(3-31),其斜率 $k=D-4$,故 $D=k+4$,分形维数计算结果见表3-6。

表 3-6 分形维数计算结果

温度/℃	拟合函数	R^2	斜率 k	$D=4+k$
25	$y=-1.0025x-3.1103$	$R^2=0.8797$	-1.0025	2.9975
50	$y=-1.0021x-2.9859$	$R^2=0.8421$	-1.0021	2.9956
80	$y=-1.0016x-3.0501$	$R^2=0.8832$	-1.0016	2.9937
110	$y=-1.0075x-2.901$	$R^2=0.9724$	-1.0075	2.9925
130	$y=-1.0144x-2.9151$	$R^2=0.9049$	-1.0144	2.8926
160	$y=-1.0104x-3.0994$	$R^2=0.9770$	-1.0104	2.9896
180	$y=-1.0031x-3.0828$	$R^2=0.9710$	-1.0131	2.9869
200	$y=-1.0359x-2.8234$	$R^2=0.8575$	-1.0359	2.9641

如图3-23所示为不同温度下花岗岩样品双对数曲线。

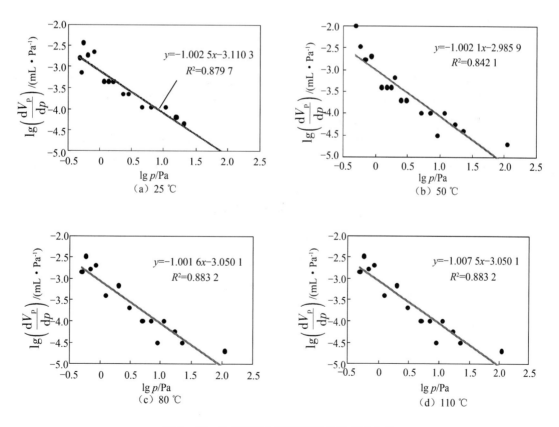

图 3-23 不同温度下花岗岩样品双对数曲线

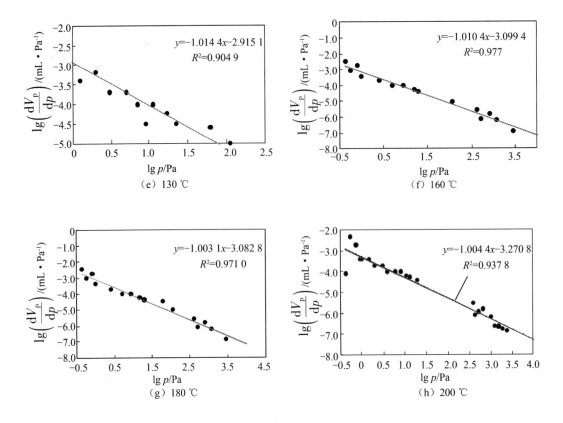

续图3-23

从表3-6中数据可以看出,花岗岩的双对数曲线拟合性非常好,$R^2 = 0.903\ 1 \sim 0.979\ 5$,说明其孔隙具有很好的分形性质,可认为其具有统计意义上的自相似性,可以用单一的分形维数值度量其分形结构特征。

根据表3-6数据,作花岗岩分形维数随着温度变化曲线如图3-24所示,从图3-24的结果可以发现,受温度影响,花岗岩孔隙分维数变化范围较小,花岗岩的分形维数与温度之间服从二次函数分布,分布公式为

$$D = -10^{-6}T^2 + 0.000\ 2T + 2.993\ 5$$

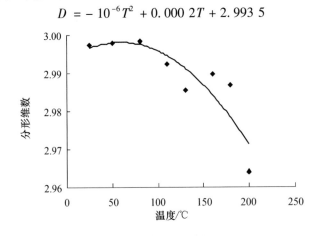

图3-24 岩石孔隙分形维数随温度的变化

25~80 ℃时,花岗岩孔隙的分形维数保持持续缓慢增大,增大幅度在 0.06% ~ 0.026%,这是由于温度使得花岗岩矿物质受热膨胀,孔隙数量减少,孔径降低,均值度增强。110~200 ℃,花岗岩孔隙的分形维数降低幅度在 1.11% ~ 3.14%,分形维数表现出显著的降低趋势,且温度越高,降低幅度越大。这是由于花岗岩内部矿物颗粒破坏、原生微裂纹扩展,岩样中原非规则的裂隙结构逐渐向均匀化的孔穴结构转化,岩石孔隙度增加,同时孔隙分布均匀性也增加,花岗岩的孔隙分形维数逐渐降低。

3.5.3 分形理论计算孔隙度

将表 3-7 中花岗岩的分形维数代入式(3-28)可以得到分形维数、m 和 n 之间的关系,由于 m 和 n 均为整数,且根据经典 Menger 分形模型($D=2.997, m=10, n=8$),通过计算可以得到 m、n 的具体数值。以 25 ℃花岗岩岩样为例,分形维数 $D=2.9975$,代入式(3-28),通过计算可以得到 $m=10$、$n=8$。同理,可以得到其余各花岗样的分形维数。

表 3-7 花岗岩的分形维数

分形维数	温度/℃							
	25	50	80	110	130	160	180	200
D	2.9975	2.9956	2.9937	2.9925	2.8926	2.9896	2.9869	2.9956
m	10	11	6	6	7	8	8	9
n	8	12	2	2	70	8	12	7

按照上述方法求得花岗岩的分形维数后,根据高温花岗岩的试验孔隙度 Φ(实测值),根据式(3-30)求得孔隙度的计算值 Φ_1(按照分维模型 $i=1$),试验数据及计算结果见表 3-8。

表 3-8 试验数据及计算结果

孔隙度	温度/℃							
	25	50	80	110	130	160	180	200
实测孔隙度 Φ	0.67	0.65	0.61	0.66	0.75	0.68	0.82	0.94
计算孔隙度 Φ_1	0.80	0.79	0.73	0.68	0.85	0.79	0.89	0.96
偏差	19.4%	21.54%	19.67%	3.03%	13.33%	16.18%	8.54%	2.13%

由表 3-8 做出不同温度下岩石累计孔隙度试验值与预测值变化曲线如图 3-25 所示,通过分形模型计算出的孔隙度与通过压汞试验测试得到的试验孔隙度基本相近,误差在 2.13% ~ 21.54%,证明了用分形模型对不同温度下花岗岩多孔介质孔隙度进行分形描述是可行的。同时可以看出,随着温度升高,花岗岩分形维数的降低,花岗岩孔隙度逐渐增大,增大的趋势和压汞试验结果基本一致,说明花岗岩随着温度升高,多孔介质逐渐发育,分形维数逐渐减小,这与经典几何观点相吻合,同时说明试验测试结果基本准确。

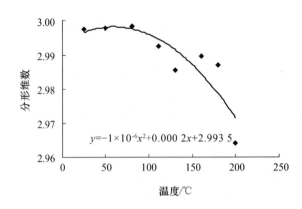

图 3-25 不同温度下岩石累计孔隙度试验值与预测值

3.6 本章小结

本章通过理论分析、低温液氮吸附试验及高压压汞试验,研究花岗岩岩孔裂隙结构特征,及其 25~200 ℃ 范围内随热解升温的演化规律,并结合两种试验结果提出了全尺度的花岗岩孔隙结构特征的联合表征方法,得到以下主要结论:

(1) 低温液氮吸附试验结果表明:花岗岩等温吸附线为 H_2 型与 H_3 型的组合,孔隙形态在 25~50 ℃ 为圆筒形孔,80 ℃ 开始转变为狭缝形为主,孔径分布呈单峰态分布;比表面积在 25~80 ℃ 区间有小幅降低的规律,80 ℃ 为其拐点,之后缓慢升高直到 200 ℃。

(2) 根据高压压汞试验结果,北山花岗岩在 25~80 ℃ 的孔径-孔体积分布曲线呈反 S 形,体现的是孔隙结构微孔、小孔及大孔发育,中孔不发育,孔隙连通性较差;而 110~200 ℃ 呈反 S 形曲线,反映孔隙结构中孔发育,而微孔、小孔和大孔发育性差,孔径分布较集中,出现一主一次两个显著的峰值,且随着温度的升高峰值点向左移动,峰值对应的孔径分别由 200 ℃ 时的 77.1 nm、5.2 nm 变为 25 ℃ 时的 120.7 nm、40.3 nm,孔隙连通性逐渐变好,峰值持续左移,说明温度作用下孔径变大。

(3) 采用数学方法,对低温液氮吸附及高压压汞试验两种测试结果进行孔径分布联合表征,获得更大尺度范围的孔隙结构分布规律:花岗岩 80 ℃ 前各阶段孔容变化较小;80~110 ℃ 以微孔、过渡孔增长为主,而在 130~180 ℃ 则以中、大孔增长为主;200 ℃ 开始微孔呈现先增后减的趋势,过渡孔在 200 ℃ 时大幅增长到常温状态的 11.5 倍,其后在较高占比下发生波动。

(4) 花岗岩孔隙结构的演化,其本质是花岗岩内部矿物质云母、石英等晶体在温度作用下发生物化反应的结果,温度作用造成花岗岩孔隙结构的重新分布:25~80 ℃,温度作用使花岗岩内部孔隙中的自由水脱除,同时使无机矿物在热应力作用下产生微调整,此过程对孔隙结构的影响相对较小,主要为微孔的产生及微裂隙扩展;110~200 ℃,花岗岩中有机物大量热解形成孔隙空间,气体产物的压力作用也起到了"扩孔"作用,此外热应力作用导致无机矿物骨架破裂形成孔裂隙,多重因素作用下孔隙形态及结构发生重大改变。

(5) 温度作用下的花岗岩孔隙结构及孔隙表面均具有良好的分形特征。孔隙结构分形显示北山花岗岩的分形维数随温度变化呈波浪式增加-减小,拐点分别位于 80 ℃ 处。花岗岩的分形维数随温度变化呈开口向下的抛物线形,两翼平缓中间区域增高,80 ℃ 时达到整个温度区间的最大值。该温度点对应于花岗岩中干酪根分解的临界温度,但不完全一致,温度作用使颗粒结构发生调整,使有机质软化变形并开始热解,无论是孔隙表面形态还是空间结构均产生较大变化,导致分形维数变化较大。

第4章 基于低场磁共振的花岗岩热解孔隙连通规律研究

花岗岩孔隙内流体的赋存状态及流动特征与孔隙结构密切相关,直接影响了流体的传输性能。第3章中,已经对微观尺度下花岗岩孔隙发育程度、扩展规律进行研究,热解产物在花岗岩岩体介质中的传输问题比较复杂。因此,需要在花岗岩孔隙结构演化规律分析的基础上,对储集空间内的流体赋存状态以及渗流特征给予更多关注。

随着低场磁共振(NMR)技术的发展,NMR技术作为一种非常重要的储层分析、评价手段,已在石油地质及地球物理领域得到广泛应用。NMR作为岩石物理试验分析检测的新手段,具有无损检测、样品可重复使用、检测速度快等优点,可用于测试岩样的孔隙度、自由流体指数、孔径分布以及渗透率等参数,已广泛应用于裂缝识别、孔隙分布、岩石细观结构损伤及不同条件下岩石物理力学特征等领域的试验和研究,已逐渐成为主要的岩石物理试验分析手段。

NMR技术主要是通过对储层孔隙流体中氢核NMR信号的观测,根据得到的横向弛豫时间T_2谱的频率分布来间接反映孔喉体积,并选取合理的T_2截止时间划分流体的可动区间与不可动区间,从而定量研究花岗岩储层的可动流体饱和度,NMR技术可以有效测量岩石中流体的特性。近年来,其应用范围逐渐由常规储层研究发展到煤储层研究、页岩储层研究,但对原位热解后流体的演化研究较少。

由分析可知,温度作用使花岗岩孔隙形态、孔径分布等发生改变,反映在T_2弛豫时间上的束缚流体和可动流体特征也会因此而不同。基于此,可以通过NMR T_2谱对岩芯孔隙内流体的赋存状态进行分析,进而分析孔隙间的连通性能以及温度响应。

本章结合前文孔隙结构随温度的演化研究结果,通过对原位热解花岗岩的NMR横向弛豫谱研究,定量反映流体微观渗流参量和渗流特征,以系统分析花岗岩有效孔隙度、自由流体和束缚流体体积、渗透率等相关参数,利用磁渗透率模型预测不同温度下流体运移特征,并探讨微观流体渗流特征的控制和影响因素。

4.1 低场磁共振试验

4.1.1 样品准备

样品来源如第2章所述。现场取样后及时密封运至实验室,在实验室将样品加工成2 cm×2 cm×2.5 cm左右的立方体试件。按照2.1节所述进行热处理,获得25 ℃、50 ℃、80 ℃、110 ℃、160 ℃、180 ℃、200 ℃温度下的花岗岩样品,用于NMR试验。

4.1.2 试验原理

磁共振的测试原理在于氢原子核具有净磁矩和角动量,当存在一个外部磁场时,流体分子中所含的氢核会被磁场极化。此时,对样品施加一定频率的射频场,就会产生磁共振现象。当射频场撤除以后,激发态的氢核在孔隙中与孔隙壁产生碰撞,产生弛豫运动。氢核能量由高能状态变为低能状态,变化幅度是随时间以指数函数衰减的信号,据此可得到不同孔隙结构样品的磁共振弛豫时间。弛豫时间是磁共振试验中一个重要参数,由岩石物性和流体特征共同决定。弛豫时间包含纵向弛豫时间(T_1)和横向弛豫时间(T_2),两者的弛豫时间分布基本相同,但相对于纵向弛豫测试而言,横向弛豫的测试时间更短暂。因此,常采用 T_2 表征岩石孔隙中的信号衰减速度,NMR 横向弛豫时间 T_2 由体积弛豫(T_{2S})、表面弛豫(T_{2B})和扩散弛豫(T_{2D})组成,T_2 可以表示为

$$\frac{1}{T_2} = \frac{1}{T_{2S}} + \frac{1}{T_{2B}} + \frac{1}{T_{2D}} \tag{4-1}$$

式中,T_{2S} 为表面弛豫所引起的孔隙流体的 T_2 弛豫时间,ms;T_{2B} 为自由弛豫时间,通常指可以忽略容器影响的大容器中所测的孔隙流体的 T_2 弛豫时间,ms;T_{2D} 为梯度磁场下分子扩散引起的孔隙流体的 T_2 弛豫时间,ms。

本次试验使用的是低场磁共振仪,磁场梯度可忽略不计,而对流体而言,T_{2B} 远大于 T_{2S},故自由弛豫时间和扩散弛豫时间可忽略不计,因此式(4-1)可简化为

$$\frac{1}{T_2} \approx \frac{1}{T_{2S}} = \rho_2 \frac{S}{V} \tag{4-2}$$

式中,ρ 为岩石横向表面弛豫强度,nm/ms;S 为岩石孔隙总表面积,nm²;V 为孔隙体积,nm³。

由于较小的孔隙具有较高的 S/V 值,氢核在越小的孔隙中做横向弛豫运动时与孔壁的碰撞就越频繁,其能量损失也越快,对应的横向弛豫过程也越短。故横向表面弛豫时间与孔隙半径成正比。因此可以利用这一关系,通过磁共振试验来研究花岗岩内部孔隙大小及其连通性。

4.1.3 试验仪器与方法

本次试验所用仪器为纽迈 MicroMR12-025V 型低场磁共振分析仪,设备如图 4-1 所示。该仪器主要由永久磁体、探头、脉冲发生器、射频接收器、数字采集单元、动态屏蔽磁场梯度、应用软件等组成。仪器共振频率 SF = 11.793 MHz,探头线圈直径 D = 25 mm,磁体温度范围为 (35.00 ± 0.02) ℃。

图 4-1 MicroMR12-025V 型低场磁共振分析仪

在磁共振 T_2 谱测试前,将样品在室温下抽真空 24 h,以去除样品中的残留水分,放入干燥箱内干燥至恒重后称量样品干重,然后将样品放入真空饱和装置 12 h,以达到 100% 的饱和水状态,称量样品湿重,计算样品孔隙度。将饱和后样品置于低场磁共振分析仪的探头内,进行饱和水磁共振试验,通过反演计算获得饱水状态下 T_2 弛豫时间谱。

在完成饱水样品磁共振测试后,以 6 500 r/min 的转速对样品进行高速离心处理以排出其中的可动水,对离心后的样品再次进行磁共振测试。磁共振试验 T_2 谱分析时采用脉冲(CPMG)序列,其主要参数为:回波间隔 TE = 0.1 ms,重复采样间隔 TW = 1 500 ms,回波个

数 NECH = 2 000,累加采样次数 NS = 128 次。

4.2 基于低场磁共振的孔隙连通性分析

由磁共振弛豫机理可知,弛豫时间随介质中流体所处孔隙类型而不同,在 T_2 谱的分布位置亦不相同。根据 T_2 谱图信号峰值的分布,可以判断花岗岩孔隙隙的发育特征,峰值位置反映了孔径的大小,峰的面积反映了孔隙体积的大小,峰的宽度反映了对应孔隙的分选情况,峰的个数反映了各级孔隙的连续情况。离心前后两组花岗岩样品 NMR 信息见表4-1,下面将对试验结果进行分析。

表 4-1 花岗岩样品 NMR 信息

热解终温/℃	饱和水峰面积/ms	束缚水峰面积/ms	可动水峰面积/ms
25	1 979.33	1 818.84	160.49
50	1 914.18	1 758.61	155.57
80	1 753.81	1 621.09	132.72
110	2 069.95	1 901.68	168.27
160	2 132.68	1 951.29	181.39
180	2 201.81	2 009.22	192.59
200	2 604.42	2 388.25	216.17

依据北山花岗岩离心前后的磁共振 T_2 弛豫时间测试结果,可得到不同温度下花岗岩饱和水图谱,如图 4-2 所示。在 25~200 ℃ 温度区间内,饱和水状态下 T_2 谱峰呈双峰分布,由前文孔隙结构结果分析可知,孔隙以小于 1 μm 孔隙为主,大孔部分发育,这与磁共振饱和 T_2 谱双峰分布具有高度的一致性有关,所以本章可采用第 3 章的研究结果进行深入分析。

当温度小于或等于 80 ℃ 时,饱和水 T_2 谱中两峰为相互孤立状态,表明不同级别孔径间的连通性较差,温度升高并不能有效促进不同尺度孔隙间的连通性能。由表 4-1 可知,饱和水峰的面积随温度升高整体上呈增加趋势,由 25 ℃ 时 1 979.33 ms 降低至 50 ℃ 时 1 914.18 ms,此温度区间内孔隙的数量有所降低,降低幅度为初始温度的 3.29%。离心后磁共振 T_2 谱峰仍呈双峰分布,从整体上看可动水峰面积逐渐降低,由 25 ℃ 时的 160.49 ms 增加至 80 ℃ 时 132.72 ms,降低幅度为 11.78%,表明该温度阶段连通的孔隙数量减少。80 ℃ 时,峰的宽度减少,说明孔隙结构受温度影响后,花岗岩各组成矿物受热膨胀,使得小尺度孔径向更小尺度孔径扩展,温度在促进孔隙数量减少的同时也促进了孔隙直径降低,二者在时空关系上是同步发生的动态过程。

温度大于 80 ℃,在 110~200 ℃ 温度范围内,饱和水 T_2 谱中两峰之间相互孤立状态发生改变,两峰之间的过渡信号区间逐渐消失,表明受原位热解影响,不同级别孔径间的连通性能明显提高。在 180 ℃ 以后主峰位置逐渐向右偏移,峰值幅度增高,峰的宽度增加,由磁共振弛豫机制分析可知,该温度段孔隙结构发生明显改变,出现了峰值孔径明显增加,孔隙数量增多,孔径分布范围扩展等现象,这与前文孔隙结构随温度变化研究结果一致。

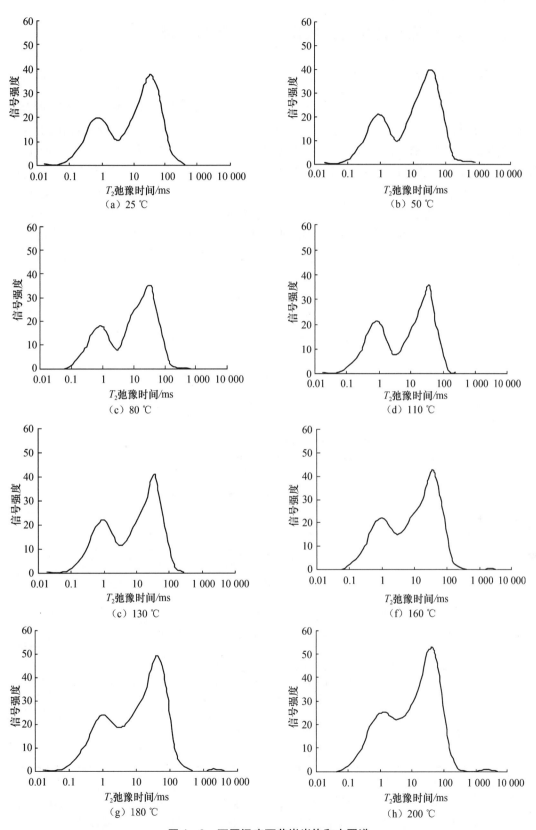

图 4-2　不同温度下花岗岩饱和水图谱

4.3 基于低场磁共振的储层流体可动性分析

4.3.1 花岗岩可动流体 T_2 截止值

通过上节分析，磁共振 T_2 谱与孔径分布相对应，孔径较小时，孔隙中的流体被毛管力束缚而无法流动，而当孔径较大时，孔隙中的流体可自由流动，因此反应在 T_2 弛豫谱图上存在一个弛豫时间界限，即可动流体截止值，T_2 截止值可由饱和水 T_2 谱和离心后的束缚水 T_2 谱获得。常用作图法求取 T_2 截止值，具体方法为：对离心前后的 T_2 谱分别作累积孔隙度曲线，从离心后的 T_2 谱累积孔隙度曲线最大处作平行于 x 轴的直线，交离心前的累积曲线于一点，自交点引垂线到 x 轴，其与 x 轴的交点即为 T_2 截止值，如图 4-3 所示。图 4-3 以北山花岗岩 25 ℃ 样品为例，所作离心前后 T_2 曲线及截止值求解图。利用上述方法求得样品的 T_2 截止值为 40.98 ms。同理可获得所有样品的 T_2 截止值，见表 4-2。

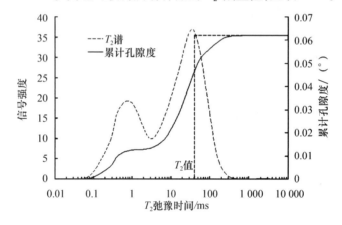

图 4-3 离心前后 T_2 曲线及截止值求解图

表 4-2 两组花岗岩孔隙度相关参数及 T_2 截止值

温度/℃	核磁孔隙度/%	束缚流体孔隙度/%	可动流体孔隙度/%	束缚流体饱和度/%	可动流体饱和度/%	氮气渗透率/($10^{-5}\mu m^2$)	T_2 截止值
25	0.648	0.556	0.092	85.85	14.15	0.17	40.78
50	0.632	0.545	0.087	86.25	13.75	0.14	40.07
80	0.601	0.530	0.071	88.14	11.86	0.13	39.12
110	0.657	0.565	0.092	85.98	14.02	0.16	40.72
160	0.722	0.602	0.120	83.41	16.59	0.19	42.56
180	0.891	0.721	0.170	80.89	19.11	0.25	44.17
200	0.954	0.761	0.193	79.76	20.24	0.36	46.84

根据计算结果可知，25~200 ℃ 范围内花岗岩 T_2 截止值在 39.12~40.98 ms 之间，由前文分析可知花岗岩所含孔隙以微小孔为主，对流体的束缚作用较强，可动流体也少，导致 T_2 截止值整体偏低。此外许多研究表明，T_2 分布除与样品的孔隙结构有关，顺磁性物质、孔喉

比等因素也会对其产生影响,从而导致 T_2 截止值相应变化。花岗岩 T_2 截止值随温度变化曲线如图 4-4 所示。从图中可看出:25~80 ℃时,T_2 截止值随温度升高先微弱降低;110~200 ℃时,T_2 截止值随温度升高出现明显的增大趋势;T_2 截止值最低峰值点都在80 ℃,最高点出现在300 ℃时,花岗岩 T_2 截止值图像呈"凹"形,产生原因分析如下。

在200 ℃之前,T_2 截止值呈"凹"形分布,在热膨胀应力及外部束缚应力双重作用下,导致原生孔隙或微裂隙的闭合,使初期的 T_2 截止值降低。而后随着温度升高,从110 ℃开始,T_2 截止值又开始增大。这是由于热膨胀力导致的晶体和胶结物之间产生拉伸现象,原生孔隙或微裂隙张开,T_2 截止值增大。因此,该阶段新疆花岗岩曲线呈"凹"形。

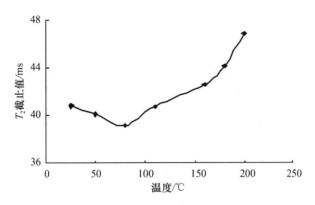

图 4-4 花岗岩 T_2 截止值随温度变化曲线

4.3.2 温度对花岗岩孔隙度的影响

一般而言,多孔材料中的孔隙包含连通孔隙与封闭孔隙两类。由磁共振弛豫机制可知,磁信号强度是流体氢核数的具体表征,而氢核数量又是流体总量的体现,故可通过磁共振测量花岗岩的孔隙度。具体方法为:对样品饱和水 T_2 谱求累积信号幅度,将其标定为称重法所测孔隙度;对离心后的 T_2 谱求累积信号幅度,标定为束缚水孔隙度;总孔隙度与束缚水孔隙度差减得到可动水孔隙度。按照文献结果,核磁孔隙度也可由其各组成部分按相对饱和度进行表征为

$$\Phi_B = \Phi_{NMR} \times \frac{BVI}{BVI + FFI} \quad (4-3)$$

$$\Phi_F = \Phi_{NMR} \times \frac{FFI}{BVI + FFI} \quad (4-4)$$

式中,Φ_{NMR} 为核磁孔隙度,%;Φ_B 为束缚流体孔隙度,%;Φ_F 为可动流体孔隙度,%;BVI 和 FFI 分别为束缚流体饱和度和可动流体饱和度,%。

将离心前后的 T_2 谱转化为饱和水和束缚水状态下的累积孔隙度,所得孔隙度分别对应于 BVI + FFI 总孔隙度(Φ_{NMR})和 BVI 孔隙度(Φ_B)。FFI 孔隙度(Φ_F)则等于 Φ_{NMR} 与 Φ_B 之差。两组花岗岩孔隙度相关参数见表4-2。

花岗岩孔隙度随温度变化特征根据表4-2中数据可知,三种孔隙度参数随着温度的升高先降低后增大。与25 ℃相比80 ℃时,Φ_{NMR} 降低了2.46%,Φ_B 增加了4.77%,Φ_F 降低了22.27%,表明温度热膨胀导致 Φ_B、Φ_F 对 Φ_{NMR} 降低都有作用,80 ℃温度是孔隙度变化的拐

点。110 ℃以后由于温度作用的影响,三种孔隙度参数开始缓慢增加,至 200 ℃时 Φ_{NMR} 增加了 0.472 倍, Φ_B 增加了 0.367 倍,而此温度范围内可动孔隙度增加幅度最大, Φ_F 增加了 1.11 倍。由此可知,孔隙度的增加以 Φ_F 贡献为主,该温度段有利于流体的运移。

图 4-5 所示为孔隙度随温度变化关系,由图中可以看出,花岗岩 Φ_{NMR} 随温度变化可分为两个阶段。低于 80 ℃时, Φ_{NMR} 增长缓慢,温度对花岗岩的作用主要是矿物质的膨胀变形以及因矿物热膨胀系数不同所引起的孔隙结构热膨胀,导致孔隙数量变少,孔径变小。至 80 ℃以后,温度对花岗岩的作用主要是自由水的脱出,矿物质的膨胀变形以及因矿物热膨胀系数不同所引起的孔隙结构变化,孔隙度随着温度升高而增加, Φ_B 和 Φ_F 随温度变化趋势在 80 ℃以前与 Φ_{NMR} 相同,而 80 ℃后,曲线形态却发生了明显的增大趋势,该温度是孔隙度变化的拐点。

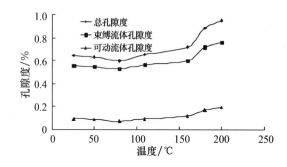

图 4-5 孔隙度随温度变化关系

图 4-6 所示为花岗岩束缚流体饱和度与可动流体饱和度随温度变化的关系,由图可以,可动流体饱和度随温度升高先降低后逐渐增大,束缚流体饱和度随着温度升高而降低,80 ℃之前,降速减缓,到 80 ℃之后,降速速度增大。在 200 ℃时,可动流体占比为 20%,孔隙连通性得到显著改善。结合图 4-5 可以看出,80 ℃之后,虽然 Φ_B 和 Φ_F 随温度升高均在增大,但二者并不同步,升温热解使花岗岩孔隙扩展的同时,也使孔隙间的连通性得到改善,从而促进了渗透率的一点的增加。

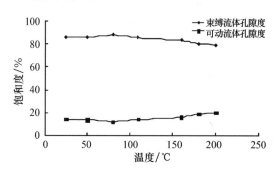

图 4-6 花岗岩束缚流体饱和度与可动流体饱和度随温度变化关系

4.4 基于低场磁共振试验的渗透率模型评价

渗透率是表征花岗岩储层渗透特性的重要参数,随着 NMR 技术的发展,NMR 技术除了在孔隙结构分析上得到广泛应用外,在渗透率预测方面也取得长足进展,但在花岗岩特别是温度影响下的渗透率预测方面文献较少。本节以北山花岗岩为研究对象,通过渗透率与磁共振特性间的相关性分析,借助渗透率模型,估算温度作用下花岗岩的渗透率。

4.4.1 磁共振预测渗透率模型

花岗岩热解过程中,在热应力、有机质热解、无机矿物分解等物理化学综合作用下,内部孔隙结构产生相应变化,进而引起花岗岩渗透率发生改变。渗透率一般采用经验公式来进行预测,综合本节和文献研究结果,采用常用的3个磁共振渗透率经验公式计算:

CoaTes(自由流体模型)模型:

$$k_1 = A_1 \times \Phi_{NMR}^4 \times \left(\frac{FFI}{BVI}\right)^2 \quad (4-5)$$

SDR 模型(平均 T_2 模型):

$$k_2 = A_2 \times \Phi_{NMR}^4 \times T_{2m}^2 \quad (4-6)$$

PP 模型(可动孔隙度模型):

$$k_3 = A_3 \times \exp^{(\Phi_p/a_1)} + b_1 \quad (4-7)$$

上述公式中,k_1、k_2、k_3 分别为3种模型的磁共振渗透率,μm^2;A_1、A_2、A_3 和 a_1、b_1 为与花岗岩特征相关的未确定系数;T_{2m} 为 T_2 分布的几何平均值,ms。T_{2m} 计算公式为

$$T_{2m} = T_1^{\frac{n_1}{n_1+n_2+\cdots+n_{200}}} T_2^{\frac{n_2}{n_1+n_2+\cdots+n_{200}}} \cdots T_{200}^{\frac{n_{200}}{n_1+n_2+\cdots+n_{200}}} \quad (4-8)$$

式中,1,2,…,200 为 T_2 谱上各点的序号;T_1,T_2,…,T_{200} 为弛豫时间;n_1,n_2,…,n_{200} 为信号幅度。T_{2m} 的含义是样品孔隙半径的平均值。不同温度下的花岗岩 NMR 渗透参数见表4-4。

表4-4　不同温度下的花岗岩 NMR 渗透参数

温度/℃	FVI/BVI	T_{2m}
25	0.165	40.78
50	0.159	40.07
80	0.135	39.12
110	0.163	40.72
160	0.199	42.56
180	0.236	44.17

4.4.2 磁共振预测渗透率模型结果分析

将表4-4中花岗岩 NMR 渗透参数分别代入渗透率模型式(4-5)~(4-7),然后将不同温度下孔隙参数代入整理后的公式,可得3种模型渗透率数值,见表4-5,渗透率随温度的变化曲线如图4-7所示。

表4-5 不同温度下花岗岩 NMR 渗透率

温度/℃	k_1 CoaTes 模型	k_2 SDR 模型	k_3 PP 模型	k_4 实测模型
25	0.005	0.029	0.230	0.27
50	0.004	0.026	0.218	0.24
80	0.002	0.020	0.178	0.13
110	0.005	0.031	0.230	0.2
160	0.011	0.049	0.300	0.29
180	0.035	0.123	0.425	0.45
200	0.053	0.182	0.483	0.59

注:$1D = 0.986\ 923 \times 10^{-12} m^2$。

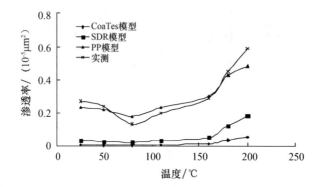

图4-7 花岗岩模型渗透率随温度的变化曲线

由图4-7可知,在25~200 ℃的温度区间内,花岗岩3种模型所得渗透率结果都随温度升高先降低后增加,变化趋势基本相同,但是在具体的温度范围内,不同的模型估算所得的渗透率存在较大差异,因此需要对渗透率模型选择进行具体分析。在25~80 ℃温度区间,CoaTes模型和SDR模型求得的渗透率远低于实测渗透率,在25 ℃时数值相差60~350倍,数据偏差较大,至200 ℃时,相差幅度达到60倍左右,严重偏离了实测数值。

对模型进行分析可知:CoaTes模型是以可动流体/束缚流体孔隙体积(FFI/BVI)为基础,对束缚水模型的计算精度很敏感,可动和束缚流体孔隙体积的测定方法对渗透率的计算结果影响很大。花岗岩孔隙结构复杂,存在大量的微观孔隙,这会导致束缚水的孔隙体积增加,因此求得的渗透率偏低。而SDR模型是以T_2弛豫时间的几何平均值T_{2m}作为参数,受束缚水影响,但T_{2m}不能充分反映孔隙的分布状况,对于低渗的多孔介质可以应用,但对于温度作用后孔隙结构及渗透特征变化巨大的花岗岩显然不适用。

对于所选用的PP模型而言,从整体上与实测值较为接近,而且在渗透率预测过程中采用的核心参数能够真实地反映花岗岩样品的渗流特征。因此,本节采用PP模型预测不同温度下花岗岩渗透率变化。北山花岗岩所采用的CoaTes模型和SDR模型与实测渗透率结果相比,偏差幅度更大,在25 ℃时已达2 000多倍,只是在有机质热解区过后才与实测时相符,机理与前文花岗岩分析结果类似。因此,北山花岗岩渗透率预测也选用PP模型。

由以上分析可知,可以采用 PP 模型进行花岗岩热解过程渗透率的预测。为了准确表达渗透率随温度的变化趋势,将 PP 模型预测的磁共振渗透率和温度之间的关系进行多项式拟合,得

$$k = 2 \times 10^{-5}T^2 - 0.0028T + 0.2958 \quad (4-9)$$

上述拟合函数,相关性系数为 $R^2 = 0.9732$,表明在测试温度区间拟合的渗透率-温度关系曲线与 PP 模型渗透率具有良好的相关性。两组花岗岩渗透率与温度关系拟合曲线如图 4-8 所示。从结果来看,PP 模型预测效果良好,并达到工程应用的要求。

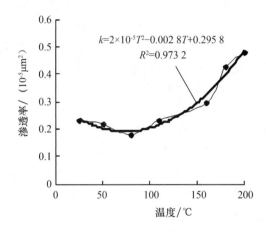

图 4-8　花岗岩基于 PP 模型的渗透率与温度拟合关系

4.5　本章小结

通过低场磁共振试验,研究了 25~200 ℃温度范围内花岗岩孔隙连通的演化特征、可动流体的运移规律,并结合 NMR 渗透率模型对不同温度下的花岗岩渗透率进行了预测,得到以下结论:

(1)温度对花岗岩孔隙连通性的变化起控制作用,孔隙的连通程度具有阶段性特征:温度小于或等于 80 ℃时,不同级别孔径间的连通性较差,温度升高并不能有效促进不同尺度孔隙间的连通性能;温度大于 110 ℃时,同级别孔隙连通性增强,不同级别孔径间的连通性能明显提高。

(2)研究发现,在 25~200 ℃温度范围,两组花岗岩孔隙度随温度升高总体上呈增大趋势。25~200 ℃时,总孔隙度随温度升高缓慢增加,但增幅较低,总孔隙度的增加以可动流体孔隙度贡献为主。当温度大于 160 ℃时,总孔隙度、束缚水孔隙度及可动流体孔隙度均显著增大,束缚水孔隙度和可动水孔隙度对总孔隙度的增加均有贡献,但可动流体孔隙度对总孔隙度的增加起主要促进作用,这也说明了温度增加有利于油气产物的析出。

(3)对比实测渗透率与模型渗透率之间数值关系并考虑应用合理性。选用 PP 模型可以更好地表示渗透率与温度间的关系。

第5章 高温作用下缺陷花岗岩渗透率试验研究

在高温岩体地热开发,核废料的深埋处置和低渗透油田开发等问题中,流体在低渗透岩体中的渗流规律是研究的热点问题,也是难点问题。花岗岩体温度一般在200 ℃以上,地层应力在 75~125 MPa。在这样的高温高压的环境下,温度的作用导致花岗岩变形,同时使应力变化,导致裂隙宽度变化,从而改变裂隙岩体的渗透系数,使裂隙流体压力改变,导致作用在裂隙面上的有效应力变化使岩体变形,同时流体和花岗岩之间存在热传导作用,流体的渗流会带来内部的热对流,这些都会导致花岗岩温度的变化。同时花岗岩由于成岩和环境差异,内部赋存缺陷,缺陷的存在影响了花岗岩的整体连续性。因此在固流热耦合作用下,流体的渗流规律异常复杂,高温流体的渗流规律和高温带有缺陷的花岗岩渗流特性一直是核废料地质处置工程中关心的重点问题。

由于试验加载压力对加温装置的破坏较大,因此研制高温三维应力下渗流测试试验设备难度较大,在三维应力下岩石的高温渗流规律方面,国内外普遍进行数值模拟研究较多。国内外的物理试验研究主要集中在高温冷却后的输运特性的变化,而高温三维应力下渗透率的实时测试目前仍未见文献报道。

作者在国家自然科学基金项目的资助下,借助中国矿业大学研制的"20MN 高温高压岩体三轴试验机",设计了标准的完整花岗岩样和带缺陷花岗岩样分别恒定 5 MPa 应力条件下,以一定的升温速率加热,实时测试花岗岩样的高温三维应力下的渗流规律,试图查明在温度的作用下是否会导致花岗岩发生热破裂,而这种热破裂作用究竟如何影响花岗岩的渗流规律,以及带有缺陷的花岗岩在温度作用下渗透特性的改变。这是目前国内在高温和三维应力同时作用下,花岗岩渗流规律的测试,试验得到的结果对指导高温核废料地质处置工程具有重要的意义。

5.1 花岗岩渗透率测试原理

在本研究中,取两组岩样分别进行常规渗透率的测试,测定岩样的渗透率时,应当遵守以下条件:

(1)岩样的孔隙空间被单相流体所饱和。
(2)流体与岩样之间,假定不发生任何物理化学反应。
(3)通过岩样流体,保持恒温稳定的层流状态。

按照达西定律(Darcy's law),得到岩样有效渗透率的计算公式:

$$k = \frac{2p_n Q_n L \mu}{F(p_1^2 - p_2^2)} \quad (5-1)$$

式中,k 为岩样的渗透率;p_1 为试验进气端压力;p_2 为岩样出气端压力;p_n 为 1 个大气压;Q_n 为 1 个大气压下岩石层气流量;$p_2 = p_n = 1 \text{ kg/cm}^2$;$\mu$ 为岩石层气的黏度系数;F 为岩样渗透面积25 cm²;L 为岩样渗透高度10 cm。

5.2 花岗岩试样、试验设备、测试过程

5.2.1 花岗岩试样

试件取自核废料地质处置库重点预选场区——甘肃北山地区的天然致密无缺陷花岗岩,采集的试验岩块经实验室钻石机,采用水钻法钻孔取芯,制备试件时,为了避免各向异性对试验结果的影响,沿同方向加工成60块尺寸为$\Phi 50 \text{ mm} \times 100 \text{ mm}$标准试件,取其中40块完整试件用切割机制造成含有单裂纹缺陷试件,裂纹长度为l、裂纹倾角为β(裂纹面法线方向与试件轴线方向所成的夹角度)。具有天然含水量,容重为2.712 g/mL,试件不平行度小于0.02%,符合岩石力学试验标准。花岗岩试件加工过程如图5-1所示。把标准试件加工成裂纹长度分别为10 mm、20 mm、30 mm,倾角β分别为30°、45°、60°、90°的单裂纹缺陷试件。加工的完整试件和带缺陷试件如图5-2所示。

图5-1 花岗岩试件加工过程

(a) 完整试件　　　　　(b) 带缺陷试件

图5-2 花岗岩试件

5.2.2 测试设备

试验设备采用太原理工大学自主研制的高温高压岩体三轴试验机,试验机采用液压加载,应力波动小于0.03 MPa,最大稳压时间为360 h,在高温压力室内对岩样进行加压和加温。采用热合金进行加热,手动控流进行升温。温度采用热电偶测量,温控箱显示读数并且自动将读数传到计算机内自动记录,精确到0.1 ℃。采用紫铜皮、高温胶和软云母纸进行花岗岩样的密封。为了保证不同温度下渗透率实时测试正常进行,测试采用惰性气体

N_2,N_2产自徐州特种气源厂,体积分数高达99%,内压最高达13 MPa。采用高压阀门和高精度气压计控制进气口气压,同时采用总沫流量计测量试验机下盘出气口的气体流量,精度为1 mL,高温高压岩体三轴试验机如图5-3所示。

图5-3 高温高压岩体三轴试验机

试验采用达西稳定流的方法测试岩样的渗透率。试验进行期间,为了消除差应力对热破裂的影响,岩样恒定在一定的静水压力下,同时为了避免热冲击对岩样破裂的影响,采用较小的升温速率。在发现渗透开始变化时进行渗透测试,为了保证测量结果的准确性,测试均在上游气体压力稳定2 h之后进行,且每个孔隙压下的气体流量至少测试5次。

5.2.3 试验过程

花岗岩渗透率测试过程如下。

(1)将加工好的花岗岩试件放入高温高压腔室内,严格按照安装要求进行仔细操作,最后将高压腔室内的试件和传压介质压紧密实。通水、通电,检查电路绝缘性及设备运行的正常。

(2)试验前,首先开通冷却水循环系统,保持冷却水循环系统的正常运行;开通N_2气源,当气体压力达到稳定后,对常温常压下的样品渗透率进行测量,并作为试验预警操作。

(3)调节压力控制开关,先施加小轴压,再缓慢施加小围压,控制进给压力的增加幅度。压力达到试验要求后,调节温度控制器,通过手动加热设定加热温度值,对岩心进行加热,达到预定温度后,保温,使岩心均匀受热。采用手动加热和降温方式,以5 ℃/min升温速率开始加温,当达到设定的温度(25 ℃、50 ℃、80 ℃、110 ℃、130 ℃、160 ℃、200 ℃)点时,恒温30 min,再进行渗透率、孔隙度测试,为了保证测量结果的准确性,测试均在上游气体压力稳定2 h之后进行,而且在同一温度下不同孔隙压下的气体流量至少测试5次。

(4)开通气源,测量进气口的气体压力,并记录,同时测量出气口的流量计读数,同时用秒表记录流过一定气体体积所用的时间。

(5)关闭气瓶。

(6)重复加温、加压步骤。测量试验过程中,时刻检查水电的正常运行。

(7)试验数据的处理。

(8)重复以上步骤,测取花岗岩岩心在不同温度的渗透率值。

5.3 花岗岩渗透率试验测试结果分析

5.3.1 高温花岗岩渗透率试验测试结果分析

经过渗透率测试试验,升温过程中完整花岗岩和含缺陷花岗岩岩心渗透率见表5-1。

表5-1 升温过程中完整花岗岩和含缺陷花岗岩岩心渗透率

缺陷长度	倾角/(°)	不同温度花岗岩的渗透率/(10^{-17} m²)							
		25 ℃	50 ℃	80 ℃	110 ℃	130 ℃	160 ℃	180 ℃	200 ℃
完整	0	6.65	6.68	6.12	6.46	7.01	8.34	9.44	10.72
10 mm	30	6.98	6.73	6.09	6.56	7.18	8.42	9.85	11.82
	45	6.99	6.75	6.12	6.66	7.19	8.52	9.88	11.92
	60	7.00	6.76	6.28	6.76	7.22	8.62	9.91	12.07
	90	7.04	6.77	6.38	6.86	7.21	8.72	9.94	12.12
20 mm	30	7.64	7.53	6.77	6.96	7.65	8.45	10.43	13.41
	45	7.66	7.56	6.82	6.67	7.77	8.65	10.62	13.45
	60	7.65	7.59	6.85	6.38	7.94	8.55	10.87	13.49
	90	7.68	7.62	6.98	6.09	8.11	8.66	11.01	13.53
30 mm	30	7.77	7.68	6.71	7.29	7.96	9.45	12.34	15.38
	45	7.79	7.74	6.81	7.31	8.03	9.55	12.32	15.51
	60	7.82	7.76	6.91	7.33	8.14	9.65	12.37	15.61
	90	7.84	7.78	7.01	7.35	8.17	9.75	12.48	15.71

由表中可以分析得到:

(1)完整试件花岗岩渗透率随着温度升高出现先降低后升高的趋势。在温度为80 ℃时,花岗岩渗透率为最低,是常温花岗岩渗透率的0.89~0.78倍;在温度为200 ℃时,渗透率是常温花岗岩的1.4~1.6倍。说明温度使得花岗岩渗流特性发生变化,即温度对花岗岩的敏感性较强。

(2)同一温度下,完整花岗岩试件的渗透率比含有缺陷的花岗岩的渗透率低,在温度为200 ℃时,缺陷长度为10 mm的花岗岩的渗透率是完整花岗岩渗透率的1.10~1.13倍,缺陷长度为20 mm的花岗岩的渗透率是完整花岗岩渗透率的1.25~1.26倍,缺陷长度为30 mm的花岗岩的渗透率是完整花岗岩渗透率的1.43~1.47倍。缺陷长度对花岗岩的渗透率敏感性不可以忽略。

(3)缺陷长度相同、缺陷倾角不同花岗岩,在温度为25 ℃至80 ℃时,渗透率随着温度的升高而降低;温度为80 ℃时,渗透率降低到最小;在温度为110~200 ℃时,花岗岩渗透率随着温度升高而升高,升高梯度随着温度升高而增大;同一温度下,倾角越大,渗透率也随之增大,但增大的趋势较微弱。在温度较低时,倾角对渗透率的影响可以忽略不计,温度升高到200 ℃时,缺陷倾角对渗透率影响较明显。缺陷倾角对渗透率的影响较弱。

(4)缺陷倾角相同、缺陷长度不同的花岗岩,在温度为 25~80 ℃时,渗透率随着温度升高而降低;温度为 80 ℃时,渗透率降低到最小,减小梯度较明显;在温度为 110~200 ℃时,花岗岩渗透率随着温度升高而升高,升高梯度随着温度升高而增大,增大梯度显著;同一温度下,缺陷长度越大,渗透率越大。在温度为 200 ℃、缺陷倾角为 90°时,缺陷长度为 30 mm 的花岗岩的渗透率是完整花岗岩的渗透率的 1.1 倍,缺陷长度为 20 mm 的花岗岩的渗透率是完整花岗岩的渗透率的 1.3 倍,缺陷长度为 10 mm 的花岗岩的渗透率是完整花岗岩的渗透率的 1.5 倍,说明花岗岩缺陷的长度对渗透率的敏感性较强。

经过渗透率测试试验,降温过程中完整花岗岩和含缺陷花岗岩岩心渗透率见表 5-2。

表 5-2 降温过程中完整花岗岩和含缺陷花岗岩岩心渗透率

缺陷长度	倾角/(°)	不同温度花岗岩的渗透率/(10^{-17} m^2)							
		25 ℃	50 ℃	80 ℃	110 ℃	130 ℃	160 ℃	180 ℃	200 ℃
完整	0	6.76	6.71	6.15	6.48	7.12	8.39	9.48	10.77
10 mm	30	7.02	6.73	6.09	6.56	7.18	8.42	9.85	11.85
	45	6.99	6.75	6.12	6.69	7.19	8.53	9.91	11.94
	60	7.10	6.69	6.37	6.72	7.24	8.67	9.94	12.09
	90	7.14	6.78	6.48	6.96	7.29	8.76	9.98	12.17
20 mm	30	7.16	6.79	6.49	7.06	7.37	8.78	10.85	12.85
	45	7.18	6.81	6.52	7.29	7.49	8.83	10.91	12.94
	60	7.19	6.85	6.57	7.32	7.54	8.87	10.94	13.09
	90	7.21	6.88	6.58	7.46	7.57	8.89	10.98	13.17
30 mm	30	7.22	6.83	6.79	7.58	7.68	9.42	10.85	14.35
	45	7.25	6.85	6.62	7.59	7.89	9.53	10.91	14.94
	60	7.30	6.92	6.87	7.62	7.84	9.67	10.94	15.09
	90	7.44	6.98	6.78	7.86	7.99	9.76	10.98	15.17

由表中可以分析得到:

(1)在降温过程中,同一温度下,完整花岗岩试件的渗透率比含有缺陷的花岗岩试件的渗透率要低,说明缺陷对花岗岩的渗透率敏感性不可以忽略。

(2)在降温过程(200~25 ℃)中,花岗岩的渗透率随着温度降低总体呈现降低的规律,但变化幅度不大。这是因为花岗岩温度先升高到 200 ℃时,花岗岩中孔隙达到了最大开裂程度,再降温到规定温度时,花岗岩颗粒间经过塑性变形,虽然温度降低,但是孔隙空间降低幅度较小,因此花岗岩渗透率变化较小。

(3)同一温度时,在降温过程花岗岩的渗透率比升温过程的渗透率相对要高。这是因为花岗岩温度先升高到 200 ℃时,花岗岩部分矿物晶体受热膨胀,原有裂纹扩展或者产生新的裂纹,再降温到规定温度时,裂纹不会减少。当然,花岗岩岩石组成颗粒随机分布,对渗透率影响渗透率较复杂,本试验只能定性说明同一温度时,降温过程渗透一定程度上会比升温过程的渗透率高。

5.3.2 花岗岩渗透率-温度、渗透率-缺陷参数之间的拟合函数

将完整花岗岩和缺陷花岗岩的测试渗透率与温度进行回归分析,拟合结果见表5-3,拟合曲线如图5-4所示。虽然在数据回归分析的过程中,存在一些偏离回归曲线的数据,但也在正常误差之内,可得完整花岗岩和缺陷花岗岩的渗透率和温度基本服从二次函数,拟合系数 $R^2 = 0.900 \sim 0.986$。从拟合曲线可知,花岗岩在 25~80 ℃时,渗透率随温度升高而降低,花岗岩在 110~200 ℃时,渗透率随温度升高而增大。渗透率存在一个最低点,最低点不是一个固定值,而是一个范围(50~80 ℃)。含有缺陷的花岗岩渗透率-温度拟合函数中的二次项系数比完整花岗岩的二次项系数高,说明在温度作用下缺陷的存在会促使花岗岩渗透性增强。当缺陷倾角固定,缺陷长度越大,渗透率-温度拟合函数中的二次项系数越大,说明缺陷长度对渗透率的影响较大。总体来说,花岗岩渗透率-温度试验拟合函数和理论推导的渗透率-温度耦合模型基本一致。

表5-3 升温过程中花岗岩渗透率-温度拟合结果

缺陷长度	缺陷倾角/(°)	渗透率-温度函数	拟合系数 R^2
完整	0	$k = 0.0003T^2 - 0.0419T + 7.7131$	$R^2 = 0.9906$
10 mm	30	$k = 0.0004T^2 - 0.0578T + 8.3953$	$R^2 = 0.9916$
	45	$k = 0.0004T^2 - 0.0572T + 8.3912$	$R^2 = 0.9913$
	60	$k = 0.0004T^2 - 0.056T + 8.3864$	$R^2 = 0.9899$
	90	$k = 0.0004T^2 - 0.0551T + 8.3975$	$R^2 = 0.9895$
20 mm	30	$k = 0.0005T^2 - 0.0773T + 9.7589$	$R^2 = 0.9527$
	45	$k = 0.0005T^2 - 0.079T + 9.8141$	$R^2 = 0.9618$
	60	$k = 0.0005T^2 - 0.0816T + 9.8872$	$R^2 = 0.9532$
	90	$k = 0.0005T^2 - 0.0828T + 9.9513$	$R^2 = 0.9435$
30 mm	30	$k = 0.0006T^2 - 0.0926T + 10.249$	$R^2 = 0.9746$
	45	$k = 0.0006T^2 - 0.0924T + 10.287$	$R^2 = 0.9739$
	60	$k = 0.0006T^2 - 0.0915T + 10.291$	$R^2 = 0.9746$
	90	$k = 0.0006T^2 - 0.0914T + 10.314$	$R^2 = 0.9754$

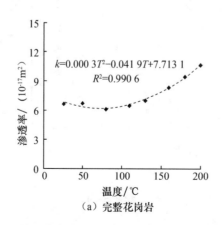

(a) 完整花岗岩

图5-4 缺陷花岗岩升温过程中渗透率-温度拟合曲线

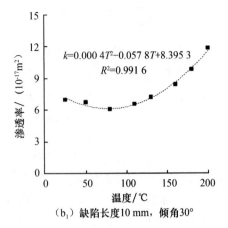

（b_1）缺陷长度10 mm，倾角30°

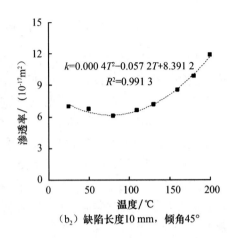

（b_2）缺陷长度10 mm，倾角45°

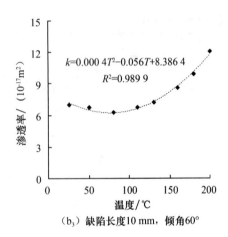

（b_3）缺陷长度10 mm，倾角60°

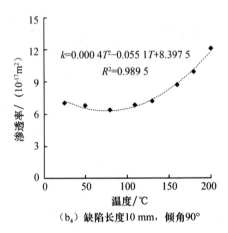

（b_4）缺陷长度10 mm，倾角90°

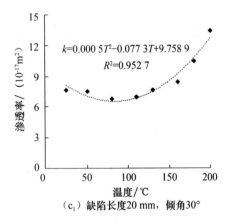

（c_1）缺陷长度20 mm，倾角30°

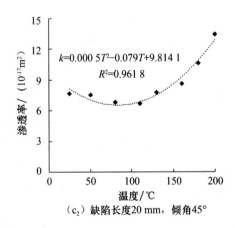

（c_2）缺陷长度20 mm，倾角45°

续图 5-4

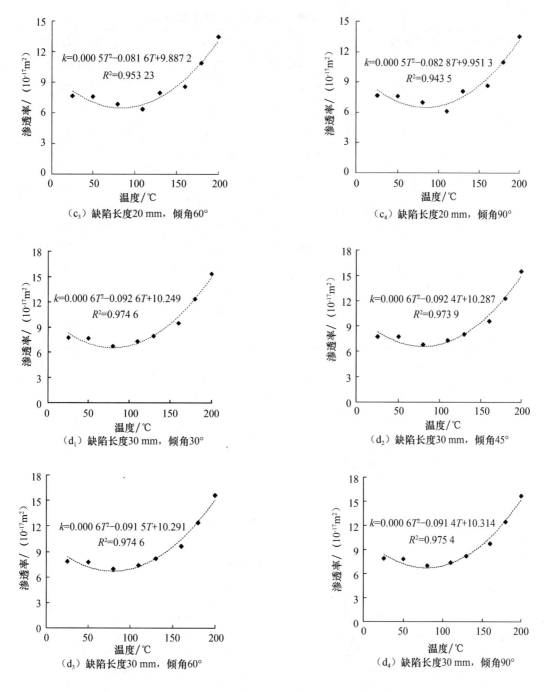

续图 5-4

将花岗岩降温过程中测试的渗透率-温度数据进行回归分析,拟合结果见表 5-4,拟合曲线如图 5-5 所示。由回归曲线可知,缺陷花岗岩的渗透率和温度基本服从二次函数,但拟合系数在 0.991 3~0.989 7。但降温过程中花岗岩渗透率-温度拟合函数和升温过程的拟合函数有很大的差别,升温过程中花岗岩的渗透率呈现了明显的先降低后升高的趋势,而在降温过程中花岗岩的渗透率变化不大,图像较平缓。这是由于先升高到 200 ℃,花岗岩内部的缺陷已经出现扩展,降温到规定温度,裂纹扩展不能完全恢复,因此渗透率变化较小。

表5-4 降温过程中花岗岩渗透率-温度拟合结果

缺陷长度	缺陷倾角/(°)	温度-渗透率函数	拟合系数 R^2
完整	0	$k = 0.000\,3T^2 - 0.042\,7T + 7.809\,4$	$R^2 = 0.992\,2$
10 mm	30	$k = 0.000\,4T^2 - 0.058\,8T + 8.451\,3$	$R^2 = 0.991\,8$
	45	$k = 0.000\,4T^2 - 0.057T + 8.386\,5$	$R^2 = 0.991\,3$
	60	$k = 0.000\,4T^2 - 0.057\,1T + 8.462\,5$	$R^2 = 0.992\,8$
	90	$k = 0.000\,4T^2 - 0.054\,6T + 8.456\,5$	$R^2 = 0.989\,7$
20 mm	30	$k = 0.000\,4T^2 - 0.059\,4T + 8.642\,9$	$R^2 = 0.983\,7$
	45	$k = 0.000\,4T^2 - 0.061\,7T + 8.667\,1$	$R^2 = 0.987\,7$
	60	$k = 0.000\,4T^2 - 0.058\,7T + 8.598\,3$	$R^2 = 0.984\,9$
	90	$k = 0.000\,4T^2 - 0.058\,7T + 8.646\,7$	$R^2 = 0.980\,5$
30 mm	30	$k = 0.000\,4T^2 - 0.064\,7T + 8.843\,5$	$R^2 = 0.965\,7$
	45	$k = 0.000\,5T^2 - 0.070\,1T + 9.000\,6$	$R^2 = 0.959\,1$
	60	$k = 0.000\,5T^2 - 0.070\,8T + 9.109\,7$	$R^2 = 0.955$
	90	$k = 0.000\,5T^2 - 0.070\,2T + 9.174\,4$	$R^2 = 0.953\,2$

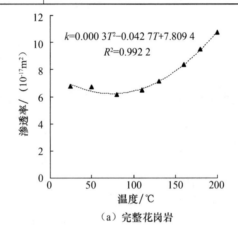

(a) 完整花岗岩

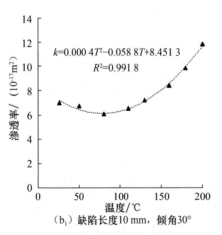

(b_1) 缺陷长度10 mm,倾角30°

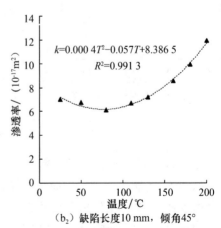

(b_2) 缺陷长度10 mm,倾角45°

图5-5 缺陷花岗岩降温过程中渗透率-温度拟合曲线

第5章 高温作用下缺陷花岗岩渗透率试验研究

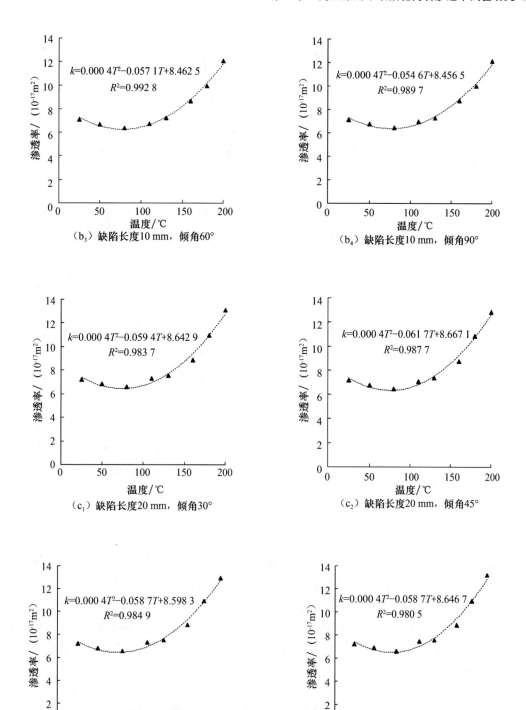

（b₃）缺陷长度10 mm，倾角60°

（b₄）缺陷长度10 mm，倾角90°

（c₁）缺陷长度20 mm，倾角30°

（c₂）缺陷长度20 mm，倾角45°

（c₃）缺陷长度20 mm，倾角60°

（c₄）缺陷长度20 mm，倾角90°

续图 5-5

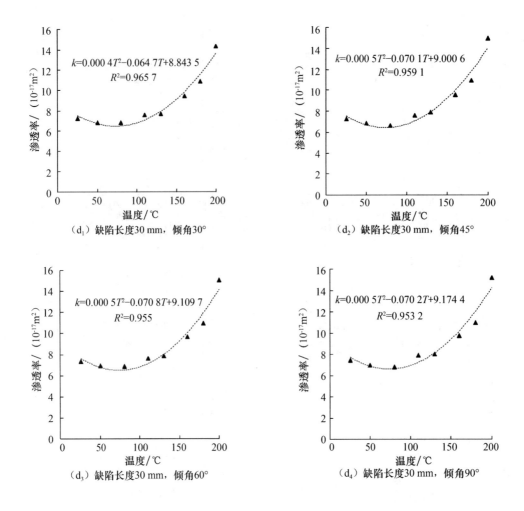

(d_1) 缺陷长度30 mm,倾角30° 　　　　　　(d_2) 缺陷长度30 mm,倾角45°

(d_3) 缺陷长度30 mm,倾角60° 　　　　　　(d_4) 缺陷长度30 mm,倾角90°

续图 5-5

将花岗岩渗透率和缺陷长度参数进行数据回归分析,结果见表 5-5,拟合曲线如图 5-6 所示。当温度恒定、缺陷倾角固定时,花岗岩渗透率和缺陷的长度基本服从二次函数。由拟合函数可知,温度固定时,缺陷长度越长,渗透率-缺陷长度拟合二次函数中二次项系数越大,缺陷长度对渗透率的影响较大。同时发现,缺陷倾角固定,温度越高,渗透率-缺陷长度拟合函数中二次项系数越大,说明温度、缺陷长度对渗透率的影响不可忽略,和前面推导的理论具有一致性。

表 5-5 温度作用下花岗岩渗透率-缺陷长度拟合结果

缺陷倾角/(°)	温度/℃	拟合函数	拟合系数
30	25	$k = -0.000\ 5l^2 + 0.055\ 2l + 6.607$	$R^2 = 0.956\ 7$
30	50	$k = 0.000\ 2l^2 + 0.030\ 5l + 6.61$	$R^2 = 0.880\ 9$
30	80	$k = -8 \times 10^{-5}l^2 + 0.026\ 7l + 6.047\ 5$	$R^2 = 0.740\ 7$
30	110	$k = 0.000\ 6l^2 - 0.011\ 6l + 6.441\ 5$	$R^2 = 0.984\ 4$

续表 5-5

缺陷倾角/(°)	温度/℃	拟合函数	拟合系数
30	130	$k=0.000\,3l^2+0.022\,7l+6.987$	$R^2=0.981\,3$
30	160	$k=0.002\,3l^2-0.035\,4l+8.391$	$R^2=0.937\,2$
30	180	$k=0.003\,8l^2-0.019\,7l+9.498$	$R^2=0.986\,4$
30	200	$k=0.002\,2l^2+0.090\,4l+10.715$	$R^2=1$
45	25	$k=-0.000\,5l^2+0.056\,6l+6.606\,5$	$R^2=0.957\,3$
45	50	$k=0.000\,3l^2+0.031\,6l+6.611\,5$	$R^2=0.894\,9$
45	80	$k=-2\times10^{-5}l^2+0.028\,4l+6.049\,5$	$R^2=0.794\,2$
45	110	$k=0.001\,1l^2-0.007\,4l+6.501$	$R^2=0.917\,9$
45	130	$k=0.000\,2l^2+0.030\,4l+6.974$	$R^2=0.962\,4$
45	160	$k=0.001\,8l^2-0.016\,4l+8.381$	$R^2=0.961\,4$
45	180	$k=0.003\,2l^2+0.000\,7l+9.473$	$R^2=0.995\,5$
45	200	$k=0.002\,1l^2+0.094\,5l+10.73$	$R^2=0.999\,8$
60	25	$k=-0.000\,5l^2+0.055l+6.611$	$R^2=0.966\,3$
60	50	$k=0.000\,2l^2+0.033\,9l+6.609\,5$	$R^2=0.893\,1$
60	80	$k=-0.000\,3l^2+0.036\,9l+6.074$	$R^2=0.911\,3$
60	110	$k=0.001\,6l^2-0.026\,5l+6.560\,5$	$R^2=0.636\,9$
60	130	$k=-3\times10^{-5}l^2+0.041\,9l+6.958\,5$	$R^2=0.940\,9$
60	160	$k=0.002l^2-0.022\,9l+8.416$	$R^2=0.887\,7$
60	180	$k=0.002\,6l^2+0.020\,2l+9.442\,5$	$R^2=1$
60	200	$k=0.001\,9l^2+0.103\,1l+10.752$	$R^2=0.998\,5$
90	25	$k=-0.000\,6l^2+0.059\,3l+6.613\,5$	$R^2=0.971\,2$
90	50	$k=0.000\,2l^2+0.036\,2l+6.607\,5$	$R^2=0.891\,3$
90	80	$k=-0.000\,6l^2+0.049\,9l+6.074\,5$	$R^2=0.929\,7$
90	110	$k=0.002\,1l^2-0.045\,5l+6.62$	$R^2=0.416\,5$
90	130	$k=-0.000\,3l^2+0.054\,3l+6.933$	$R^2=0.890\,5$
90	160	$k=0.001\,8l^2-0.011\,6l+8.419\,5$	$R^2=0.887\,3$
90	180	$k=0.002\,4l^2+0.029\,1l+9.431\,5$	$R^2=0.999\,7$
90	200	$k=0.002l^2+0.105\,3l+10.758$	$R^2=0.997\,9$

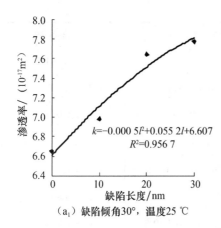
(a_1)缺陷倾角30°，温度25 ℃

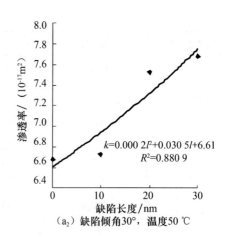
(a_2)缺陷倾角30°，温度50 ℃

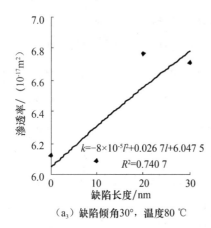
(a_3)缺陷倾角30°，温度80 ℃

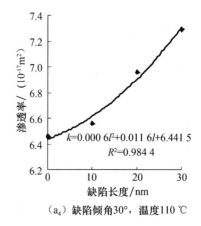
(a_4)缺陷倾角30°，温度110 ℃

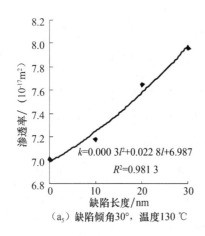
(a_5)缺陷倾角30°，温度130 ℃

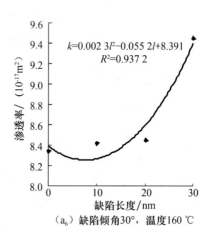
(a_6)缺陷倾角30°，温度160 ℃

图5-6 缺陷花岗岩渗透率-缺陷长度拟合曲线

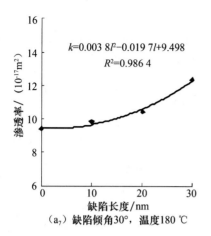
(a_7) 缺陷倾角30°，温度180 ℃

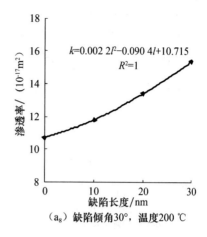
(a_8) 缺陷倾角30°，温度200 ℃

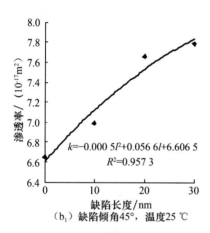
(b_1) 缺陷倾角45°，温度25 ℃

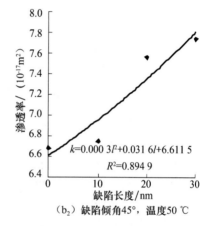
(b_2) 缺陷倾角45°，温度50 ℃

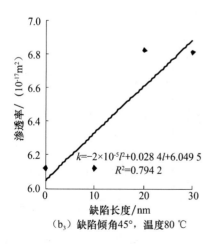
(b_3) 缺陷倾角45°，温度80 ℃

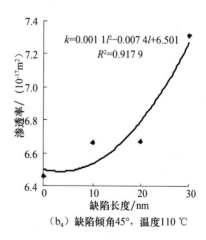
(b_4) 缺陷倾角45°，温度110 ℃

续图 5-6

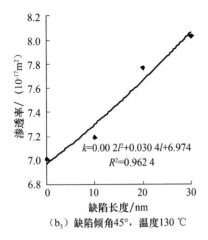

(b_5)缺陷倾角45°,温度130 ℃

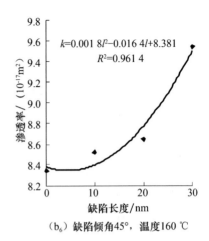

(b_6)缺陷倾角45°,温度160 ℃

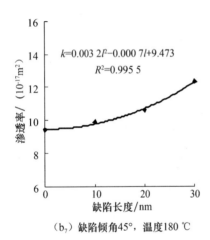

(b_7)缺陷倾角45°,温度180 ℃

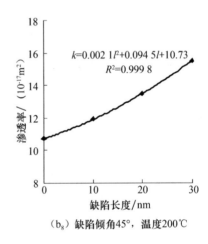

(b_8)缺陷倾角45°,温度200 ℃

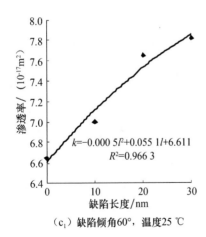

(c_1)缺陷倾角60°,温度25 ℃

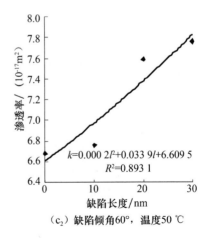

(c_2)缺陷倾角60°,温度50 ℃

续图 5-6

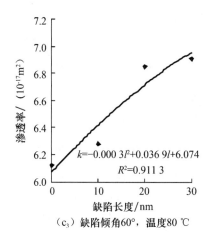

(c₃) 缺陷倾角60°，温度80 ℃

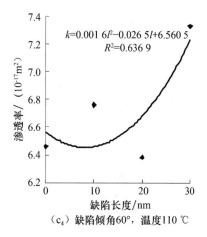

(c₄) 缺陷倾角60°，温度110 ℃

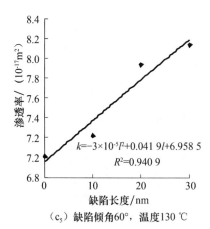

(c₅) 缺陷倾角60°，温度130 ℃

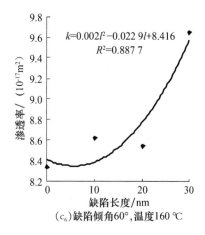

(c₆) 缺陷倾角60°，温度160 ℃

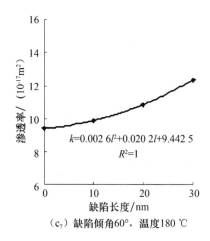

(c₇) 缺陷倾角60°，温度180 ℃

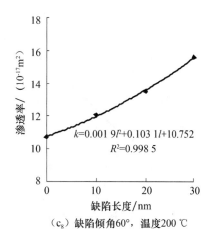

(c₈) 缺陷倾角60°，温度200 ℃

续图 5−6

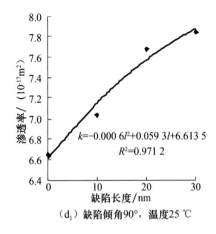
(d_1) 缺陷倾角90°，温度25 ℃

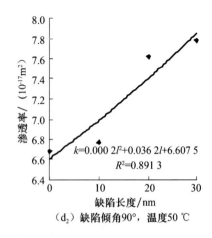
(d_2) 缺陷倾角90°，温度50 ℃

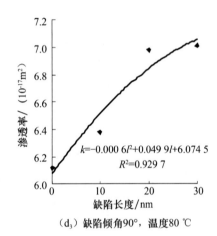
(d_3) 缺陷倾角90°，温度80 ℃

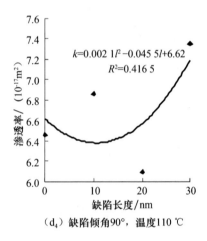
(d_4) 缺陷倾角90°，温度110 ℃

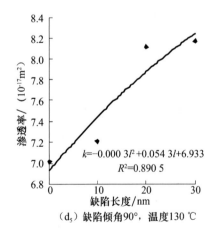
(d_5) 缺陷倾角90°，温度130 ℃

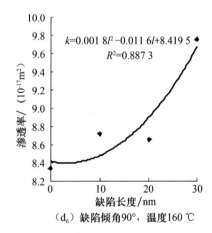
(d_6) 缺陷倾角90°，温度160 ℃

续图 5-6

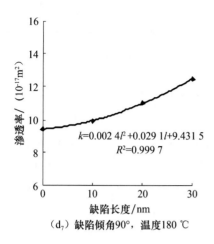

(d_7）缺陷倾角90°，温度180 ℃

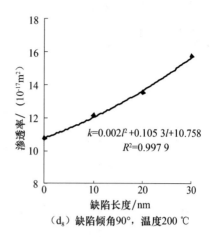

(d_8）缺陷倾角90°，温度200 ℃

续图 5-6

将花岗岩渗透率和缺陷倾角参数进行数据回归分析，拟合结果见表 5-6，拟合曲线如图 5-7 所示。在不同温度下，花岗岩渗透率和缺陷的倾角基本服从二次函数。由拟合函数可知，在温度固定时，缺陷固定，渗透率 – 缺陷倾角虽然服从二次函数，但是图像基本水平，说明缺陷倾角对花岗岩渗透率影响较小，可以忽略不计。

表 5-6 缺陷花岗岩渗透率 – 缺陷倾角拟合结果

缺陷长度/mm	温度/℃	拟合函数	拟合系数
10	25	$k = 1 \times 10^{-5}\theta^2 - 0.000\ 2\theta + 6.978\ 2$	$R^2 = 0.998\ 2$
10	50	$k = -1 \times 10^{-5}\theta^2 + 0.002\ 1\theta + 6.678\ 2$	$R^2 = 0.995\ 8$
10	80	$k = -2 \times 10^{-5}\theta^2 + 0.007\ 5\theta + 5.865\ 5$	$R^2 = 0.939\ 7$
10	110	$k = -5 \times 10^{-5}\theta^2 + 0.011\ 1\theta + 6.269\ 1$	$R^2 = 0.998\ 2$
10	130	$k = -2 \times 10^{-5}\theta^2 + 0.003\ 1\theta + 7.101\ 8$	$R^2 = 0.846\ 4$
10	160	$k = -5 \times 10^{-5}\theta^2 + 0.011\ 1\theta + 8.129\ 1$	$R^2 = 0.998\ 2$
10	180	$k = -2 \times 10^{-5}\theta^2 + 0.003\ 3\theta + 9.762\ 7$	$R^2 = 0.998\ 2$
10	200	$k = -9 \times 10^{-5}\theta^2 + 0.016\ 2\theta + 11.406$	$R^2 = 0.974\ 4$
20	25	$k = 4 \times 10^{-6}\theta^2 + 1 \times 10^{-4}\theta + 7.637\ 3$	$R^2 = 0.796\ 4$
20	50	$k = 2 \times 10^{-5}\theta^2 + 0.000\ 9\theta + 6.728\ 2$	$R^2 = 0.993\ 6$
20	80	$k = -2 \times 10^{-5}\theta^2 + 0.003\ 3\theta + 7.442\ 7$	$R^2 = 0.998\ 2$
20	110	$k = 0.000\ 1\theta^2 - 0.032\ 3\theta + 7.803\ 6$	$R^2 = 0.998\ 2$
20	130	$k = -5 \times 10^{-5}\theta^2 + 0.013\ 9\theta + 7.269\ 1$	$R^2 = 0.992\ 3$
20	160	$k = -6 \times 10^{-5}\theta^2 + 0.009\ 4\theta + 8.25$	$R^2 = 0.542\ 2$
20	180	$k = -0.000\ 1\theta^2 + 0.026\ 7\theta + 9.739\ 1$	$R^2 = 0.986\ 8$
20	200	$k = -2 \times 10^{-5}\theta^2 + 0.004\ 4\theta + 13.294$	$R^2 = 0.998\ 2$

续表 5-6

缺陷长度/mm	温度/℃	拟合函数	拟合系数
30	25	$k = -1 \times 10^{-5}\theta^2 + 0.002\,8\theta + 7.696\,4$	$R^2 = 0.984\,6$
30	50	$k = -4 \times 10^{-5}\theta^2 + 0.006\,2\theta + 7.530\,9$	$R^2 = 0.983\,8$
30	80	$k = -5 \times 10^{-5}\theta^2 + 0.011\,1\theta + 6.419\,1$	$R^2 = 0.998\,2$
30	110	$k = -1 \times 10^{-5}\theta^2 + 0.002\,2\theta + 7.231\,8$	$R^2 = 0.998\,2$
30	130	$k = -7 \times 10^{-5}\theta^2 + 0.011\,8\theta + 7.658\,2$	$R^2 = 0.969\,3$
30	160	$k = -5 \times 10^{-5}\theta^2 + 0.011\,1\theta + 9.159\,1$	$R^2 = 0.998\,2$
30	180	$k = 5 \times 10^{-5}\theta^2 - 0.004\,1\theta + 12.408$	$R^2 = 0.976\,2$
30	200	$k = -7 \times 10^{-5}\theta^2 + 0.014\,1\theta + 15.021$	$R^2 = 1$

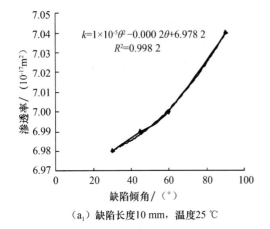

(a_1) 缺陷长度10 mm，温度25 ℃

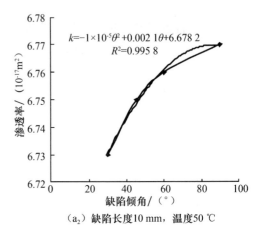

(a_2) 缺陷长度10 mm，温度50 ℃

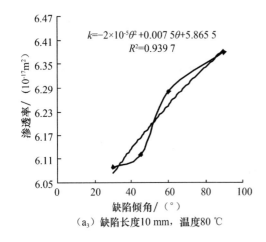

(a_3) 缺陷长度10 mm，温度80 ℃

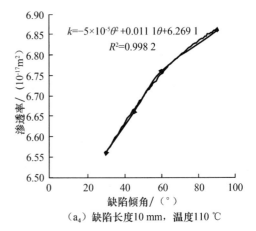

(a_4) 缺陷长度10 mm，温度110 ℃

图 5-7 缺陷花岗岩渗透率-缺陷长度拟合图像

第 5 章 高温作用下缺陷花岗岩渗透率试验研究

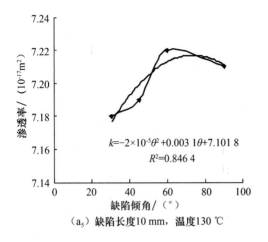

（a_5）缺陷长度 10 mm，温度 130 ℃

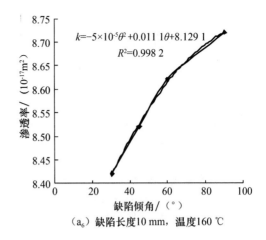

（a_6）缺陷长度 10 mm，温度 160 ℃

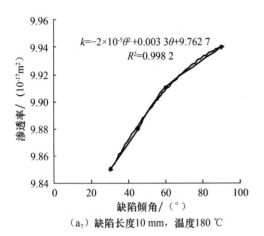

（a_7）缺陷长度 10 mm，温度 180 ℃

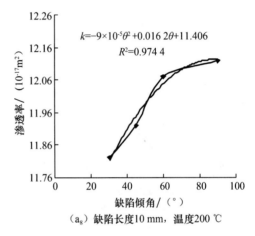

（a_8）缺陷长度 10 mm，温度 200 ℃

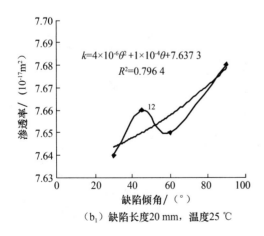

（b_1）缺陷长度 20 mm，温度 25 ℃

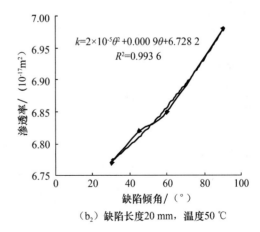

（b_2）缺陷长度 20 mm，温度 50 ℃

续图 5-7

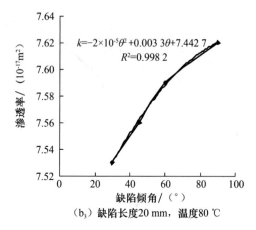

（b_3）缺陷长度20 mm，温度80 ℃

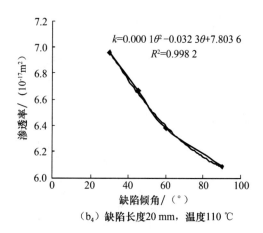

（b_4）缺陷长度20 mm，温度110 ℃

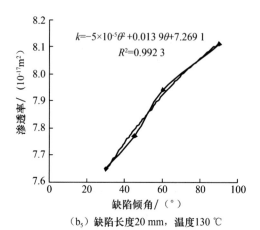

（b_5）缺陷长度20 mm，温度130 ℃

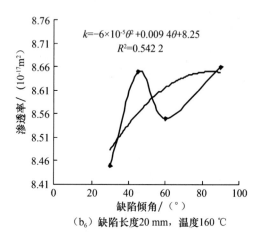

（b_6）缺陷长度20 mm，温度160 ℃

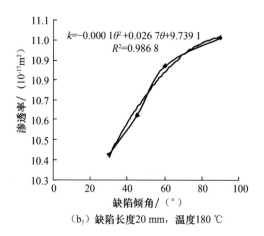

（b_7）缺陷长度20 mm，温度180 ℃

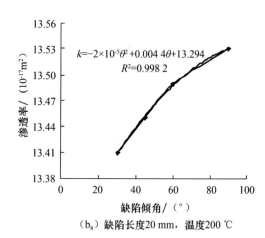

（b_8）缺陷长度20 mm，温度200 ℃

续图 5-7

第5章 高温作用下缺陷花岗岩渗透率试验研究

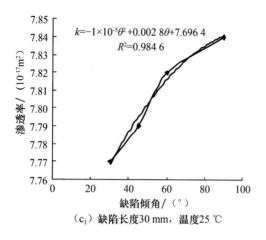

（c$_1$）缺陷长度30 mm，温度25 ℃

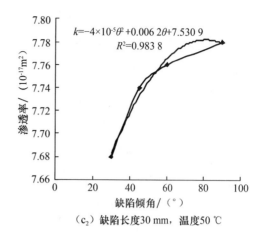

（c$_2$）缺陷长度30 mm，温度50 ℃

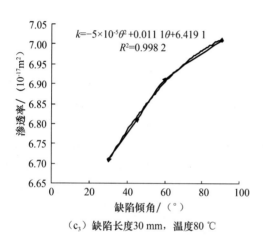

（c$_3$）缺陷长度30 mm，温度80 ℃

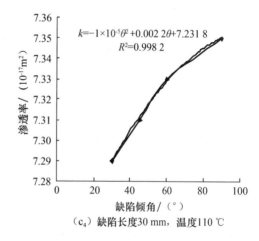

（c$_4$）缺陷长度30 mm，温度110 ℃

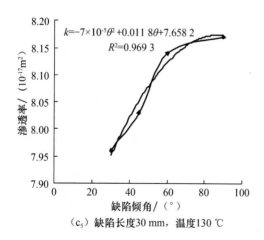

（c$_5$）缺陷长度30 mm，温度130 ℃

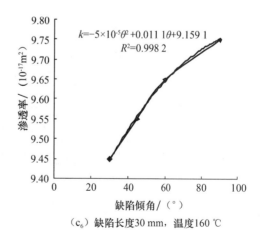

（c$_6$）缺陷长度30 mm，温度160 ℃

续图 5-7

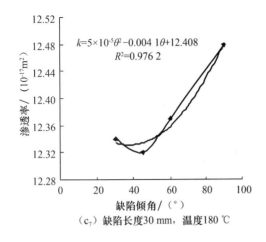
（c₇）缺陷长度30 mm，温度180 ℃

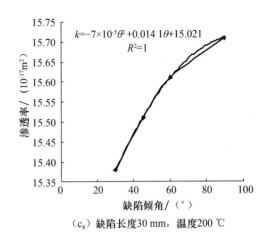
（c₈）缺陷长度30 mm，温度200 ℃

续图 5-7

5.3.3 花岗岩渗透率-孔隙度之间的拟合函数

将试验测试的花岗岩孔隙度、渗透率数据进行回归分析，拟合结果见表 5-7，拟合曲线如图 5-8 所示。除个别测试点外，渗透率、孔隙度基本服从一次函数。拟合函数和理论推导结果基本一致。缺陷花岗岩渗透率-孔隙度拟合函数中一次项系数比完整花岗岩高，说明缺陷对孔隙度、渗透率的影响不可忽略。缺陷倾角固定、温度恒定，缺陷长度越大，花岗岩渗透率-孔隙度拟合函数中常数项系数越高，说明缺陷长度对花岗岩孔隙度、渗透率的影响较大。

表 5-7 花岗岩孔隙度-渗透率拟合拟合结果

缺陷长度	缺陷倾角/(°)	孔隙度-渗透率函数	拟合系数 R^2
完整	0	$k = 6.873\Phi - 2.345\ 8$	$R^2 = 0.841\ 2$
10 mm	30	$k = 7.811\ 7\Phi - 45.049$	$R^2 = 0.731\ 7$
	45	$k = 7.904\ 3\Phi - 45.627$	$R^2 = 0.735\ 1$
	60	$k = 7.925\ 6\Phi - 45.697$	$R^2 = 0.727\ 3$
	90	$k = 7.899\ 8\Phi - 45.47$	$R^2 = 0.724\ 8$
20 mm	30	$k = 8.427\ 1\Phi - 48.573$	$R^2 = 0.652\ 7$
	45	$k = 8.549\ 3\Phi - 49.357$	$R^2 = 0.642\ 5$
	60	$k = 8.659\Phi - 50.086$	$R^2 = 0.621\ 4$
	90	$k = 8.661\ 5\Phi - 50.058$	$R^2 = 0.597\ 4$
30 mm	30	$k = 11.561\Phi - 69.121$	$R^2 = 0.684\ 5$
	45	$k = 11.566\Phi - 69.092$	$R^2 = 0.680\ 3$
	60	$k = 11.611\Phi - 69.33$	$R^2 = 0.680\ 2$
	90	$k = 11.673\Phi - 69.692$	$R^2 = 0.675\ 8$

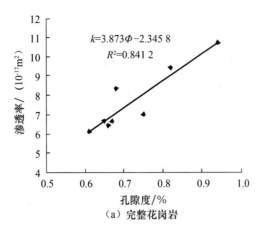
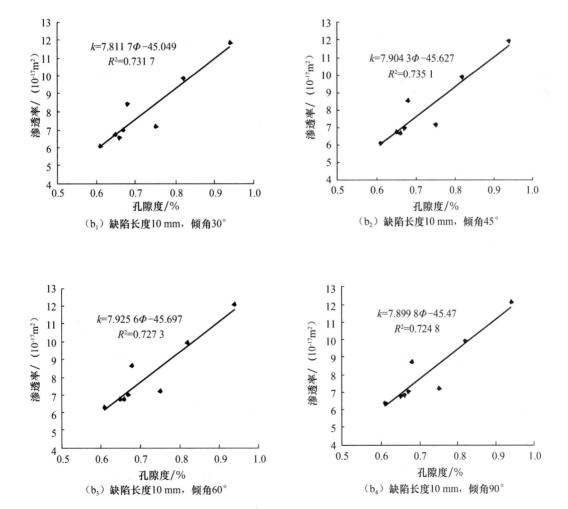

图 5-8 缺陷花岗岩渗透率-孔隙度拟合曲线

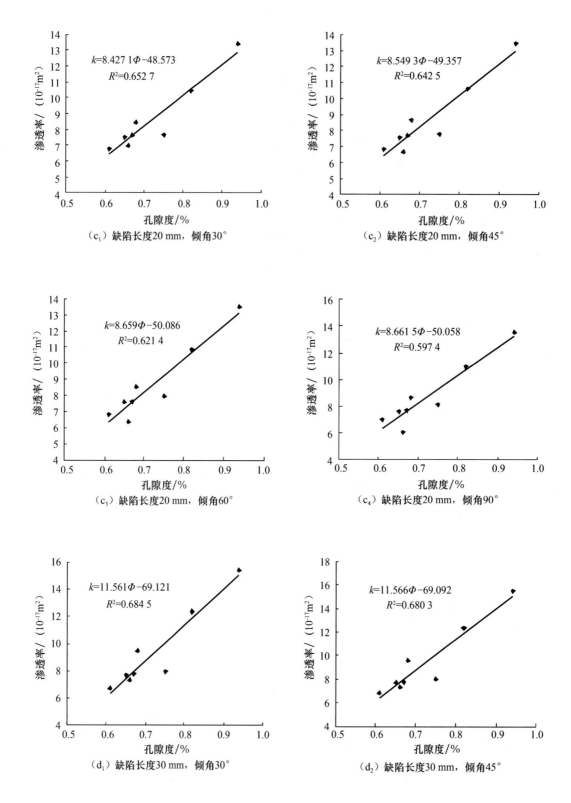

续图 5-8

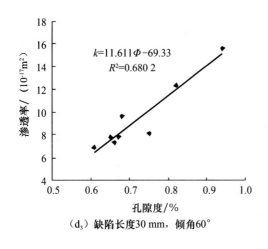
(d_3)缺陷长度30 mm,倾角60°

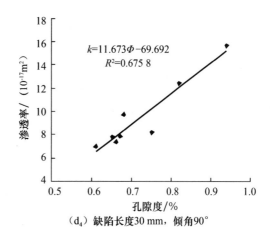
(d_4)缺陷长度30 mm,倾角90°

续图 5-8

将试验测试的花岗岩有效孔喉半径、渗透率数据进行回归分析,拟合结果见表 5-8,拟合曲线如图 5-9 所示。除个别测试点外,渗透率有效孔喉半径基本服从一次函数。拟合函数和理论推导结果基本一致。含缺陷花岗岩渗透率-有效孔喉半径拟合的函数的斜率比完整花岗岩高,说明缺陷对有效孔喉半径、渗透率的影响较大。同时发现缺陷长度越大,花岗岩渗透率有效孔喉半径拟合系数越高,说明缺陷长度对有效孔喉半径、渗透率的影响不可忽略。有效孔喉半径比孔隙度更能表达和渗透率的线性关系。

表 5-8 花岗岩有效孔喉半径-渗透率拟合结果

缺陷长度	缺陷倾角/(°)	有效孔喉半径-渗透率函数	拟合系数 R^2
完整	0	$k = 6.4626d - 36.171$	$R^2 = 0.7098$
10 mm	30	$k = 7.8117d - 45.049$	$R^2 = 0.7317$
	45	$k = 7.9043d - 45.627$	$R^2 = 0.7351$
	60	$k = 7.9256d - 45.697$	$R^2 = 0.7273$
	90	$k = 7.8998d - 45.47$	$R^2 = 0.7248$
20 mm	30	$k = 8.4271d - 48.573$	$R^2 = 0.6527$
	45	$k = 8.5493d - 49.357$	$R^2 = 0.6425$
	60	$k = 8.659d - 50.086$	$R^2 = 0.6214$
	90	$k = 8.6615d - 50.058$	$R^2 = 0.5974$
30 mm	30	$k = 11.561d - 69.121$	$R^2 = 0.6845$
	45	$k = 11.566d - 69.092$	$R^2 = 0.6803$
	60	$k = 11.611d - 69.33$	$R^2 = 0.6802$
	90	$k = 11.673d - 69.692$	$R^2 = 0.6758$

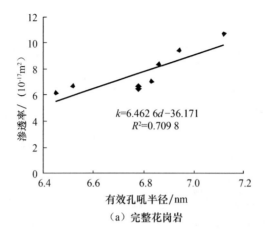
（a）完整花岗岩

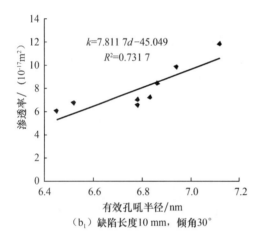
（b_1）缺陷长度10 mm，倾角30°

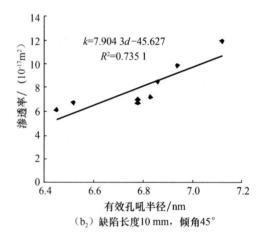
（b_2）缺陷长度10 mm，倾角45°

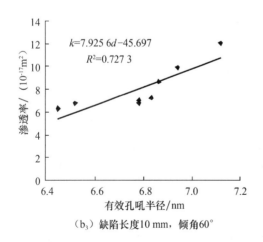
（b_3）缺陷长度10 mm，倾角60°

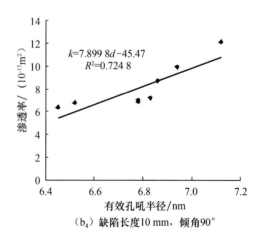
（b_4）缺陷长度10 mm，倾角90°

图5-9 缺陷花岗岩有效孔喉半径-渗透率拟合曲线

第5章 高温作用下缺陷花岗岩渗透率试验研究

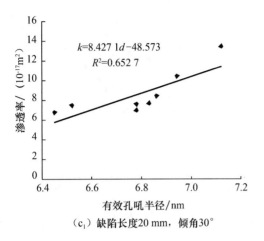

(c_1）缺陷长度20 mm，倾角30°

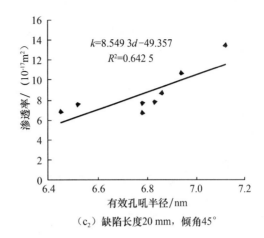

(c_2）缺陷长度20 mm，倾角45°

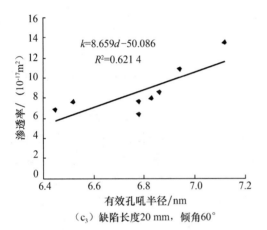

(c_3）缺陷长度20 mm，倾角60°

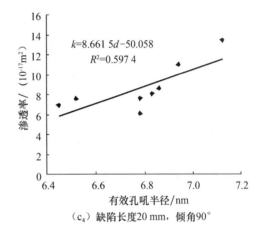

(c_4）缺陷长度20 mm，倾角90°

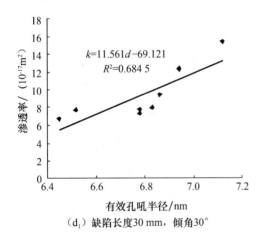

(d_1）缺陷长度30 mm，倾角30°

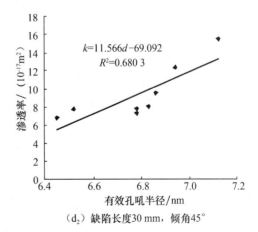

(d_2）缺陷长度30 mm，倾角45°

续图 5-9

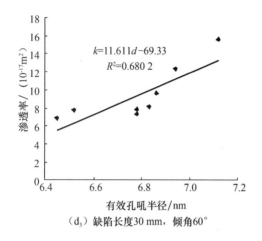
(d₃) 缺陷长度30 mm,倾角60°

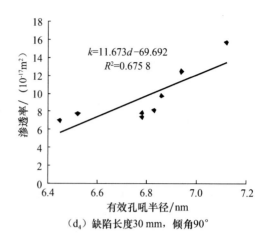
(d₄) 缺陷长度30 mm,倾角90°

续图 5-9

5.3.4 温度、有效应力作用下花岗岩渗透率试验测试结果分析

1. 不同有效应力条件下渗透率随温度的变化

渗透试验测试结束后,根据记录的稳定渗流量,可分别计算出给定温度、应力下花岗岩岩样的渗透率。

图 5-10 所示为在固定有效应力为 5 MPa,温度变化时,花岗岩的渗透率曲线。在恒定有效应力为 5 MPa 时,进行加温处理,测试出的花岗岩岩样渗透率离散性不大,可以忽略偶然误差,基本规律是花岗岩岩样的渗透率随温度增加先降低后出现增大趋势。岩块室温条件下渗透率平均为 6.76×10^{-17} m²。温度为 80 ℃时渗透率平均值最低为 6.23,6.76×10^{-17} m²,温度 200 ℃时岩块渗透率平均约为 11.87×10^{-17} m²。当温度为 25~80 ℃时,渗透率随着温度升高缓慢降低,降低值在 5.02%~15.01%,温度为 80 ℃时渗透率降低到最低点,当温度为 80~200 ℃时,渗透率随温度升高而增大,增大倍数在 0.02~2.03 倍。当温度增加超过160 ℃时,渗透率会大幅度提高。而 200 ℃花岗岩渗透率增加幅度可达2.03倍。

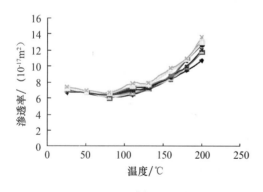

图 5-10 温度变化情况下渗透率曲线

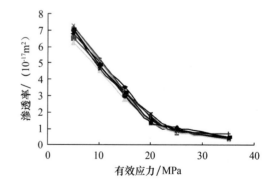

图 5-11 有效应力变化情况下渗透率曲线

图 5-11 所示为在常温(25 ℃),有效应力变化时,花岗岩岩样渗透率曲线。花岗岩在有效应力从 5 MPa 开始逐渐增加到 20 MPa,渗透率会急剧降低,是由于花岗岩中缺陷空隙被压实,渗流通多急剧变小,表现在渗流图中渗透率图像减小的曲线非常陡峭。随着有效

应力继续增大,花岗岩内部孔隙、裂隙和渗透通道逐渐被压缩到最密实状态,在有效应力增大到20~35 MPa,渗透率曲线趋于平缓。

图5-12所示为花岗岩岩样在有效应力分别为5 MPa、10 MPa、15 MPa、20 MPa、25 MPa、30 MPa、35 MPa时,花岗岩渗透率随温度变化的曲线。花岗岩岩样的渗透率在80 ℃之前,随着温度升高缓慢降低,在80 ℃之后随着温度升高而增大。有效应力为5~20 MPa时,渗透率随温度变化趋势较为明显,说明温度、有效应力对渗透率的影响是双重的,温度对渗透率的影响不能忽略不计。有效应力为25~35 MPa时,渗透率随温度变化趋势不明显,温度对渗透率的影响可以忽略不计,对渗透率起主导作用的是有效应力。

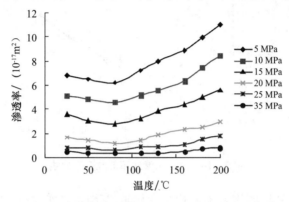

图5-12 有效应力条件下,温度-渗透率变化曲线

图5-13所示为温度-渗透率的改变率曲线,说明花岗岩的渗透率在温度门槛值80 ℃之前,有效应力对渗流起主导作用,温度对花岗岩渗流作用影响不大;在温度门槛值80 ℃之后,渗透率受到温度影响为主要因素,有效应力对渗透率的影响为次要因素。

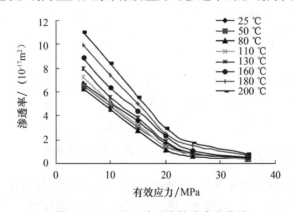

图5-13 温度-渗透率的改变率曲线

引入参数M_T为花岗岩随温度变化时温度渗透率改变率,参数M_p为花岗岩随有效应力变化时有效应力渗透率改变率,它们分别可以表示为

$$M_T = \frac{K_{m+1} - K_m}{T_{m+1} - T_m} \tag{5-2}$$

$$M_p = \frac{K_{m+1} - K_m}{p_{m+1} - p_m} \tag{5-3}$$

式中,m为花岗岩岩样温度和有效应力的测点编号;K_{m+1}、K_m分别为测点$m+1$、m时的渗透

率；T_{m+1}、T_m 分别为测点 $m+1$、m 的温度；p_{m+1}、p_m 分别为测点 $m+1$、m 的有效应力。

有效应力固定、温度变化时，花岗岩岩样的渗透率改变率曲线如图 5-14 所示，从图像中可得，在 $25\sim80$ ℃ 时，$M_T<0$，M_T 出现缓慢降低。图 5-14 曲线的增长趋势比图 5-12 有明显降低，表明温度较低时，渗透率受到温度效应影响不明显，而渗透率受到有效应力更为显著。当温度达到 80 ℃ 以后，M_T 曲线增加趋势较明显，当温度升高达到 80 ℃ 以后，M_T 曲线迅速升高，说明花岗岩岩样的门槛温度为 80 ℃。此时，影响渗透率的主导因素是温度效应，有效应力对花岗岩渗透率此时影响较小。

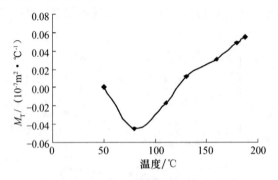

图 5-14　温度-渗透率的改变率曲线

图 5-15 所示为在温度固定、有效应力变化时，花岗岩岩样渗透率的变化曲线。从图中可以看出，花岗岩渗透率仍然和有效应力呈负指数函数。温度为 80 ℃ 时，花岗岩渗透率的曲线比 20 ℃ 陡峭得多。

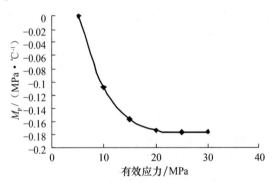

图 5-15　有效应力-渗透率的改变率曲线

从图 5-15 中可以更直观地看出，渗透率的改变率始终为 $M_p<0$。说明花岗岩岩样在有效应力和温度耦合效应下，当所施加温度小于门槛值时，温度效应对花岗岩岩样渗透率的影响不大，可以忽略不计，而有效应力对花岗岩岩样渗透率的改变起决定性作用。当所施加的温度大于门槛温度时，温度效应、有效应力效应对花岗岩岩样渗透率的影响都为主要影响因素。温度越高，渗透率降低曲线越陡峭。

由图 5-10~5-15 可知：综合不同有效应力和不同氮气有效应力条件下的试验结果可以看出，渗透率会随着温度的升高逐渐降低。作者认为这是由于温度升高，花岗岩骨架体骨架发生热膨胀，花岗岩骨架体内的孔隙裂隙被压缩，因此氮气通道进一步缩小，从而引起渗透率的降低。另外，温度低于 80 ℃ 时，渗透率下降比较快，温度超过 80 ℃ 后，渗透率下降逐渐变慢。其原因在于：随着温度的升高，花岗岩骨架体骨架的膨胀量逐渐增大，但是由于轴压和有效应力对孔隙裂隙的压缩、限制作用，花岗岩骨架体内孔隙裂隙的体积是有限的，即花岗岩骨架可膨胀的空间是有限的，因此花岗岩骨架体骨架的膨胀量不会随着温度的升高无限制地增长下去，随着温度的升高，花岗岩骨架膨胀量的变化率会逐渐减小，从而导致渗透率下降逐渐变慢。

(1) 若有效应力保持恒定，渗透率随着温度的升高逐渐降低，温度低于 80 ℃时，渗透率下降较快，曲线斜率较大，温度超过 80 ℃后，渗透率下降速度逐渐变慢，渗透率 - 温度曲线变得逐渐平缓。在不同有效应力条件下，该现象普遍存在。

(2) 相同温度条件下，有效应力越大，渗透率越小。这主要是由于有效应力增大，试件所受的轴压和有效应力增大，试件内的孔隙裂隙被压缩，氮气流通的通道变窄，从而引起渗透率的减小。

2. 温度对花岗岩渗透率影响的定量分析

考虑到原花岗岩的个体差异，即使取自同一块花岗岩样制作而成的不同试件，在相同的试验条件下所得到的渗透率也会存在一定的差异。为消除这种因花岗岩试件个体差异而产生的影响，客观地反映由于温度变化而引起的渗透率的变化，特提出了温度敏感性系数的概念。

温度敏感性系数是指当有效应力和孔隙有效应力保持恒定时，温度每升高 1 ℃所引起的花岗岩渗透率的相对变化量，即

$$C_T = -\frac{1}{k_0}\frac{\Delta k}{\Delta T} \tag{5-4}$$

式中，C_T 为温度敏感性系数，℃$^{-1}$；k_0 为渗透率的初始值（本节中取温度为 25 ℃时的渗透率值）；Δk 为渗透率变化量；ΔT 为温度变化量，℃。

由式 (5-4) 可以看出：C_T 值越大表明试件渗透率对温度变化越敏感，在相同的温度变化幅度下，渗透率的变化值越大；反之，C_T 值越小表明试件渗透率对温度变化越迟钝，在相同的温度变化幅度下，花岗岩渗透率的变化值越小。

为确定花岗岩的温度敏感性系数，首先需要对渗透率 - 温度曲线进行拟合，然后，将拟合结果代入式 (5-4)，再利用 Matlab 计算即可得到温度敏感性系数 C_T 与温度 T 之间的函数关系。图 5 - 16 所示为不同有效应力条件下的温度敏感性系数随温度的变化关系，显然，花岗岩的温度敏感性系数 C_T 与温度 T 之间均近似服从负指数函数关系。

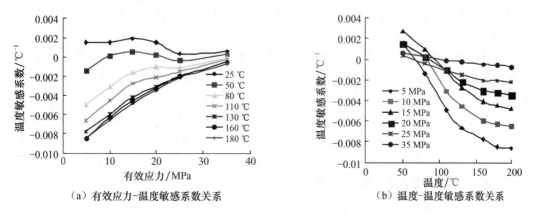

(a) 有效应力-温度敏感系数关系　　(b) 温度-温度敏感系数关系

图 5 - 16　不同试件的温度敏感性系数与温度的关系曲线

由图 5-16 可知：在不同有效应力下，随着温度的升高，温度敏感性系数的值逐渐降低，即温度越高，花岗岩样渗透率对温度的敏感性越差。这主要是由于花岗岩骨架受热发生热膨胀，但是由于轴压和有效应力对花岗岩体变形的压缩限制作用，花岗岩骨架的膨胀变形不会随着温度的升高无限制地增长下去，温度越高，花岗岩骨架的膨胀变形能力就越小，因此在相同温度变化幅度下，渗透率的变化量减小，即渗透率对温度的敏感性减小。

相同温度条件下，有效应力越大，温度敏感性系数的值越低，花岗岩样对温度的敏感性越差。这是由于有效应力因此花岗岩体骨架、内部孔隙产生压缩，而温度作用会使花岗岩固体颗粒、孔隙裂隙中的孔隙产生增大趋势，如果压力较大时，它会阻碍花岗岩体固体颗粒受热向孔隙裂隙空间内膨胀，有效应力越大，阻碍作用越明显，相同温度变化所引起的花岗岩体骨架的膨胀量越小，则温度敏感性系数的值越低。

5.3.5 高温下岩石非达西渗流规律的探讨

一般情况下，在测定或计算岩石渗透率时，都采用达西定律。但在温度作用下，岩石颗粒将发生膨胀而引起体积增加。由于体积变化和热膨胀的各向异性，在岩石颗粒内部以及颗粒之间将产生热应力效应。当加热到一定温度使得岩石内部产生的热应力超过岩石颗粒之间的抗张应力屈服强度时，岩石内部结构就会发生破坏，从而产生新的微小裂缝，导致岩石物性参数发生变化。当最大热应力超过岩石颗粒或胶结物质的屈服强度时，微裂缝将会进一步延伸或在颗粒接触处产生新的裂纹。这些新的裂纹将破坏岩石内部原有的微小网络结构，使原本连通或不连通的裂缝网络的连通性增加，渗流速度大大增强，岩石的渗流已不符合达西定律。

岩石在受热过程中除了出现矿物脱水、黏土收缩降解外，岩石骨架颗粒也会膨胀变形，在岩心内产生较大的热应力。最大热应力主要集中在颗粒棱角或微裂缝端部，当最大热应力超过岩石颗粒或胶结物质的屈服强度时，微裂缝将会进一步延伸或在颗粒接触处产生新的裂纹。这些新的裂纹将破坏岩石内部原有的微小网络结构，使原本连通或不连通的裂缝网络的连通性增加，理论上改善了孔道的流通能力。

同时随着温度的升高，岩石介质活化和塑性成分增加，从而促进岩石由脆性向延性转化，使得矿物结构和成分发生变化。组成矿物出现脱水和相变，氢基、羟基或水产生晶内扩散，微裂纹端部水发生聚集和水解作用以及其他物理、化学反应，这些因素使得微裂缝迅速扩展，导致岩石孔隙结构发生变化，从而增加和改善了流体流动通道，使岩石渗流率变化幅度增加。

随着渗流体流速加大，由于渗流沿着弯曲的通道流动，流体被不断改变者它的速度大小和方向，流速较大时，产生的惯性力很大，而惯性力与速度的平方成正比，所以达西定律不再成立。

目前，国内外许多学者关于流体在低渗透岩石中的渗流不满足达西定律作了深入的研究，但对于流体在高温下的渗透不满足达西定律的研究成果集中在：渗流速度和压力梯度之间多项式渗流方程、Hansbo 幂函数型非线性渗流方程、Swartzendruber 指数型渗流方程。

1. 多项式的低速非达西运动方程

(1) 多项式模型。

岩石在成岩过程中，由于受温度、压力以及水文地质条件等因素的影响，其内部结构、应力分布均处于一个相对稳定的状态。当岩石受到外部因素（载荷、温度等）的作用时，这种稳定的状态将被破坏,导致岩石内部结构的重组及新物质的生成,进而影响岩石宏观物性参数的变化。

当加热温度较低时,岩石的主要变化是吸附水和层间水的变化。这些水赋存于微小孔隙中,因而岩石渗透率和孔隙度的变化较小。随着温度的升高,岩石介质活化和塑性成分增加,从而促进岩石由脆性向延性转化,使矿物结构和成分发生变化。当温度高于阈值温度后,组成矿物出现脱水和相变,氢基、羟基或水产生晶内扩散,微裂纹端部水发生聚集和水解作用以及其他物理、化学反应,这些因素使微裂缝迅速扩展,导致岩石孔隙结构发生变化,渗流速度增加。

随着流速加大,雷诺数 Re 取值范围在 10～100,为层流向紊乱的过渡带。由于渗流沿着弯曲的通道流动,流体被不断改变速度大小和方向,流速较大时,产生的惯性力很大,而惯性力与速度的平方成正比,所以达西定律不再成立,如图 5 – 17 所示。

当速度很大(小)时,$f-Re$ 的相关曲线降成水平,其方程为

$$f = \delta \frac{\Delta p}{\rho \Delta L} \left(\frac{\Phi A}{q} \right)^2 = D \tag{5-5}$$

式中,f 为阻力系数;δ 为表征多孔介质的系数;ρ 为流体密度;D 为常数,是水平近似水平线和 f 轴上的截距值。

上式整理后,并写成微分形式可以表示为

$$\frac{dp}{dL} = -\bar{a}_2 \rho v^2 \tag{5-6}$$

式中,$\bar{a}_2 = \dfrac{D}{\delta \Phi^2}$。

在过渡区认为雏形惯性阻力,取微元体(图 5 – 18),则单元体作用力的平衡关系为

$$p_1 - p_2 + p_Z = p_\mu + p_a \tag{5-7}$$

经过变形可得

$$p_1 - p_2 + p_Z + p_T = p_\mu + p_a = \Phi A(p_1 + p_T - p_2) + \gamma \Phi A \Delta L \sin \theta$$
$$= a_1 \mu A v \Delta L + a_2 A \rho v^2 \Delta L \tag{5-8}$$

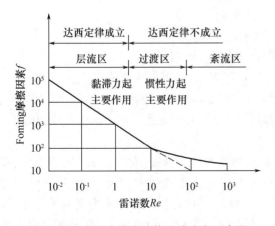

图 5 – 17　多孔介质中流体流动分布示意图

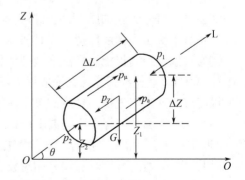

图 5 – 18　单元体受力图

理论分析表明,当不考虑液体的压缩性时,稳定渗流状态下压力梯度是均匀分布的,故可用两压差 $p = p_{\text{top}} - p_{\text{base}}$ 的稳定值与高度 h 的比值作为压力梯度 dp/dx 的近似稳定值。当

忽略了体积力后,式(5-8)可变形为

$$\frac{p}{h} = -\frac{\mu}{k}v + \bar{a}_2\rho v^2 + C \qquad (5-9)$$

在稳态法渗流试验中,试样的上端通大气,$p_{\text{top}} = 0$,因此压力梯度的稳定值为 $-\dfrac{p_{\text{base}}}{h}\bigg|_{稳定}$。通过控制孔隙压力系统增压器活塞的位移,给定不同的渗流速度 v_i,得到一组对应的压力梯度的稳定值,通过线性回归可得到岩石的非线性渗流特性。在高温岩石渗透规律的研究中,渗流曲线呈现非线性曲线形态和不通过坐标圆点的特征,这是判断非达西定律的主要依据。

(2)非达西渗流试验。

试验所用岩样取自我国高放废料甘肃北山预选区花岗岩,制备标准尺寸为 Φ50 mm × 20 mm 的圆柱状试件。

本试验采用 20 MN 高温高压伺服控制岩体三轴试验机,试验设备如图 5-3 所示。设备中高温三轴压力室及温控系统是自主研发的设备。温度控制仪控制岩样温度,然后采用稳态渗流法控制试样两端的压差,控制渗流速度,同时采集压差和流速两个时间序列,通过线性回归或间接线性回归,能够直接建立压力梯度与渗流速度的关系。试验主要仪器、仪表包括高精度四缸柱塞泵、高精度的压力传感器和流量传感器、温度控制系统、岩芯夹持器等。试验流程如图 5-19 所示。

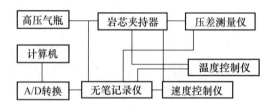

图 5-19 试验流程

试验进行了大量岩芯的渗流物理模拟,流体为温度在 25 ℃、50 ℃、80 ℃、110 ℃、130 ℃、160 ℃、180 ℃、200 ℃ 的 N_2。具体实施步骤如下:

①通过温度控制仪把岩样温度调整为 25 ℃;

②在进气口分级施加压力,出气口无水压力,保持为大气压;

③每级水头压力梯度保持一段时间,测定岩石在 N_2 条件下的渗流速率;

④通过温度控制仪把岩样温度分别调整为 25 ℃、50 ℃、80 ℃、110 ℃、130 ℃、160 ℃、180 ℃、200 ℃,重复步骤③。在完成以上步骤后,可以得到在施加气压力的过程中,试样在不同温度渗流速率与气压力梯度的关系曲线。

图 5-20 所示为岩样在不同温度作用下渗流速度与压力梯度曲线,从图中可以看出,在 25~200 ℃ 条件下,用直线拟合的渗流速度与压力梯度关系式误差较大,温度越高误差越大,而用二次函数拟合的曲线,误差相对较小。此种效应可从岩石的微观角度给予解释,随着温度的增加使岩石内部颗粒产生热膨胀,在岩心内产生较大的热应力,最大热应力主要集中在颗粒棱角或微裂缝端部,这些因素使得微裂缝迅速扩展,导致岩石孔隙结构发生变化,从而增加和改善了流体流动通道,使岩石渗流率变化幅度增加。因此呈现出高温岩石渗流的非线性。

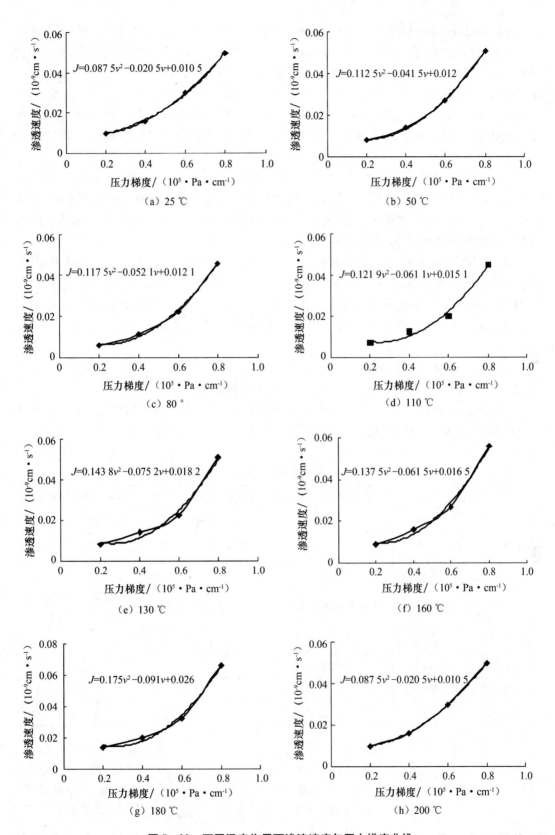

图 5-20 不同温度作用下渗流速度与压力梯度曲线

花岗岩致密气的渗流阶段并非一成不变,而是与注入压力存在相关性。首先,当注入压力较低时(压力梯度一般小于 0.4 MPa/cm),氮气在致密花岗岩中的流量随着压力梯度的增加而加速增加;之后,随着注入压力的增加,氮气流量进入随着压力梯度的增加而减速增加阶段;当注入压力增加达到一定值后,氮气流量随着压力梯度的增加而匀速增加。3 个阶段反映在视渗透率与压力梯度的关系上也更加明显,根据 3 个阶段的流速与压力梯度变化特征,将其分别命名为极低速非线性渗流阶段、低速非线性渗流阶段和低速线性渗流阶段。

第 1 个阶段:极低速非线性渗流阶段。当注入压力小于 0.4 MPa 时,由于速率较低,气体滑脱效应明显;同时由于注入压力较小,气体在注入压力作用下会首先突破大孔喉(孔喉直径大于 800 nm)的毛细管压力,因此大孔喉逐渐参与渗流。在气体滑脱效应和大孔喉逐渐参与渗流的控制下,气体视渗透率随压力增大而增大。

第 2 个阶段:低速非线性渗流阶段。当注入压力为 0.4~0.6 MPa,由于速率逐渐增加,滑脱效应变弱因此视渗透率降低;尽管气体在注入压力作用下突破中等孔喉的毛细管压力,中孔喉逐渐参与渗流,但是由于致密花岗岩在 0.4~0.6 MPa 孔喉分布很少(孔喉直径分布在 200~800 nm),这部分孔喉对气体渗流的贡献小,因此气体视渗透率随压力增大而减小。

第 3 个阶段:低速线性渗流阶段。当注入压力大于 0.8 MPa,气体在注入压力作用下形成稳定渗流通道,视渗透率逐渐增大至绝对渗透率,渗流转变为线性渗流。

3 个渗流阶段的存在是气体在致密花岗岩储层中由于注入压力增加而发生的渗流规律的变化体现,其渗流速度、渗流曲线、渗流通道、主控应力和渗流特征见表 5-9。

表 5-9 致密花岗岩气渗流阶段特征

项目			极低速非线性渗流阶段	低速非线性渗流阶段	低速线性渗流阶段
渗流现象		渗流速度	极低速	低速	低速
		视渗透率	随压力增大逐渐增大	随压力增大逐渐减小	随压力增大至稳定
		渗流曲线	下凹形	上凸形	直线形
渗流动力	储层控因	渗流通道	大孔喉逐渐参与渗流	中孔喉逐渐参与渗流	小孔喉逐渐参与渗流,形成稳定渗流通道
		毛细管压力	小	中等	大
	流体控因	注入压力	较小	中等	较大
	其他控因	滑脱效应	强	弱	很弱
	主控应力		注入压力、滑脱效应	注入压力、毛细管压力	注入压力
渗流机理	—		注入压力很小,大孔喉逐渐参与渗流,滑脱效应明显,视渗透率随压力增大而逐渐增大	随注入压力增大,滑脱效应变弱,中等孔喉数量少对渗流贡献小,视渗透率随压力增大而逐渐增大	随注入压力进一步加大,形成稳定渗流通道,进出口压差稳定,渗流转变为线性渗流

致密花岗岩气渗流规律所呈现的渗流曲线是致密储层结构与注入压力的共同作用结果,因此,这种先下凹再上凸最后直线的复合型渗流曲线的存在并不是绝对的,而是与致密储层结构和注入压力相关。如果致密储层结构发生变化(致密花岗岩在 p_1 到 p_2 所对应的孔喉分布数量具有一定优势),那么该孔喉段对气体渗流的贡献具有明显作用,此时在 p_1 到 p_2 之间的渗流曲线将由上凸形变为下凹形,整体的渗流曲线即为下凹形。如果致密花岗岩在 p_1 之前所对应的孔喉分布数量极少,那么这部分孔喉对气体渗流的贡献很微弱,此时在 0 到 p_2 之间的渗流曲线将会简化为一个上凸形。如果致密花岗岩在 p_2 之前所对应的孔喉分布数量极少,致密储层的孔喉分布主要为大孔喉,那么储层最终渗流曲线为直线型非达西曲线。

本节从变形介质渗流理论研究入手,研究并推导出岩石在高温作用下渗流速度和压力梯度的非线性渗流的数学模型,从理论上直接建立渗流速度与压力梯度二次函数关系。通过试验得出在温度作用下,岩样渗流速度和压力梯度之间关系用直线拟合误差相对越大,渗流速度与压力梯度的关系曲线用二次函数拟合,误差相对较小,验证了温度作用下岩石的非线性渗流特性。

2. 基于分数阶导数的低速非达西运动方程

(1)分数阶导数的低速非达西渗流机理。

分数阶微积分具有多种定义方式,常见的有 Riemann-Liouville、Caputo 和 Grunwald-Letnikov 3 种微积分算子。其中,Caputo 定义在处理初值问题方面较为便捷,因而本节采用 Caputo 分数阶导数定义,即

$$^C_D D^a_x f(x) = \frac{1}{\Gamma(n-a)} \int_0^x \frac{f^{(n)}(t)}{(x-t)^{a-n+1}} dt \quad a \notin \mathbf{N} \quad (5-10)$$

$$^C_D D^a_x f(x) = f^{(a)}(x) \quad a \notin \mathbf{N} \quad (5-11)$$

式中,$a>0$,$n-1<a<n$,$a \notin \mathbf{N}$,$\mathbf{N}$ 表示正整数集合;$\Gamma(n-a)$ 为伽马函数。

对于低速非线性渗流问题,Bear 提出了分段函数模型,即

$$v = 0 \quad (5-12)$$

$$v = K(i - I), I \quad (5-13)$$

式中,I 为无量纲参数,表示启动水力梯度。该模型认为 $0 \leq i \leq I$ 情况下流速为 0,存在一定的局限性。Hansbo 提出了另一种分段函数形式,即

$$v = Ki^n \quad 0 \leq i \leq i_1 \quad (5-14)$$

$$v = Kni_1^{n-1}(i - I) \quad i > i_1 \quad (5-15)$$

式中,$i_1 = In/(n-1)$,n 的取值在 1.5 左右。该模型为 3 参数 K、I、n 模型,能够描述非线性阶段与线性阶段的渗流情况。利用分数阶方法可以得到 Hansbo 模型中的非线性阶段公式。由达西定律,$v = K'i$,该公式体现了 v 与 i 呈线性关系。线性关系意味着两者的微分是常数,因而该线性关系可以用微分形式表达为

$$\frac{dv}{di} = K' \quad (5-16)$$

写成分数阶导数形式为

$$^C_0 D^a_i = K' \quad a > 0 \quad (5-17)$$

假设 $v^{(n)} = 0$,$n = 0, 1, 2, \cdots$,拉普拉斯变换求解得到

$$v = K' \frac{i^a}{\Gamma(1+a)} \quad a > 0 \tag{5-18}$$

对于线性阶段

$$v = aK' \frac{(i_1)^{a-1}}{\Gamma(1+a)}(i - I) \tag{5-19}$$

式中,$i_1 = \frac{Ia}{(a-1)}$,当 $K' = K\Gamma(1+a)$,$a = n$ 时,有 $i_1 = \frac{In}{(n-1)}$,式(5-18)为 $q = Ki^a$,式(5-20)为 $v = Kn(i_1)^{n-1}(i-I)$。式(5-18)表明,分数阶 Hansbo 方程 q-i 在非线性阶段呈幂函数关系,与原 Hansbo 方程的非线性部分相类似,只相差了一个常数。

式(5-19)表明,v-i 间呈线性关系。综合式(5-18)和式(5-19),可以看出分数阶 Hansbo 方程与原 Hansbo 方程完全一致。以上通过分数阶微积分方法得到了 Hansbo 渗流公式。

Hansbo 模型的数学表达式是分段函数,在工程应用上需要确定线性区间与非线性区间,而存在一定的局限性。Swartzendruber 提出了指数模型,其数学表达式是连续函数:

$$\frac{\mathrm{d}v}{\mathrm{d}i} = K(1 - \mathrm{e}^{-\frac{i}{I}}) \tag{5-20}$$

对式(5-20)两边积分,且 $v(0) = 0$,求解得

$$v = K[i - I(1 - \mathrm{e}^{-\frac{i}{I}})] \tag{5-21}$$

该模型共有 2 个参数 K、I。

从 Swartzendruber 模型出发,利用分数阶微积分方法可以得到 3 个参数的新模型。将式(5-20)代入式(5-21),得到

$$v = Ki - I\frac{\mathrm{d}q}{\mathrm{d}i} \tag{5-22}$$

表达为分数阶导数形式

$$v = Ki - I_o^D D_i^a v \tag{5-23}$$

边界条件 $v(0) = 0$,$v'(0) = 0$。对式(5-23)两端进行拉普拉斯变换,得到

$$v = \frac{K}{I} i^{a+1} E_{a,a+2}\left(-\frac{i^a}{I}\right) \tag{5-24}$$

式中,$E_{a,a+2}$ 为双参数 Mittag-Leffler 函数。当 $a = 1$ 时,有 $E_{1,3}(-i/I) = \frac{\mathrm{e}^{-i/I} + 1 + i/I}{i^2/I^2}$,代入式(5-24)得到 $v = K[i - I(1 - \mathrm{e}^{-\frac{i}{I}})]$,与原 Swartzendruber 模型公式一致。

为了确定分数阶 Swartzendruber 式(5-24)中的参数 K、I、a,可通过构造最小二乘误差法完成,即 $v_{\mathrm{IS}}(K,I,a) = \sum_{k=1}^{N}[v_k - v(i_k)]^2$。式中,$v_k$、$i_k$ 分别为试验测试的流速及对应的水力梯度;N 为试验数据个数。

当 z 较小时,Mittag-Leffler 函数收敛较快,但当 z 较大时,该无穷级数收敛很慢。因而引入 Mittag-Leffler 函数的渐近逼近函数,有

$$E_{\alpha,\beta} \sim \frac{1}{\alpha}\exp(z^{1/\alpha}) - \sum_{k=1}^{\infty}\frac{z^{-k}}{\Gamma(\beta - ak)} \tag{5-25}$$

采用 Levenberg-Marquardt 方法对分数阶 Swartzendruber 模型式(5-22)进行参数拟合,$j = 1, 2, \cdots, N$,残差:

$$r_k = v_k - v(i_k) = v_k - \frac{K}{I}i^{a+1}E_{a,a+2}\left(-\frac{i^a}{I}\right) \tag{5-26}$$

因而非线性最小二乘问题转化为求目标函数

$$F(K,I,a)\sum_{k}^{N}r_k^2(K,I,a) \tag{5-27}$$

最小值问题采用公式 $[\boldsymbol{J}^T(\boldsymbol{z}_j)\boldsymbol{J}(\boldsymbol{z}_j) + \lambda_j \boldsymbol{D}_j^T \boldsymbol{D}_j](\boldsymbol{z}_{j+1} - \boldsymbol{z}_j) = -\boldsymbol{J}(\boldsymbol{z}_j)^T \boldsymbol{r}$ 进行迭代,其中 $\lambda_j \geq 0$,$\boldsymbol{D}_j$ 为对角阵(取单位矩阵)。$\boldsymbol{z}_j = (K_j, I_j, a_j)^T$,$j = 0, 1, \cdots$,表示第 j 次迭代参数 K、I、a 的取值。$\boldsymbol{J}$ 为残差向量 $\boldsymbol{r} = (r_1, r_2, \cdots, r_N)^T$ 的雅可比矩阵,计算残差向量 $\boldsymbol{r}$ 及其雅可比矩阵:

$$\boldsymbol{r}(\boldsymbol{z}) = \begin{pmatrix} q_1 - \frac{K}{I}i^{a+1}E_{a,a+2}\left(-\frac{i^a}{I}\right) \\ q_2 - \frac{K}{I}i^{a+1}E_{a,a+2}\left(-\frac{i^a}{I}\right) \\ \cdots \\ q_n - \frac{K}{I}i^{a+1}E_{a,a+2}\left(-\frac{i^a}{I}\right) \end{pmatrix} \tag{5-28}$$

$$\boldsymbol{J}(\boldsymbol{z}) = \begin{pmatrix} \frac{\partial r_1}{\partial K} & \frac{\partial r_1}{\partial I} & \frac{\partial r_1}{\partial a} \\ \frac{\partial r_2}{\partial K} & \frac{\partial r_2}{\partial I} & \frac{\partial r_2}{\partial a} \\ \cdots \\ \frac{\partial r_n}{\partial K} & \frac{\partial r_n}{\partial I} & \frac{\partial r_n}{\partial a} \end{pmatrix} \tag{5-29}$$

式中,$\boldsymbol{z} = (K, I, a)^T$。

Levenberg-Marquardt 方法计算步骤如下:①$j = 0$,选取初值 $\boldsymbol{z}_j$;②将 $\boldsymbol{z}_j$ 代入雅可比矩阵式(5-29),计算 $\boldsymbol{J}(\boldsymbol{z}_j)$,$\boldsymbol{J}(\boldsymbol{z}_j)^T$,代入残差向量得到 $\boldsymbol{r}(\boldsymbol{z}_j)$;③计算 $\boldsymbol{B} = \boldsymbol{J}^T(\boldsymbol{z}_j)\boldsymbol{J}(\boldsymbol{z}_j) + \lambda_j \boldsymbol{D}_j^T \boldsymbol{D}_j$,$\boldsymbol{C} = -\boldsymbol{J}^T(\boldsymbol{z}_j)\boldsymbol{r}(\boldsymbol{z}_j)$,则 $\boldsymbol{s}_{j+1} = \boldsymbol{B}^{-1}\boldsymbol{C}$;④$\boldsymbol{z}_{j+1} = \boldsymbol{z}_j + \boldsymbol{s}_{j+1}$,$j = j + 1$;⑤重复步骤②,结束条件 $\|\boldsymbol{r}(\boldsymbol{z}_j)\| < 10^{-4}$。

(2)参数拟合结果。

Cui 等对花岗岩进行了常体积入渗试验,取其中 4 组试验数据作为新模型需拟合的试验数据,基质吸力分别为 35 MPa、37 MPa、39 MPa 和 41 MPa。该试验结果不同于传统试验中渗透速率与基质吸力成反比的一般认识,经典的渗流理论与方法不能简单应用于黏土介质的非饱和渗流问题,有必要针对该现象进行研究。本节对 Cui 等的试验数据的拟合结果见表 5-10,试验数据及模型拟合曲线如图 5-21 所示。图 5-21 中 8 组试验数据的拟合结果表明,分数阶 Swartzendruber 方程的整体拟合效果均优于原 Swartzendruber 方程。如图 5-21 所示,在初始阶段,原指数方程与试验数据偏离程度较小,而分数阶 Swartzendruber 方程偏离程度较大。在后续阶段,分数阶 Swartzendruber 方程与试验数据拟合效果较好,而原指数方程偏离程度较大。

表 5-10 分数阶 Swartzendruber 方程参数拟合结果

基质吸力 /MPa	Swartzendruber 运动方程拟合参数			分数阶 Swartzendruber 运动方程拟合参数			
	K	I	R-square	K	I	a	R-square
35	126.4	660.4	0.955 7	80.54	495.80	1.950	0.997 2
37	142.3	630.3	0.928 8	26.77	118.90	2.337	0.992 1
39	182.0	670.3	0.902 9	28.03	77.73	2.668	0.989 1
41	242.9	722.2	0.845 8	38.53	52.56	3.023	0.987 3

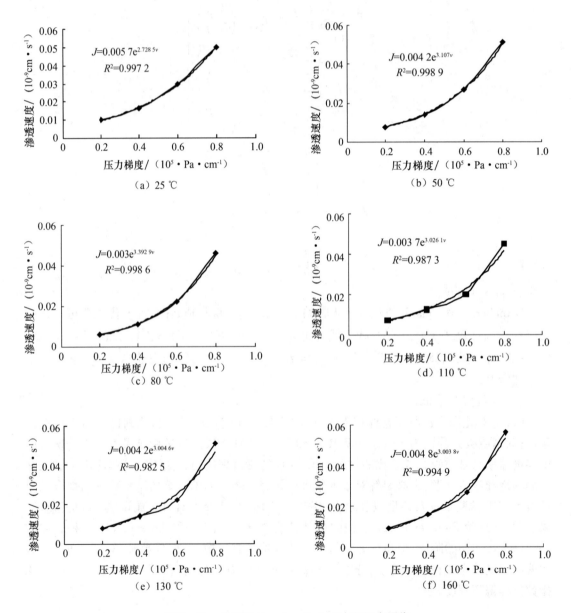

图 5-21 分数阶 Swartzendruber 方程拟合图像

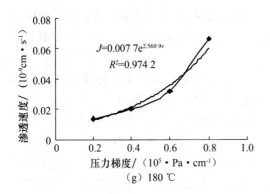
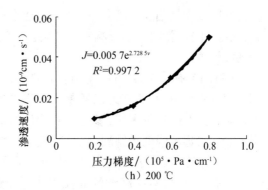

(g) 180 ℃ (h) 200 ℃

续图 5-21

从图 5-21(a)和表 5-11 可知,分数阶 Swartzendruer 方程中的参数 a 由 1.95 上升到 3.023,参数 I 从 495.8 下降为 52.6,两者呈现相反的变化趋势。参数 K 在区间 26.77～80.54 变化,未呈现明显的变化规律。随着基质吸力的增加,分数阶 Swartzendruer 方程的 4 组拟合曲线逐渐向纵轴靠近,曲线陡峭程度相应变大。

综上所述,分数阶 Swartzendruer 方程新建立的渗流方程拟合效果较好,在描述非线性渗流过程方面更具优势。

5.4 本章小结

本章通过花岗岩高温热解实时渗透试验,对北山花岗岩渗透特征进行研究,分析了其渗透率随温度、缺陷长度、缺陷倾角变化的演化规律,并对其渗透机理进行了探讨,得出主要结论如下:

(1)花岗岩渗透率随温度升高呈规律性变化,受控于有机质和热解产物的膨胀压力、无机矿物的分解、矿物骨架热破裂引起孔隙连通性和堵塞等因素;25～200 ℃ 渗透率变化较小,花岗岩渗透性的变化主要由干酪根的软化变形,自由水持续蒸发,无机矿物颗粒因热应力形成的微破裂等物理变化所引起;其中在 80 ℃ 时因干酪根软化对渗透通道的堵塞作用而使渗透率降低。110～200 ℃ 温度区间,渗透率随着温度升高缓慢增长,渗透率的变化主要是热力条件下云母矿物基质内热应力以及无机矿物热反应所导致。

(2)当温度恒定、缺陷倾角固定时,花岗岩渗透率和缺陷的长度基本服从一次函数,拟合系数 R^2 的范围为 0.915～0.942。由拟合函数可知,温度固定时,缺陷长度越长,渗透率-缺陷长度拟合二次函数中一次项系数越大,缺陷长度对渗透率的影响较大。同时发现,缺陷倾角固定,温度越高,渗透率-缺陷长度拟合函数中一次项系数越大,说明温度、缺陷长度对渗透率的影响不可忽略,和前面推导的理论具有一致性。

(3)当温度、缺陷长度固定时,花岗岩渗透率和缺陷的倾角基本服从二次函数。由拟合函数可知,在温度固定、缺陷固定时,渗透率-缺陷倾角虽然服从二次函数,但是图像基本水平,说明缺陷倾角对花岗岩渗透率影响较小,可以忽略不计。

(4)将试验测试的花岗岩有效孔喉半径、渗透率数据进行回归分析,渗透率有效孔喉半径基本服从一次函数。拟合函数和理论推导结果基本一致。含缺陷花岗岩渗透率-有效孔喉半径拟合的函数的斜率比完整花岗岩高,说明缺陷对有效孔喉半径、渗透率的影响较大。同时发现缺陷长度越大,花岗岩渗透率有效孔喉半径拟合系数越高,说明缺陷长度对有效孔喉半径、渗透率的影响不可忽略。有效的孔喉半径比孔隙度更能表达和渗透率有直接的线性关系。

(5)固定有效应力条件,花岗岩岩样的渗透率总体是随着升温而出现增大的趋势。在固定温度作用下,有效应力仍然是花岗岩渗透率的指数函数。但在温度小于门槛温度时,渗透降低的曲线比较平缓,渗透率对围压影响因素较为敏感。当温度大于门槛温度时,花岗岩岩样渗透率降低较剧烈,此时温度、有效应力对花岗岩渗透率起主要作用。

(6)高温下由于岩石孔隙结构发生明显的变化,大大改善了岩石渗流通道,提高了岩石的渗透率,因此岩石在高温的渗流规律是非达西渗流。本章从变形介质渗流理论研究入手,在渗透率与压力成指数关系的情况下建立了高温下岩石变形介质带启动压力梯度(包含由温度引起)的多项式非线性渗流的数学模型,有效探索了致密气渗流机制,提出致密砂岩气渗流具备极低速非线性渗流、低速非线性渗流和低速线性渗流3个阶段渗流曲线模式的新认识。

(7)利用分数阶微积分方法对幂函数型、指数型两种常用的非线性运动方程进行了研究。首先从达西定律出发,通过拉普拉斯变换得到了与Hansbo幂函数型方程相一致的渗流运动方程进而对Swartzendruber指数型方程进行研究,得到了分数阶导数意义下的Swartzendruber运动方程及其解析表达式验证了在求导阶次为1的情况下,原Swartzendruber运动方程是分数阶Swartzendruber方程的一种特例基于非饱和渗流试验数据,采用最小二乘法拟合获得了新运动方程中的相关参数,对参数变化趋势进行了分析由曲线拟合结果可知,分数阶Swartzendruber方程精度较高,可以更好地描述非线性渗流过程。

第6章 温度作用下缺陷花岗岩的损伤研究

6.1 温度作用下缺陷花岗岩损伤机理

6.1.1 温度作用下花岗岩损伤概述

目前,关于完整岩石热损伤问题的研究成果较多。邱一平研究了温度对岩石裂隙密度和损伤应变能释放率的影响。刘泉声建立了脆性岩石热损伤方程,并讨论了损伤能量释放率随温度的演化规律。邓广哲给出了流变模型参数在不同温度和时间影响下的变化规律。付文生提出采用两个损伤变量来描述各向同性材料的损伤变化规律。许锡昌定性地讨论了荷载和温度影响下损伤面时的演化规律。唐世斌根据岩体介质变形及其热力学的理论基础,建立了热、固耦合作用的岩石热破裂分析模型。郝振良研究了在热应力作用时回灌过程中的有效应力对渗透系数的影响。徐小丽建立了热力耦合损伤本构方程,分析了花岗岩热损伤开裂机理。刘石对花岗岩进行不同高温与冲击荷载共同作用下的压缩试验,研究了花岗岩的应力和应变变化规律。左建平进行了热力耦合下岩石的热开裂及变形破坏数值模拟。张连英全面考虑温度和应变率对泥岩本构模型的影响,构建了热效应下泥岩损伤模型。王利等利用双剪强度理论,建立了岩石三维热损伤模型。邵保平通过对高温状态花岗岩遇水冷却后的力学特性试验研究,探讨花岗岩体遇水热破裂劣化机制。徐燕萍充分考虑温度和压力对岩石热弹塑性能的全面影响,建立了岩石热弹塑性本构方程。翟松韬研究了升温过程中花岗岩声发射特征参量与应力 – 应变之间的关系。王鹏分析了砂岩高温后的模量特征和超声特性,并对不同温度作用后的砂岩试样进行损伤分析。何满潮研究了温度作用对深部岩石强度的影响。尹土兵研究了温度对粉砂岩的破坏特征和动态力学特性的影响。秦本东对高温处理后的石灰岩和砂岩进行了细观破坏的研究。李小双研究了温度对粗砂岩的力学性质影响。方荣研究了大理石加载后单轴压缩破坏的机理。黄平华建立了垂向水流作用下岩体温度场模型,并求出了相应模型的温度、温度梯度及过余温度解析解。

但是,以往的研究成果没有充分考虑花岗岩内部初始宏观缺陷裂纹对结构整个模型的最终失稳有不可忽略的作用。对含有初始裂纹缺陷花岗岩热损伤演化过程研究不够细致。因此,本章基于缺陷花岗岩在不同温度作用下的力学理论分析和数值模拟,研究了温度作用引起的缺陷花岗岩热损伤,希望能为全面、深入地研究缺陷岩石的 TM 耦合问题提供参考。

而花岗岩是内含各种矿物结晶成分和初始缺陷的天然材料。如果花岗岩内部矿物结晶、微裂隙、微孔洞等初始缺陷看作随机分布,组成花岗岩的各种矿物结晶具有不同的热膨胀系数,在温度作用后花岗岩各种矿物颗粒的变形也不同,同时由于存在微裂隙、微孔洞等初始缺陷,不同的矿物晶体颗粒不能自由膨胀,花岗岩热膨胀变形必须保持岩石整体变形连续性。在花岗岩受热过程中,晶体颗粒之间会产生相互的作用,颗粒之间的这种相互作用就是热应力。

热应力只有在缺陷花岗岩出现变形相互限制时才会产生。变形限制包括缺陷花岗岩结构外部变形的约束和花岗岩内部各结构晶体颗粒之间变形的相互约束。缺陷花岗岩在温度变化时,结构内部各区域晶体颗粒和缺陷的热变形不协调,即使没有外部变形限制,花岗岩颗粒之间产生热应力不可以忽略不计。由于花岗岩晶体颗粒之间的相互作用,会形成新缺陷或者是原有缺陷的基础上进一步扩展,形成花岗岩的变形破坏,从而改变花岗岩的力学性质。

单裂纹缺陷花岗岩温度作用下模型裂纹扩展示意图如图 6-1 所示,假设该花岗岩岩样含有 m 种矿物晶体颗粒成分,矿物晶体颗粒各自的弹性模量分别为 $E_1, E_2, \cdots, E_i, \cdots, E_m$,热膨胀系数分别对应为 $a_1, a_2, \cdots, a_i, \cdots, a_m$,$\mu$ 为岩石的泊松比,假设单裂纹缺陷花岗岩材料总体是线弹性的,然后对花岗岩进行冷却,冷却后花岗岩产生应变总量为 ε,则在冷却过程中花岗岩各类矿物晶体颗粒产生的应力分别为

$$\begin{cases} \sigma_1 = E_1(a_1 \Delta T - \varepsilon) \\ \sigma_2 = E_2(a_2 \Delta T - \varepsilon) \\ \cdots \\ \sigma_i = E_i(a_i \Delta T - \varepsilon) \\ \cdots \\ \sigma_m = E_m(a_m \Delta T - \varepsilon) \end{cases} \quad (6-1)$$

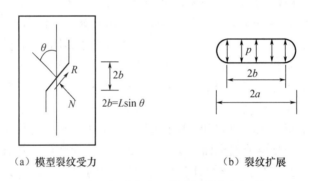

(a) 模型裂纹受力　　　　　(b) 裂纹扩展

图 6-1　温度作用下模型裂纹扩展示意图

缺陷花岗岩在缺陷内平衡条件只有温度参数的影响,为

$$\sum_{i=1}^{m} E_i(a_i \Delta T - \varepsilon) = 0 \quad (i = 1, 2, \cdots, m) \quad (6-2)$$

由式(6-2)解得缺陷花岗岩总应变为

$$\varepsilon = \sum_{j=1}^{m} E_j a_j \Delta T \Big/ \sum_{j=1}^{m} E_j \quad (j = 1, 2, \cdots, m) \quad (6-3)$$

将式(6-3)代入式(6-1)中,即为颗粒之间的热应力

$$\sigma_i = E_i \Delta T a_i - E_i \sum_{j=1}^{m} E_j a_j \Delta T \Big/ \sum_{j=1}^{m} E_j \quad (i = 1, 2, \cdots, m)(j = 1, 2, \cdots, m)(i \leq j)$$

$$(6-4)$$

又可得温度热应力为

$$\sigma_i = \beta \cdot \Delta T \quad (6-5)$$

式中,β 为热应力系数,$\beta = \alpha E/(1-2\nu)$;$\alpha$ 为花岗岩总体平均线胀系数;E 为花岗岩平均弹性模量;ν 为花岗岩泊松比。

根据图 6-1(b)的缺陷花岗岩裂纹扩展模型中,缺陷裂隙在温度作用下,假设缺陷中应

力为 p，其公式为

$$p = \sigma_T \tag{6-6}$$

经过变形后，缺陷中应力为

$$p = \sigma_T = \frac{E\alpha}{1-2\nu}\Delta T \tag{6-7}$$

缺陷花岗岩裂纹扩展的临界应力为 σ，即

$$\sigma = \frac{K_{IC}}{n}\sqrt{\frac{\pi}{2a}}\frac{1}{\arcsin\frac{b}{a}} - p \tag{6-8}$$

把式(6-7)代入式(6-8)可得

$$\sigma = \frac{K_{IC}}{n}\sqrt{\frac{\pi}{2a}}\frac{1}{\arcsin\frac{b}{a}} - \beta\Delta T = \frac{K_{IC}}{n}\sqrt{\frac{\pi}{2a}}\frac{1}{\arcsin\frac{b}{a}} - \frac{E\alpha}{1-2\nu}\Delta T \tag{6-9}$$

设 σ_c 为单裂纹缺陷花岗岩抗压强度，σ_t 为单裂纹缺陷花岗岩抗拉强度，当温度作用时，由于花岗岩内部矿物颗粒之间变形的相互协调作用产生了制约和相互影响，有些矿物晶体受到其他晶体的压缩作用为 σ_{ic}，有些矿物晶体受到周围晶体的拉力作用，记作 σ_{it}。当晶体颗粒应力关系为 $|\sigma_{it}| \geq |\sigma_t|$，或 $|\sigma_{ic}| \geq |\sigma_c|$ 时，花岗岩内部结构发生热开裂现象。在温度作用下，在花岗岩中裂隙处的结构热应力效应较为明显，出现应力集中，破坏从缺陷开始。花岗岩原有微裂纹扩展、演化破坏，是花岗岩强度降低的主要原因。

6.1.2 高温作用对岩石的热弹性比能

当花岗岩发生温度变化时，花岗岩内部颗粒受热变形包括应力因素和温度因素的影响，其关系为

$$\begin{cases} \varepsilon_x = \frac{1}{E}[\sigma_x - \nu(\sigma_y + \sigma_z)] - \alpha\Delta T \\ \varepsilon_y = \frac{1}{E}[\sigma_y - \nu(\sigma_z + \sigma_x)] - \alpha\Delta T \\ \varepsilon_z = \frac{1}{E}[\sigma_z - \nu(\sigma_x + \sigma_y)] - \alpha\Delta T \\ \gamma_{xy} = \frac{\tau_{xy}}{G}, \quad \gamma_{yz} = \frac{\tau_{yz}}{G}, \quad \gamma_{xz} = \frac{\tau_{zx}}{G} \end{cases} \tag{6-10}$$

记体积应力为 $\sigma_\nu = \sigma_x + \sigma_y + \sigma_z$，体积应变为 $\varepsilon_\nu = \varepsilon_x + \varepsilon_y + \varepsilon_z$，则将式(6-10)的前3式迭加，可得

$$\varepsilon_\nu = \frac{1-2\nu}{1+\nu} \cdot \frac{(\sigma_x+\sigma_y+\sigma_z)}{2G} - 3\alpha\Delta T \tag{6-11}$$

可以进一步改写为

$$\begin{cases} \sigma_x = 2G\varepsilon_x + \lambda\varepsilon_\nu - \beta\Delta T \\ \sigma_y = 2G\varepsilon_y + \lambda\varepsilon_\nu - \beta\Delta T \\ \sigma_z = 2G\varepsilon_z + \lambda\varepsilon_\nu - \beta\Delta T \\ \tau_{xy} = G\gamma_{xy} = 2G\varepsilon_{xy} \\ \tau_{yz} = G\gamma_{yz} = 2G\varepsilon_{yz} \\ \tau_{zx} = G\gamma_{zx} = 2G\varepsilon_{zx} \end{cases} \tag{6-12}$$

式中，β 为热应力系数，表达式为 $\beta = \dfrac{\alpha E}{1-2\nu} = \alpha(3\lambda + 2G)$。

温度作用下，花岗岩会发生几何形状的变化。单位体积的花岗岩总热弹性比能 U，由单位体积形状改变比能 U_f 和单位体积花岗岩体积改变比能 U_v 和两部分组成，即

$$U = U_v + U_f \tag{6-13}$$

花岗岩单元形状改变比能 u_f 为

$$U_f = \dfrac{1+\nu}{6E}\left[(\sigma_x - \sigma_y)^2 + (\sigma_y - \sigma_z)^2 + (\sigma_z - \sigma_x)^2\right] \tag{6-14}$$

体积改变比能 U_v 为

$$U_v = \dfrac{1-2\nu}{6E}(\sigma_1 + \sigma_2 + \sigma_3)^2 \tag{6-15}$$

由于只有温度作用，故有整体花岗岩体积形状改变比能 U_f 和整体花岗岩体积改变比能 U_v 分别为

$$U_v = \dfrac{1+\nu}{6E} \cdot 9\beta^2(\Delta T)^2 = \dfrac{1+\nu}{6E} \cdot \dfrac{9\alpha^2 E^2}{(1-2\gamma)^2}(\Delta T)^2$$

$$= \dfrac{1+\nu}{2} \cdot \dfrac{\alpha^2 E}{(1-2\nu)^2}(\Delta T)^2 = \dfrac{1+\nu}{2(1-2\nu)^2} \cdot 3\alpha^2 E(\Delta T)^2 \tag{6-16}$$

$$U_f = \dfrac{1+\nu}{6E}\left[(2G\varepsilon_x - 2G\varepsilon_y)^2 + (2G\varepsilon_y - 2G\varepsilon_z)^2 + (2G\varepsilon_z - 2G\varepsilon_x)^2\right] = 0 \tag{6-17}$$

则有花岗岩总热弹性比能 U 为

$$U = U_v + U_f = \dfrac{1+\nu}{2(1-2\nu)^2} \cdot 3\alpha^2 E(\Delta T)^2 \tag{6-18}$$

6.1.3 高温缺陷花岗岩缺陷劈尖的集中

花岗岩内含各种矿物结晶成分和微裂隙、微孔洞等初始缺陷的天然材料。在花岗岩受热过程中，晶体颗粒之间会产生相互的作用，颗粒之间的这种相互作用就是热应力。

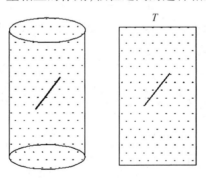

图 6-2　裂纹缺陷花岗岩

在缺陷花岗岩中取缺陷处一微元体进行研究，得到缺陷花岗岩内部的花岗岩本构关系为

$$\sigma^e = E\varepsilon - \alpha\beta\Delta T \tag{6-19}$$

式中，β 为热应力系数，$\beta = 3\left[\lambda + \dfrac{2G}{3}\right]\alpha$；$\alpha$ 为花岗岩的热膨胀系数，$\alpha = \dfrac{2(1+\nu)G}{3(1-2\nu)H}$，其中，$\nu$

为花岗岩的泊松比;H 为 Biot 第一模量;R 为 Biot 第二模量;λ、G 为 Lame′常数。

花岗岩内部缺陷处集中应力可以表示为 σ^{loc},缺陷处弹性应力可以表示为 σ^{e},花岗岩因为缺陷引起的附加应力为 $\Delta\sigma$。局部集中应力 σ^{loc} 可以表示为

$$\sigma^{\mathrm{loc}} = \sigma^{\mathrm{e}} + \Delta\sigma \qquad (6-20)$$

根据 Maxwell 应力模型,花岗岩缺陷处集中应力为

$$\frac{\mathrm{d}\Delta\sigma}{\mathrm{d}t} = -\eta\frac{\Delta\sigma}{l} + K\rho C_{\mathrm{s}}^2\sigma^{\mathrm{e}} \qquad (6-21)$$

式中,η 为缺陷位置附加应力的松弛率;K 为缺陷集中应力的扩大系数;ρC_{s}^2 为花岗岩的动态剪切模量;ρ 为花岗岩的平均密度;C_{s} 为花岗岩的剪切波波速。

为了方便求解,将式(6-21)改写为

$$\frac{\mathrm{d}\Delta\sigma}{\mathrm{d}t} + \eta\frac{\Delta\sigma}{l} = K\rho C_{\mathrm{s}}^2\sigma^{\mathrm{e}} \qquad (6-22)$$

式(6-22)非线性齐次方程的通解为

$$\Delta\sigma = C\mathrm{e}^{\int -\frac{\eta}{l}\mathrm{d}t} + \mathrm{e}^{\int -\frac{\eta}{l}\mathrm{d}x}\left(\int \eta\frac{K\rho C_{\mathrm{s}}^2\sigma^{\mathrm{e}}}{l}\mathrm{e}^{\int \frac{\eta}{l}\mathrm{d}t}\mathrm{d}t\right) \qquad (6-23)$$

积分可得

$$\Delta\sigma = C\mathrm{e}^{\frac{-\eta}{l}t} + K\rho C_{\mathrm{s}}^2\mathrm{e}^{\frac{-\eta}{l}t}\eta\frac{\sigma^{\mathrm{e}}}{l}t \qquad (6-24)$$

式中,$\mathrm{d}\Delta\sigma|_{t=0} = 0$,得 $C = 0$。

缺陷处附加应力为

$$\Delta\sigma = \{E\varepsilon - a(\Delta T)(3\lambda + 2G)\}K\rho_{\mathrm{s}}^2\frac{\eta}{l}\mathrm{e}^{-\frac{\eta}{l}} \qquad (6-25)$$

花岗岩缺陷处集中应力为

$$\sigma^{\mathrm{loc}} = \{E\varepsilon - a(\Delta T)(3\lambda + 2G)\}K\rho_{\mathrm{s}}^2\frac{\eta}{l}\mathrm{e}^{-\frac{\eta}{l}} + \{E\varepsilon - a\Delta T(3\lambda + 2G)\} \qquad (6-26)$$

6.1.4 温度作用下缺陷花岗岩损伤演化方程

(1)温度作用下花岗岩热损伤。

由于温度效应作用,花岗岩内部不同性质晶体颗粒热膨胀性不一致性,会让颗粒之间存在相互作用力。当相互作用力超过某个晶体颗粒的极限应力,晶体颗粒就会出现损伤破坏,微裂纹会进一步损伤恶化,花岗岩断裂韧度、强度等力学参数都会出现变化。把花岗岩热损伤因子 $D(T)$ 引入损伤计算中,利用损伤力学理论中等效性假设对弹性体进行修正。得到花岗岩热损伤本构关系为

$$\sigma = E_0\varepsilon[1 - D(T)] \qquad (6-27)$$

(2)温度作用下花岗岩应力损伤面。

目前花岗岩热损伤一般表达式,为

$$f(\sigma, D, T) = 0 \qquad (6-28)$$

式中,σ 为花岗岩应力张量;D 为花岗岩热损伤。

对于花岗岩升温过程,$\frac{\partial f}{\partial T} > 0$,$\mathrm{d}D > 0$,随着温度的升高,损伤面在初始缺陷的基础上继续向外扩展,损伤会继续增加。对于降温过程(不考虑蠕变),$\frac{\partial f}{\partial T} < 0$,$\mathrm{d}D > 0$,损伤面继续向

外扩展,损伤仍然会继续增加。温度造成的花岗岩损伤,是各向同性损伤。

花岗岩内部随机分布着各种细观缺陷,因而可将其内部种种缺陷视为随机损伤,从统计损伤力学的思想出发进行研究。它是将岩石内部损伤程度以微元强度加以量化,并根据岩石内部损伤服从随机分布的特点,假定岩石内部缺陷服从某种分布,进而建立相应的岩石统计损伤本构模型。

损伤耦合的条件是在一定应力作用下,两种损伤分别引起的损伤应变之和等于耦合损伤引起的应变,如图 6-3 所示,假设图 6-3(a)~(d)分别为同时含有宏观和细观缺陷的岩石、仅含宏观缺陷的岩石、仅含细观缺陷的岩石和虚拟的完全不含损伤的岩石,其弹性模量分别为 E'、E_1、E_2、E_0,其在总温度应力 σ 作用下产生的应变分别为 ε'、ε_1、ε_2、ε_0,那么根据损伤耦合的条件,则有 $\varepsilon' = \varepsilon_1 + \varepsilon_2 - \varepsilon_0$,若假设宏、细观损伤在应力方向上造成的损伤分别为 D'、D_1、D_2、D_0,耦合损伤为

$$\frac{\sigma}{E'} = \frac{\sigma}{E_1} + \frac{\sigma}{E_2} - \frac{\sigma}{E_0} \tag{6-29}$$

$$\begin{cases} E' = E_0(1 - D') \\ E_1 = E_0(1 - D_1) \\ E_2 = E_0(1 - D_2) \end{cases} \tag{6-30}$$

将式(6-30)代入式(6-29),整理可得

$$D' = 1 - \frac{(1 - D_1)(1 - D_2)}{1 - D_1 D_2} \tag{6-31}$$

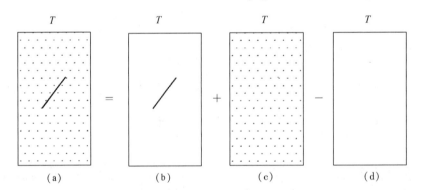

图 6-3 花岗岩应变等效状态

图 6-3(b)中在花岗岩弹性介质加温过程中存在缺陷处的应力为式(6-26),将公式整理可得

$$\frac{\sigma^{\text{loc}}}{E\varepsilon} = \left[1 - \frac{a\Delta T(3\lambda + 2G)}{E\varepsilon}\right] K\rho C_s^2 \frac{\eta}{l} e^{-\frac{\eta}{l}} + \left[1 - \frac{a\Delta T(3\lambda + 2G)}{E\varepsilon}\right]$$

$$= \left(K\rho C_s^2 \frac{\eta}{l} e^{-\frac{\eta}{l}} + 1\right) - \left[\frac{a\Delta T(3\lambda + 2G)}{E\varepsilon} + 1\right] K\rho C_s^2 \frac{\eta}{l} e^{-\frac{\eta}{l}} \tag{6-32}$$

温度对缺陷花岗岩的损伤,热损伤变量 D_1 为

$$D_1 = 1 - \left\{\left(K\rho C_s^2 \frac{\eta}{l} e^{-\frac{\eta}{l}} + 1\right) - \left[\frac{a\Delta T(3\lambda + 2G)}{E\varepsilon} + 1\right] K\rho C_s^2 \frac{\eta}{l} e^{-\frac{\eta}{l}}\right\} \tag{6-33}$$

图 6-3(c)中假定岩石微元强度服从双参数的 Weibull 分布,其概率密度函数为

$$p(\varepsilon) = \frac{m}{\varepsilon_0}\left(\frac{\varepsilon}{\varepsilon_0}\right)^{m-1} e^{-\left(\frac{\varepsilon}{\varepsilon_0}\right)^m} \tag{6-34}$$

式中，$p(\varepsilon)$ 为花岗岩微观缺陷随机分布时的强度；ε 为花岗岩微观缺陷随机分布时的应变；m、ε_0 为分布参数。

加热时花岗岩内部随机分布的缺陷扩展，演化成宏观的花岗岩热损伤，其损伤实际上随机分布微观缺陷损伤累计的效果，记作 D_2，表达式为

$$D_2 = 1 - e^{-\left(\frac{\varepsilon}{\varepsilon_0}\right)^m} \tag{6-35}$$

将式(6-33)和式(6-35)代入式(6-31)，整理可得温度作用下缺陷花岗岩的损伤为

$$D' = 1 - \frac{(1-D_1)(1-D_2)}{1-D_1 D_2} =$$

$$1 - \frac{\left\{\left(K\rho C_s^2 \frac{\eta}{l} e^{-\frac{\eta}{l}} + 1\right) - \left[\frac{a\Delta T(3\lambda + 2G)}{E\varepsilon} + 1\right] K\rho C_s^2 \frac{\eta}{l} e^{-\frac{\eta}{l}}\right\} \cdot e^{-\left(\frac{\varepsilon}{\varepsilon_0}\right)^m}}{1 - \left[1 - e^{-\left(\frac{\varepsilon}{\varepsilon_0}\right)^m}\right]\left[1 - \left\{\left(K\rho C_s^2 \frac{\eta}{l} e^{-\frac{\eta}{l}} + 1\right) - \left[\frac{a\Delta T(3\lambda + 2G)}{E\varepsilon} + 1\right] K\rho C_s^2 \frac{\eta}{l} e^{-\frac{\eta}{l}}\right\}\right]}$$

$$\tag{6-36}$$

该公式依据应变等效原理，考虑缺陷处集中应力存在，综合计算出宏观缺陷和细观内部随机性缺陷的花岗岩在受热作用下的损伤模量，进行两种状态下损伤模量的耦合，为研究高温缺陷花岗岩的热破裂研究提供理论基础。

6.2 温度作用下花岗岩 CT 扫描试验

花岗岩孔隙结构是指花岗岩所具有的孔隙和喉道的几何形状、大小、分布、相互连通情况，以及孔隙与喉道间的配置关系等。它反映花岗岩中各类孔隙与孔隙之间连通喉道的组合，是孔隙与喉道发育的总貌。与常规油气相比，非常规油气储集层具有非均质性强，孔隙喉道小，以纳米级孔喉结构为主，局部发育毫米、微米级孔隙，不同微观尺度孔隙结构复杂多样，储集层特征态、运移方式、渗流特征等基础地质问题研究具有重要的科学意义。

目前，岩石孔隙结构表征方法包括压汞法、低温液氮吸附法、扫描电镜法和 CT (Computed Tomography)扫描法等，其中 CT 扫描法可以对岩心进行多尺度的结构表征，同时不会对岩石内部结构造成损伤。该方法已经在岩石孔隙结构表征、岩石裂缝发育特征和储层流体特性表征等方面得到了广泛的应用。国内外学者利用 CT 扫描技术对岩石的孔隙结构、孔隙度、含水饱和度、含气饱和度和有机质含量等参数进行了研究。

Yun 等和杨永明等利用 CT 扫描技术研究岩石的非均质性和层理的发育方向对岩石的导热性、流体流动特征和岩石力学性质的影响。Li 等和张顺康等利用 CT 扫描技术进行水驱油的试验，研究油、水和残余油的分布状况。王家禄等、鞠杨和 Andra 等利用不同数学模型对 CT 扫描的图片进行过滤处理，得到不同的孔隙结构和孔隙度等效果。

这些 CT 扫描的分辨率都大于 10 μm，研究对象主要为常规油气的储集层。对于致密砂岩气和页岩气等非常规油气的储集层的微观表征，CT 扫描分辨率需要亚微米和纳米级别。同时，对于分辨率小于 10 μm 甚至纳米级别的 CT 扫描技术在致密砂岩和页岩等致密岩石方面的研究报道较少。针对现有 CT 扫描分辨率不能完全适用于纳米级孔隙发育的致密岩石的微观结构表征，本节开展了花岗岩的微米 CT 扫描以及页岩的纳米 CT 的微观表征，对比了常规测试方法与 CT 扫描结果，为 CT 扫描技术表征花岗岩非均质性和孔隙结构等方面

提供一定的参考。

20世纪90年代以来,国内围绕岩石的CT扫描研究主要在兰州市的中国科学院寒区旱区环境与工程研究所冻土工程国家重点实验室进行,所用设备为德国西门子公司的Somaton-plus螺旋CT机,其空间分辨率为0.35 mm×0.35 mm,层析厚度最小为1 mm。为了进一步提高CT扫描精度,胜利石油管理局地质科学研究院引进了ACTIS微焦点X射线计算机层析系统,太原理工大学与中国工程物理研究院应用电子研究所合作研制了μCT225kVFCB型高精度显微CT试验系统,可以分辨微米级的裂隙和孔隙。

研究岩石在不同应力条件下渗透率的变化规律,则需要采取有效的手段来观察和度量岩石在不同应力条件下细观空隙结构特征的变化。目前岩石细观结构观测方法主要有3种,即扫描电镜方法、声发射方法和X射线计算机断层扫描技术。在这些应用中被监测试件基本处在自由状态下。利用该设备,获得了Berea砂岩在常规三轴变形过程中的一系列CT图像,并结合3DMA(3D Medial Axismethod)空隙结构计算方法,得出Berea砂岩在不同应力状态下的有效孔隙半径分布、有效喉道半径分布以及弯曲度分布,最后结合不同静水压力下Berea砂岩的渗透率变化试验结果,从细观层面上分析引起Berea砂岩渗透率改变的内在原因。

近年来,CT扫描技术作为一种无损检测技术已广泛应用于岩土类材料内部结构及损伤演化过程的研究,主要通过CT数或CT图像的灰度值变化来描述材料内部结构的变化情况。CT数反映物质内部密度的变化,在此基础上,建立损伤演化方程。在受载条件下,物体内部应力或应变的获取一直是各国学者研究的一个重点。葛修润等将二维数字图像相关法(Digital Image Correlation,DIC)向三维位移场及应变场测量延伸,提出了基于CT技术的数字体图像相关法通过微观分析,从微观到宏观研究揭示外来流体与泥页岩相互作用的内部微观变化过程与机理、破坏方式和内在力学机制,是解决硬脆性泥页岩地层井壁失稳的关键基础,可为正确制订井壁稳定技术措施提供必要的理论支撑,具有重要的应用及研究价值。为此,本研究采用CT扫描技术并结合扫描电镜,对硬脆性泥页岩水化过程中裂缝发展及其机理进行了分析。

6.2.1 CT测量原理与扫描设备

CT系统的基本原理是利用X射线穿透物质时,由于物体与光子发生相互作用,因此X射线发生衰减,部分光子被测试材料所吸收,未被吸收的X线光子在穿过测试材料后到达探测器,探测器将接收到的X射线的强度转换为电信号,经过数字化后由计算机处理。当测试材料旋转一周扫描结束,探测器接收到测试材料不同位置对X射线的吸收数据,经过计算机运算处理后得到测试材料的投影文件,并收集X射线经过断面不同物质衰减后的信息,再对收集到的信息进行数据处理,从而得到断面上所有物质点的X射线吸收系数值,并形成一幅物体断面的数字图像。技术的本质是重建图像,克服了常规X射线机的影像重叠弊病,直观地进行微米/纳米级别的岩石结构和物理特性综合描述分析,用于发现物体内任何部位的细微变化。

本节介绍太原理工大学与中国工程物理研究院应用电子学研究所共同研制的μCT225kVFCB型高精度显微CT试验系统的结构与工作原理,该试验机的最大功率为320 W,放大倍数为1~400倍,可分辨1~2 μm大小的孔隙及裂隙,为金属及非金属材料的细观试验分析提供了更高精度的试验设备。采用该系统进行花岗岩在常温到500 ℃高温下的三维细观破裂显微观测,揭示出花岗岩晶体颗粒尺寸为 100～300 μm 的不规则空间结构体。结果表明:热作用下,随温度升高,花岗岩的热破裂逐渐演化与发展,200 ℃时,已可见到极少数很小的微裂纹出现;300 ℃时,部分裂纹搭接形成较大裂纹,裂纹长度增加 10 倍左右;500 ℃时,包围花岗岩晶体颗粒的封闭多边形裂纹几乎全部形成,使花岗岩呈现糜棱状的晶体颗粒结构体,90% 以上是沿岩石颗粒周边弱的胶结界面上发生的。仅有极少数热破裂裂纹是穿越岩石颗粒的,其概率在 10% 以下。

试验采用黑龙江科技大学黑龙江省重点实验室 ACTIS300-320/225X 射线工业 CT 检测系统。该 CT 系统的组成主要由两部分组成,即扫描系统与计算机系统。扫描部分由 X 射线发生器、探测器和旋转载物台组成。图 6-4 所示为 CT 扫描系统中的旋转载物平台和夹具,以及 X 射线发生器。旋转载物台与 X 射线发生器的相对位置可自由调节,选取合适的扫描位置来对载物台上的物体进行扫描。CT 系统中的计算机系统,主要的作用是将扫描到的信息数据进行储存运算,可以快速扫描得到微米量级分辨率的 16 位 CT 切片图像。该系统在样品直径为 25 mm 时,耗时 50 s 左右可以完成扫描重建基于 1 440 视图的 1 024×1 024 像素大小、16 位灰度图像,切片图像水平分辨率和厚度分辨率均达到 10 μm 左右,本节试验即在此试验系统上完成。

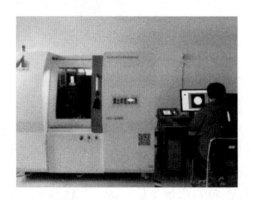

图 6-4 CT 扫描试验设备

6.2.2 试验条件及扫描过程

(1)岩样制备和试验设备。

试验用岩样取自甘肃北山花岗岩岩体,岩样在黑龙江科技大学岩石力学省级重点实验室加工而成,所用仪器为自动取芯机、箱式切割机及磨光机等,经过钻取岩芯、切割,试件端面初次打磨、精磨几道工序。为了防止钻芯时试件中产生较大的热应力,加工时采取了水钻法,钻芯方向与岩样的沉积面方向垂直。加工好的圆柱形试样是直径大小为 50 mm,高度为 100 mm 的标准试件。试样两端面不平行度的误差小于 0.005 mm,端面不平整度的误差小于 0.02 mm。高度方向上直径的误差小于 0.3 mm,端面垂直与轴线的最大偏差度小于 0.25°,并在花岗岩试件上预制裂纹。把加工好的标准试件,通过 FMJ(Q)-12/17 电子马弗炉加热,智能程序控制温度升高、恒温、降温过程,温度控制精度较高,升温结束后保持到规定温度(25 ℃、50 ℃、80 ℃、110 ℃、130 ℃、160 ℃、200 ℃、250 ℃),恒温 5 h,恒温结束后,降温过程为缓慢降低到室温,加热后的花岗岩样品待用。

把已经制备好的干燥花岗岩岩样置于抽气容器中,将容器密封,用 0.1 MPa 的压力抽出容器中空气 2 h 后,向容器中加入蒸馏水,继续抽气 4 h 后观察有无气泡溢出,若无气泡溢出,再将岩样浸泡在水中 24 h 以上,即得饱水岩样。称取饱水岩样在空气中的质量及在水中的质量,计算得到岩样的饱和含水量及孔隙度。

每次 CT 扫描在试件顶部略下约 1.0 mm 的位置开始,扫描层厚度为 1.0 mm,层与层之间间隔为 2.5 mm,将花岗岩试样从上到下划分约 280 个扫描层,取中间段 120~170 层为研究对象。由 CT 试验系统的 X 射线成像系统扫描得到试件的 400 张冠状面图像,通过显 CT 计算机系统的滤波和重建,生成 1 200 张 bmp 位图格式的横截面图像。

每次 CT 扫描在试件顶部略下约 1.0 mm 的位置开始,将花岗岩试样从上到下划分为 500 个扫描层。试件的安装及扫描层定位如图 6-5 所示。

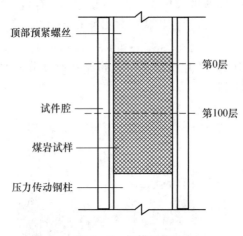

图 6-5 扫描层定位

(2)CT 扫描花岗岩的试验过程。

①岩样制备。包括花岗岩取样、加工标准试件、预制裂纹、高温加热、洗油、脱盐、烘干和抽空饱和。

②岩样扫描。本试验均采用标准花岗岩试件进行岩样扫描。

③求孔隙度。将扫描得到的岩样的 CT 图片进行图像二值化处理,进行 CT 图片阈值设定,确定得到 CT 单次扫描的孔隙度。

④确定损伤。将扫描得到的岩样的 CT 图片进行图像二值化处理,进行 CT 图片阈值设定,确定得到 CT 单次扫描的损伤度。

6.2.3 CT 扫描结果分析

由显微 CT 试验系统的 X 射线成像系统扫描得到试件的图像,通过显 CT 计算机系统的滤波和重建,生成 bmp 位图格式的横截面图像。图 6-6 所示为随机抽取的一张横截面图像,为第 300 层横截面图像,图像类型为索引图像,图像大小为 1 024×1 024 像素,16 位灰度图像,灰度范围为 0~255。

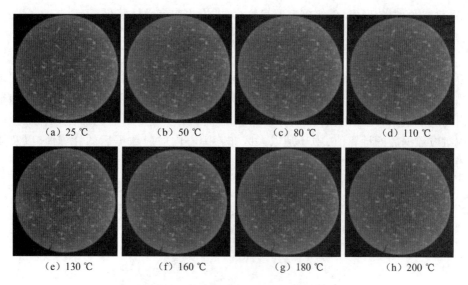

图6-6 随机抽取的一张横截面图像

花岗岩中矿物晶体被 X 射线穿透的能力与其密度成正比,因此反映在 CT 图像上就是颜色越黑,表示晶体密度越小,颜色越浅、越白,表示晶体密度越高。对花岗岩矿物学分析可知,云母的密度最大,长石和石英密度稍小且接近。由 CT 扫描图像(图6-6)可知,不同温度下花岗岩 CT 扫描图像中最接近白色的区域为云母晶体,图像辨识度最高。颜色最深的为长石晶体,石英的颜色介于其中,但花岗岩中长石晶体和石英晶体胶结比较紧密,且密度相差较小,因此长石和石英矿物的颜色分界线不是很明显。因此如何将不同颗粒材质边界有效区分出来,是图像分割处理的重点。

在温度为25~200℃时,总体亮度明显,花岗岩除缺陷扩展外,其余部分无明显的变化,灰质度基本保持不变,下面具体分析花岗岩 CT 图像中缺陷扩展、演化的规律。

(1)当温度为25℃时,北山花岗岩样品结构很均匀,矿物晶体颗粒大小分布不均,存在初始宏观缺陷。

(2)当温度为50℃、80℃时,缺陷花岗岩沿着初始裂纹有扩展的趋势,但扩展较为微弱,裂纹延伸没有明显的变化,缺陷之外的花岗岩无明显的变化。这说明虽然花岗岩矿物晶体随着温度升高,固体颗粒出现了微小膨胀,在初始裂缝劈尖出现了应力集中,当热应力超过花岗岩晶体颗粒间的黏结力时,出现微小扩展或扩展的趋势,但远离缺陷处的矿物晶体颗粒骨架结构并无太大变化。花岗岩总体密度从理论上来说有一定量微小的提高。

(3)当温度为110~180℃时,缺陷花岗岩沿着裂纹扩展的方向继续伸长,且随着温度升高,裂纹扩展增强,缺陷之外的花岗岩无明显的变化。这说明花岗岩矿物晶体随着温度继续升高,固体颗粒出现了一定程度膨胀,裂缝劈尖出现了明显的应力集中,且热应力超过花岗岩晶体颗粒间的黏结力,沿着劈尖出现扩展,但远离缺陷处的矿物晶体颗粒骨架结构也出现非常微小的损伤,花岗岩岩样密度总体是减小,但减小量较少。

(4)当温度为200℃时,花岗岩沿着缺陷裂纹迅速扩展,且在花岗岩的其他部位也出现了微小裂纹。这说明花岗岩矿物晶体随着温度继续升高,固体颗粒出现了热破裂膨胀,在裂缝劈尖出现了明显的应力集中,且热应力远超过花岗岩晶体颗粒间的黏结力,出现初始裂纹沿着劈尖迅速扩展,且远离缺陷处的矿物晶体颗粒骨架结构也出现一定的损伤,裂隙伸展、分叉，新的裂隙形成，低密度区明显增多，花岗岩密度总体降低。

6.2.4 二值法处理后的高温缺陷花岗岩CT图像孔隙度

根据扫描试验过程中样品140层面由内至外的不同变化，将扫描层面分为不同区域进行扫描。全区为整个扫描层面，大区、中心均是以样品截面中心为圆心，以圆面积确定的半径区内的测量数据，大区面积为12.56 cm²，中心面积为3.14 cm²。外环是以截面全区扣除大区内对应数据后的计算值，中环是以大区扣除中心内对应数据后的计算值，以及缺陷裂纹处为特殊区域（裂纹区域的1/12圆面积）进行研究，如图6-7所示。

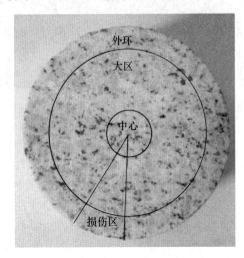

图6-7 花岗岩断面分区

在花岗岩的CT图像中，空气部分的灰度值为0，试件部分的灰度值为0~255，每个像素点的灰度值对应于试件在该处的物质密度。对CT图像进行阈值分割，灰度值为0时，表示该像素点为孔隙；灰度值不为0时，表示该像素点为试件中的固体成分。基于阈值分割，对CT图像进行二值化处理，将灰度值为0的像素点置0，灰度值不为0（即灰度值取值范围为1~255）的像素点置1，统计CT图像中试件部分灰度值为0的像素点个数与灰度值为0和1的像素点总个数，可以得到基于CT单张图像试件的孔隙度，即

$$\Phi = \frac{N_0}{N} \times \% \tag{6-37}$$

式中，Φ 为基于CT单张图像试件的孔隙度；N_0 为CT图像中试件部分灰度值为0的像素点个数；N 为灰度值为0和1的像素点总个数。

本研究通过编制的Matlab程序，对CT扫描图像（图6-6）进行二值化处理，生成的二值化图像如图6-8所示。通过花岗岩二值化图像可以直观、细致呈现花岗岩在不同温度下的孔隙裂隙的演化及损伤量变化情况。

（1）当温度为25~80 ℃时，花岗岩除缺陷处有裂纹扩展现象，其他部分表现为结构质地致密，能细致观测出花岗岩内部固体颗粒的不均匀分布，内部孔隙无明显的变化。

（2）当温度为110~180 ℃时，花岗岩缺陷处裂纹随着温度升高继续扩展，随着温度升高，远离缺陷的部分出现新的微小裂隙，矿物晶体颗粒骨架结构也出现一定的损伤，花岗岩孔隙度也逐渐增大。

(3)当温度为200 ℃时,花岗岩缺陷处裂纹迅速扩展,花岗岩晶体颗粒周围裂纹孕育,多数出现了较明显的弱化连线,但尚未开裂形成包围花岗岩颗粒的封闭多边形裂纹,仅有极少数晶界微裂纹形成,如左下侧的看似一条贯通的大裂纹,是由许多间断的小裂纹组成的。

根据式(6-37)分别统计出图6-8中的灰度值为0的像素点个数N_0和所有像素点个数N,通过对扫描图像孔隙孔径进行选取调试,发现孔径为16.91~19.42 μm时,CT图像通过软件统计的孔隙度为0.92%~0.65%。温度分别为25 ℃、50 ℃、80 ℃、110 ℃、130 ℃、160 ℃、180 ℃、200 ℃时,花岗岩二值化图像孔径取值分别取值为19.01 μm、19.19 μm、19.42 μm、19.05 μm、18.37 μm、18.87 μm、17.73 μm、16.91 μm,孔隙度分别为0.664%、0.643%、0.618%、0.658%、0.749%、0.679%、0.815%、0.936%。这和试验测试的花岗岩孔隙度结果基本接近。

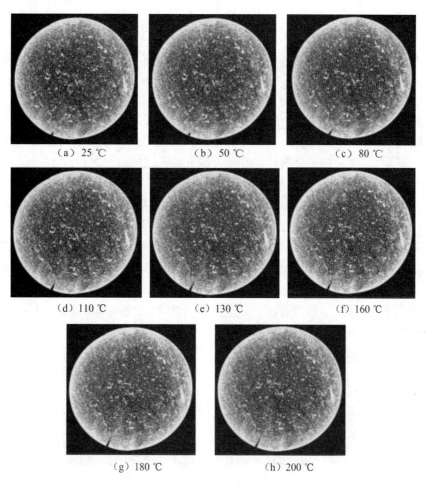

图6-8 二值化后的花岗岩图像

由于花岗岩材料中各种孔隙和不同材料颗粒的多尺度及无序分布,且数量庞大,要想准确地描述其内部结构,特别是微裂隙的演化规律,并与花岗岩的宏观性质建立联系非常困难。因此,基于微裂隙CT识别角度来进行损伤刻画尚有相当长的距离,无论是CT设备的分辨能力方面还是在CT识别方法方面,均有许多关键问题尚待解决。

6.2.5 基于 CT 单张图像孔隙孔径和孔隙度的算法

利用 CT 扫描对岩石进行无损伤探测,其目的之一就是对岩石的微结构进行分析研究。李玉彬、赵秀才和易敏等基于岩芯,吴爱祥等基于岩石粉体分别对其孔隙度进行了研究,但这些试验工作全部是基于 CT 计算机系统生成的原始 CT 单张图像,且没有进一步研究岩石的孔隙孔径和孔隙度。吕兆兴采用 VC++ 语言基于原始 CT 单张图像通过数字图像处理和三维重构对岩石的孔隙孔径和孔隙度进行了研究。

本节应用 CT 扫描系统对岩心连续扫描,测量出岩心不同截面上的孔隙度分布,并应用三维重建技术得到岩心的三维孔隙变化,可以清楚地观察到岩心的层理变化和非均质性特征。CT 扫描系统的空间分辨率是亚毫米级,测量单元含有多个孔隙与喉道,得到的是孔群级 0 的孔隙分布,在孔群级 0 尺度上研究孔隙分布特征。应用统计学方法,对不同截面上测量的孔隙度进行定量分析与表征,研究岩心不同截面上孔隙变化特征和非均质性。获得了该花岗岩样品的图像序列,通过图像处理及三维可视化等计算机辅助处理,对样品的孔隙结构进行全数字化的处理与分析,从孔隙度、孔径分布以及孔隙连通性等方面,对其进行孔隙结构的研究,以此精细刻画地质样品内部结构及其特征,在某种程度上对成矿成因分析有所裨益。

将 CT 单张图像进行剪取、二值化和压缩等数字图像处理,并按照一定算法排列,生成 CT 图像序列,对其进行三维重构,生成二值化的三维数字图像。根据三维数字图像就可计算出试件的孔隙度,再进一步分析试件孔隙度随孔隙孔径的变化规律。

以图 6-6 所示的 CT 单张图像为例,图像为 2 041 × 2 041 像素,每个像素为边长 1.47 μm 的正方形,以像素的边长作为试件孔隙孔径的直径,即孔径尺度为 1.47 μm。图 6-9 为图 6-6 所示的第 300 层图像的数字图像处理过程。其中,图 6-9(a)是对第 300 层图像进行剪取,尽可能大地生成试件部分的统计区域,该区域为一个起始点位置为(600,800)、边长为 800 像素的正方形统计区域;图 6-9(b)是对图 6-9(a)800 × 800 像素的统计区域进行二值化处理,生成的二值化图像。根据式(6-37)分别统计出图 6-9(b)中的灰度值为 0 的像素点个数 N_0 和所有像素点个数 N,就可以确定出试件在孔隙尺度为 1.47 μm 时,800 × 800 像素区域内的孔隙度。

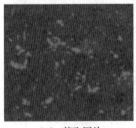 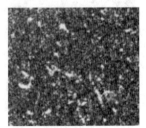

(a) 剪取图片　　　　(b) 二值化图片

图 6-9　二值化图片

花岗岩的孔隙度是相对于一定尺度的孔隙孔径而言的。如果对 CT 单张图像进行压缩,将一幅 $M \times M$ 像素的图像压缩成 $M/x \times M/x$ 像素的新图像,压缩后像素的尺寸增加 x 倍。以像素的大小作为试件的孔隙孔径,对压缩后的新图像进行数字图像处理,并重新计算新图像的孔隙度,从而可以确定基于 CT 图像试件孔隙孔径和孔隙度之间的关系。CT 单张图像的压缩算法为:在 x 轴方向上依次保留原图像的奇数行,在 y 轴方向上依次保留原图像的奇数列,保留下的奇数行和奇数列作为新的矩阵,生成压缩后的新图像,新图像的像素大小将增加一倍。依次循环便可生成不同分辨率的图像。将图 6-9 所示的试件第 300 层 CT 图像进行压缩,压缩后新生成的图像分别为 1 021×1 021、511×511、256×256、128×128 像素,孔隙孔径分别为 2.94 μm、5.88 μm、11.76 μm、23.52 μm。图 6-10 所示为第 300 层 CT 图像的孔隙度随孔径变化的曲线。

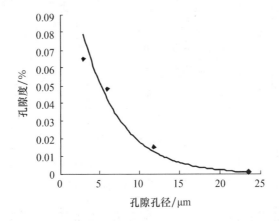

图 6-10　第 300 层 CT 图像的孔隙度随孔径变化的曲线

从图 6-10 中可以看出,试件孔隙孔径为 1.47 μm 时,孔隙度为 0.066%;孔隙孔径为 2.94 μm 时,孔隙度为 0.048%。孔隙孔径在 1.47~2.94 μm 时,试件的孔隙度变化较小,随着试件孔径的增加,孔隙度逐渐减少。孔隙孔径为 11.76 μm 时,孔隙度为 0.015%;孔隙孔径为 23.52 μm 时,孔隙度为 0。从 1 200 张试件横截面图像中随机抽取一定量的 CT 单张图像,分别计算其孔隙度,取其均值作为试件的孔隙度。

表 6-1 为随机抽取的 20 张 CT 单张图像参数,统计区域为 800×800 像素,对这 20 张 CT 单张图像的孔隙度取均值,得到试件在孔隙尺度为 1.47 μm 时平均孔隙度为 0.66%。

表 6-1　随机抽取的 20 张 CT 单张图像参数

图像层号	统计区域像素	单张图像孔隙度/%
第 201 层	800×800	0.65
第 202 层	800×800	0.71
第 203 层	800×800	0.68
第 204 层	800×800	0.69
第 205 层	800×800	0.67
第 206 层	800×800	0.65
第 207 层	800×800	0.58
第 208 层	800×800	0.68
第 209 层	800×800	0.67

续表 6-1

图像层号	统计区域像素	单张图像孔隙度/%
第 210 层	800×800	0.68
第 211 层	800×800	0.68
第 212 层	800×800	0.69
第 213 层	800×800	0.52
第 214 层	800×800	0.68
第 215 层	800×800	0.71
第 216 层	800×800	0.68
第 217 层	800×800	0.65
第 218 层	800×800	0.68
第 219 层	800×800	0.72
第 200 层	800×800	0.68

根据式(6-37)分别统计出图6-8中的灰度值为0的像素点个数 N_0 和所有像素点个数 N，通过对扫描图像孔隙孔径进行选取调试，发现孔径为 16.91~19.42 μm 时，CT图像通过软件统计的孔隙度为 0.95%~0.61%。温度分别为 25 ℃、50 ℃、80 ℃、110 ℃、130 ℃、160 ℃、180 ℃、200 ℃ 时，花岗岩二值化图像孔径取值分别取值为 19.01 μm、19.19 μm、19.42 μm、19.05 μm、18.37 μm、18.87 μm、17.73 μm、16.91 μm，孔隙度分别为 0.66%、0.66%、0.61%、0.67%、0.75%、0.84%、0.85%、0.95%。这和试验测试的花岗岩孔隙度结果基本接近。

由上述方法可以得到花岗岩在不同温度下的孔隙度见表 6-2。

表 6-2 不同温度下的孔隙度

温度/℃	二值法计算孔隙度/%	实测孔隙度/%	误差/%
25	0.66	0.67	1.49
50	0.66	0.65	1.54
80	0.61	0.62	1.61
110	0.67	0.68	1.47
130	0.75	0.72	4.17
160	0.84	0.76	10.53
180	0.85	0.81	4.94
200	0.95	0.88	7.95

由表 6-2 可以看出，用图像二值法计算的花岗岩的孔隙度，随着温度的升高先降低后升高，和实测孔隙度的规律基本一致，误差范围为 1.49%~10.53%。在 80 ℃ 时，图像二值

法计算的孔隙度最低,为 0.61%,比实测的孔隙度低,误差是 1.61%;在 200 ℃时,图像二值法计算的孔隙度最高,为 0.95%,比实测的孔隙度高,误差是 7.95%。

上述现象出现的原因可能有以下几个方面:

(1)岩石损伤破坏过程中,其内部结构变化主要表现为裂隙,特别是微裂隙的演化。因此,要想真正描述岩石材料的各种力学性能,就需要研究其内部微裂隙的演化规律。而目前 CT 设备的分辨尺度(医用 CT 约为 0.3 mm,工业 CT 约为 0.01 mm)与微裂隙的尺度(0.001 mm)存在巨大差距,再加上不可避免的噪声因素,想要直接辨别微裂隙的可能性基本为零。这些因素很大程度上影响了目前岩石材料 CT 研究的准确度。

(2)目前,CT 损伤识别的方法主要有 2 种:平均 CT 数法和阈值分割法。产生损伤的方法则为单轴压缩。轴压损伤时,微裂隙的产生效应(包括萌生、扩展和汇集作用)会导致它所在的极小范围内的 CT 数变小;而在轴压荷载达到承载极限之前,试件的体积都是减小的,由此推知材料的平均密度实际上在增大,其扫描图像的平均 CT 数亦增大,这会抵消由微裂隙所引起 CT 数减小作用。正是由于这一矛盾,在极限荷载之前,使用整个扫描截面的平均 CT 数法并不明显。若能选取微裂隙发展的局部区域进行平均 CT 数统计,则效果较整个截面的平均 CT 数好。而初始微裂隙的无序分布使得统计区域的选取变得异常困难。阈值分割方法则是基于 CT 图像的分辨率进行的,并不能提高图像对微裂隙的识别效果。

(3)由于材料中各种孔隙和不同材料颗粒的多尺度及无序分布,且数量庞大,要想准确地描述其内部结构,特别是微裂隙的演化规律,并与岩石的宏观性质建立联系非常困难。因此,基于微裂隙 CT 识别角度来进行损伤刻画尚有相当长的距离,无论是 CT 设备的分辨能力方面还是在 CT 识别方法方面,均有许多关键问题尚待解决。

6.2.6 应用 CT 数确定花岗岩的损伤变量

近年来,计算机层析术作为一种无损检测技术已广泛应用于岩土类材料内部结构及损伤演化过程的研究,主要通过 CT 数或 CT 图像的灰度值变化来描述材料内部结构的变化情况。CT 数反映物质内部密度的变化,在这个基础上,建立损伤演化方程。在受载条件下,物体内部应力或应变的获取一直是各国学者研究的一个重点。

(1)花岗岩 CT 数与损伤变量之间的关系。

通过岩石的 CT 试验能够获取反映花岗岩孔隙度、损伤变量的图像信息和数据。由 CT 识别原理可知,CT 数及其方差反映了岩石的密度大小和密度分布情况,葛修润院士认为岩石损伤研究中真正关心的问题是损伤过程中岩石密度的变化,但在一定条件下,可以直接用 CT 均值来进行损伤变量的研究,岩石损伤变量的计算公式为

$$D = \frac{a_e}{m_0^2}\left(1 - \frac{1\ 000 + H_{T_i}}{1\ 000 + a_c H_{T_0}}\right) \quad (6-38)$$

式中,H_{T_0} 为常温花岗岩试样初始 CT 数;H_{T_i} 为试件 i 温度时损伤状态的试样 CT 数;a_e 为初始损伤影响因子,其值应大于 1;a_c 为闭合效应影响因子,其值与花岗岩孔隙度有关;m_0^2 为 CT 机的空间分辨率,其值为 0.208 mm。

本研究是带有初始缺陷的花岗岩受热后的损伤情况,其主要为花岗岩受热膨胀,未得到应力应变曲线,无须闭合效应影响系数修正,对初始损伤影响因子可根据已有结论对 H_{T_0}、H_{T_i} 两个参数进行拟合确定,得花岗岩损伤变量 D' 计算公式为

$$D' = \frac{a_e}{m_0^2}\left(\frac{H_{T_0} - H_{T_i}}{1\ 000 + H_{T_0}}\right) \quad (6-39)$$

通过式(6-39)可知，花岗岩在不同温度下的损伤变量和该温度下的 CT 数、初始花岗岩的 CT 数有关。

(2) 花岗岩损伤演化过程中的 CT 数变化。

结合图 6-7 对岩石的断面划分方法，利用式(6-39)对不同温度下花岗岩第 100 层的 CT 图像进行处理，取 4 种不同面积内 CT 数，见表 6-3，变化情况如图 6-11 所示。

表 6-3　花岗岩区域 CT 数

温度/℃	全区	大区	中心	外环	裂纹区域
25	1 890	1 877	1 852	1 908	1 758
50	1 890	1 877	1 852	1 908	1 758
80	1 890	1 877	1 852	1 907	1 757
110	1 886	1 875	1 850	1 905	1 753
130	1 883	1 873	1 848	1 900	1 749
160	1 880	1 871	1 846	1 896	1 745
180	1 875	1 868	1 844	1 892	1 741
200	1 871	1 866	1 842	1 887	1 726

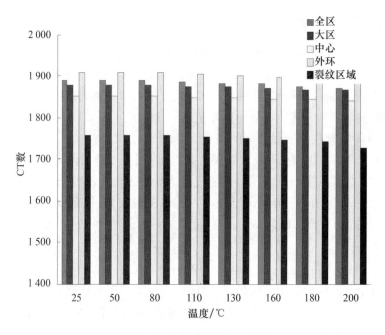

图 6-11　花岗岩图像 CT 数

由图 6-11 可知，温度为 25～200 ℃时，全区、大区、中心、外环的 CT 数无明显变化，裂纹区域的 CT 数有明显的变化。温度为 25～80 ℃时，大区、中心的 CT 数随着温度升高有一定的增量,是由于花岗岩大区、中心区的矿物颗粒随着温度升高出现了膨胀,矿物颗粒之间的孔隙变小,大区、中心区的花岗岩密度微量增加,增加量分别为 1.6~2.1、1.7~3.0;由于外环存在初始缺陷扩展,外环的 CT 数降低了 1.2~2.3;初始裂纹区域 CT 数随着温度升高而降低,是由于裂纹扩展,全区 CT 数增加了 1.5~2.7。温度为 110~200 ℃ 时,大区、中心的 CT 数随着温度升高而降低,是由于花岗岩大区、中心区的矿物颗粒随着温度升高出现了膨胀,矿物颗粒之间热应力出现了明显的增大,热应力大于颗粒之间的黏结力,大区、中区的花岗岩矿物颗粒之间出现了微小裂纹,大区、中心区的 CT 数分别减小了 18.5~22.1、10.1~14.5;外环的初始缺陷随着温度升高继续扩展,外环的 CT 数降低了 15.9~20.8;裂纹区域 CT 数继续降低 29.6~38.7。温度为 200 ℃ 时,大区、中心、全区、裂纹区域的 CT 数随着温度升高突降,是由于初始裂纹继续扩展,同时花岗岩内部出现了热破裂,新的裂纹出现扩展和合并。

在 CT 扫描图像外边缘形成的伪图像会影响全区 CT 数的准确性,为了能够较客观地分析不同温度下花岗岩全区的 CT 数变化情况,全区的 CT 数可以忽略外环 CT 数的影响。同时从分析结果可知,全区、大区 CT 数基本接近。因此,用大区的 CT 数来代替全区的 CT 数。

从扫描层全区 CT 数随着温度升高呈现上升到下降的变化,说明原有孔隙和裂隙在固结温度作用下缩小闭合,花岗岩变得密实,损伤无变化。随着温度的升高,孔隙和裂隙出现了扩展,花岗岩密度变小,说明新的损伤裂隙大范围出现,损伤各向异性和非均匀性程度增大。肉眼观察得出的样品外表变形破坏特征和 CT 图像、CT 数统计特征值显示内部结构变化和细观损伤演化一致,即存在时间和空间对应关系,最明显的一点就是主破裂面的位置和形态一致。

将花岗岩 CT 扫描试验得到的扫描图像 CT 数代入式(6-39)中,可求得第 140 层各区域的损伤变量。花岗岩各区域损伤变量计算结果见表 6-4,各区域损伤变量随温度变化曲线如图 6-12 所示。从图 6-12 可知,同一温度下,缺陷区域的损伤变量最大,全区、外环的损伤变量较大,中心、大区的损伤变量较小,说明初始缺陷对损伤变量起关键作用。裂纹损伤演化表现出局部化特征,裂纹区域损伤变量值远大于其他区域,花岗岩的裂纹损伤主要取决于初始裂纹的扩展。在 25~80 ℃ 时,扫描层的全区、大区、外环、缺陷区域的损伤变量总体变化不明显。在 80 ℃ 时出现"反常"增长,这可能是因为在花岗岩的自由水分子受热逃逸,产生微小孔隙,所以损伤逐渐增加,但与此同时,矿物颗粒的受热膨胀对初始裂隙起到了填充作用,某种程度上对试样的力学与变形性能起到增益效果(初始孔隙裂隙完全闭合时,花岗岩密度达到最大,CT 数有所增加,从而在 80 ℃ 左右出现了"负损伤")。在 110~200 ℃ 时,扫描层的全区、大区、外环、缺陷区域的损伤变量随着温度升高而增大。缺陷区域随着温度升高,损伤变量增加量最大。外环的损伤变量随着温度升高,损伤变量变化也较大,说明初始损伤对外环的损伤变量影响较大,不可忽略。200 ℃ 时,矿物组分中的结晶水受热分解并逃逸,产生更多微孔隙,同时由于花岗岩内各种矿物颗粒的热膨胀系数不同,在初始裂隙闭合后又引起边界颗粒的热开裂,萌生微裂纹甚至扩展联成网络,因此试样的损伤变量大幅度增加。在 200 ℃ 时,扫描层的全区、大区、外环、缺陷区域的损伤变量达到最大,且增长梯度最大。

表6-4 花岗岩各区域损伤变量计算结果

温度/℃	全区	大区	中心	外环	裂纹区域
25	0.015 779	0.007 925	0	0.015 681	0.057 868
50	0.015 779	0.007 925	0	0.015 681	0.057 868
80	0.015 779	0.007 925	0	0.023 529	0.066 159
110	0.047 401	0.023 791	0.016	0.039 243	0.099 382
130	0.071 176	0.039 68	0.032 022	0.078 621	0.132 703
160	0.095	0.055 59	0.048 067	0.110 221	0.166 12
180	0.134 817	0.079 498	0.064 135	0.141 909	0.199 635
200	0.166 771	0.095 464	0.080 225	0.181 642	0.326 192

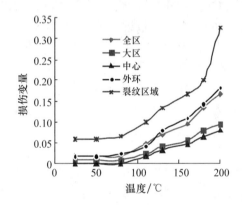

图6-12 各区域损伤变量随温度变化曲线

将温度分别和全区、大区、中心、外环、裂纹区域损伤变量进行数据回归分析,如图6-13所示,损伤变量 D 整体上随温度的升高而增大,数据进行线性拟合可得到以温度为自变量的损伤变量的一次函数。全区、大区、中心、外环、裂纹区域损伤量分别和温度进行线性回归分析,得到损伤变量-温度的拟合函数,该函数总体具有一致性,随着温度升高,各部分损伤变量呈增加趋势。全区、大区、中心、外环、裂纹区域损伤变量和温度拟合函数中,温度一次项系数和常数项系数存在一定的差异性,分别为0.000 881、0.000 643、0.000 53、0.001 08、0.001 05,外环、裂纹区域损伤变量中温度的一次项系数较大,这说明花岗岩初始缺陷对损伤的影响不可以忽略。全区、大区、中心、外环、裂纹区域损伤变量-温度的拟合函数,可以总体概况为 $D' = b_1 + b_2 T + b_3 T^2$($b_1$、$b_2$、$b_3$ 均为拟合参数)。花岗岩损伤变量-温度拟合图像和理论推导的结果具有一致性。由此可以揭示花岗岩损伤变量和渗透性具有一定的相关性,损伤变量越大,渗透性越大。

为了探讨缺陷花岗岩损伤变量和渗透率之间的关系,将缺陷花岗岩渗透率和损伤变量以散点形式绘制在图6-14中,由图可以揭示花岗岩损伤变量和渗透性之间具有一定的相关性,损伤变量越大,渗透性越大。

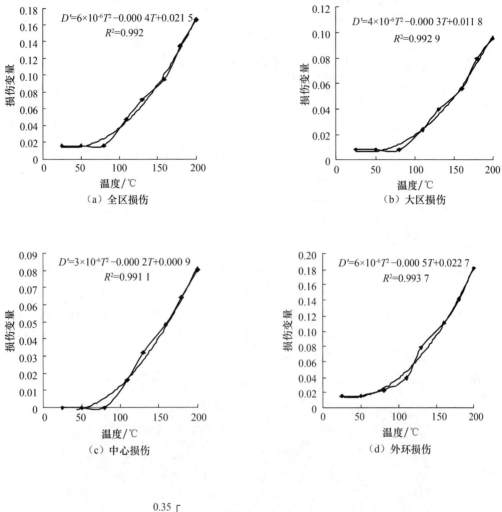
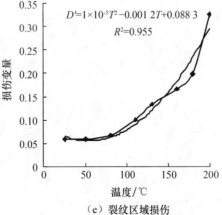

图 6-13 花岗岩损伤变量-温度曲线

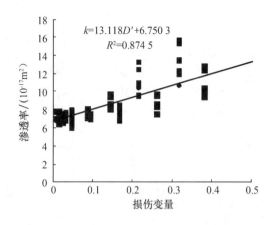

图6-14 花岗岩热损伤变量-渗透率拟合图

6.3 数值模拟

计算模型尺寸中宽度为5 cm,高度为10 cm,模型中花岗岩岩样的端面为光滑的端面。其中材料的均质度个数设置为2,花岗岩单轴抗压强度为159 MPa,泊松比为0.287,弹性模量为38 GPa,花岗岩导热系数为2.677 W/(m·K),比热容为0.789 kJ/(kg·K)。以裂纹缺陷长度为$2a(5.6\ mm)$的试样,裂纹的倾角固定在45°的花岗岩模型,利用Rfpa软件进行温度作用下的花岗岩内部结构损伤模拟。

温度作用缺陷花岗岩的热损伤演化数值模拟如图6-15所示,图中黑点代表花岗岩结构内部损伤单元。温度作用下花岗岩破裂单元数变化规律如图6-16所示。

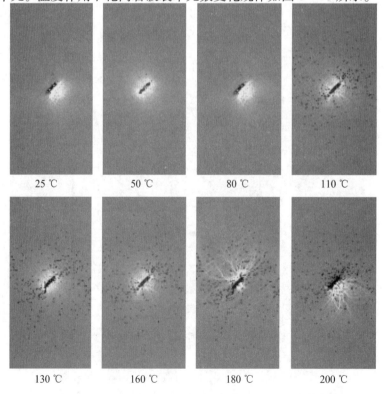

图6-15 在温度作用下缺陷花岗岩热的损伤演化数值模拟

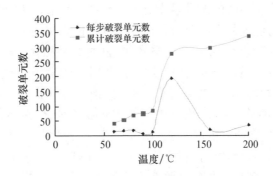

图6-16 温度作用下花岗岩破裂单元数变化规律

从图6-15、图6-16可以看出,开始升温时,花岗岩内部晶体结构产生不同程度的热应力,在花岗岩的缺陷处热应力集中表现得比较明显。在温度升高到60℃时,花岗岩热损伤首先出现在缺陷裂纹处。温度继续升高,花岗岩裂纹周边开始出现不间断损伤点,在缺陷处仍然会出现应力集中,花岗岩裂纹周边的不间断损伤点继续增加。温度升高到120℃,花岗岩缺陷处剪切破坏特征明显,花岗岩内部不间断损伤点增加到最大,在花岗岩内部破坏单元达到最大。随着温度继续升高到200℃,花岗岩内部裂纹会扩展,但扩展梯度不够明显,结构内部损伤单元增加不明显。

温度作用下花岗岩内部应力变化规律如图6-17所示。从图中可以看出,温度作用下花岗岩内部产生热应力,温度在25~80℃时,花岗岩内部产生的拉应力出现一定程度的增加,但增加幅度较小。说明花岗岩内部颗粒可以在一定程度上自由膨胀,消耗了一定的热能;但随着温度升高,能量继续增加,增加幅度较小。温度在110~130℃时,花岗岩内部应力迅速增大,出现了应力振荡阶段,花岗岩内部应力达到最大值。说明由于之前温度加载,花岗岩内部能量积聚达到极限,当花岗岩内部热应力达到花岗岩的抗拉强度时,花岗岩颗粒单元破裂,出现了短时间的能量释放。温度在130℃后,花岗岩内部应力迅速减低,应力减低梯度较大,温度在130~200℃时,应力曲线趋于平缓,热应力变化较小。说明破坏的单元对周围颗粒的约束完全释放,颗粒之间的热作用减小,颗粒可以自由膨胀,消耗了部分热能,新增加的热作用超过颗粒破坏极限的单元缓慢增加,但交界面产生破裂单元仍在继续增加。

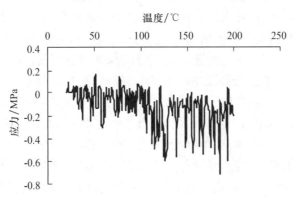

图6-17 温度作用下花岗岩内部应力变化规律

不同温度下花岗岩破坏时的能量累计数如图6-18所示。从图中可以看出,花岗岩能量累计数的平均值随着温度的升高而增大,但在120℃附近出现了突变,说明弹性能的释放出现了突变。花岗岩在温度作用下原有缺陷、微裂纹受热膨胀,致使原有晶体颗粒变形。原有微裂纹的演化、扩展,最终形成新的裂纹面是花岗岩能量释放的主要原因,即花岗岩内部模型中单元的发生脆性破坏是花岗岩热弹性比能突然释放的原因。温度在25~110℃时,花岗岩内部产生的拉应力较小,内部破裂的单元数较少,但破坏单元数累计增加,在温度升高到110℃附近时,花岗岩内部破裂单元个数出现了突变,导致能量累计数的弹性应变能出现较为显著突变,相对释放的能量也随之增多。130~200℃时,花岗岩内部破裂单元不断增加,弹性应变能出现较为缓慢的增大。本数值模拟中花岗岩受热作用,内部的单元破裂,导致原有微裂纹不断扩展、演化直至形成宏观裂纹,出现花岗岩内部能量存储和释放的过程。

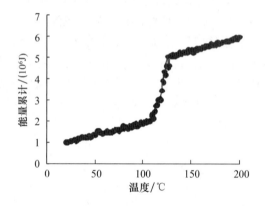

图6-18 不同温度下花岗岩破坏时的能量累计数

6.4 本章小结

(1)在温度作用下,单裂隙缺陷花岗岩中会产生热应力,在花岗岩缺陷处会出现应力集中,随着温度升高,花岗岩的损伤程度会加剧。应用热力学理论、Maxwell应力理论,推导了花岗岩缺陷内部出现拉应力的计算公式。缺陷内部出现的集中应力和温度变化量、缺陷的长度、缺陷集中应力的扩大系数等有关。应用应变等效原理,把缺陷花岗岩的受热状态分解成两种状态,即宏观缺陷的花岗岩热状态和随机微观缺陷的花岗岩热状态。求解出存在宏观缺陷花岗岩受热过程中的损伤模量,计算出细观内部随机性缺陷在受热作用下的损伤模量,进行两种状态下损伤模量的耦合,推导了花岗岩复合损伤模量的计算公式。

(2)通过对缺陷花岗岩进行高温作用下CT扫描试验,结果显示温度为25~200℃时,总体亮度明显,花岗岩除缺陷扩展外,其余部分无明显的变化,灰质度基本保持不变。具体分析花岗岩CT图像中缺陷扩展、演化的规律:当温度为25℃时,北山花岗岩样品结构很均匀,矿物晶体颗粒大小分布不均,存在初始宏观缺陷。当温度为50℃、80℃时,缺陷花岗岩沿着初始裂纹有扩展的趋势,但扩展较为微弱,裂纹延伸没有明显的变化,缺陷之外的花岗岩无明显的变化。说明虽然花岗岩矿物晶体随着温度升高,固体颗粒出现了微小膨胀,在初始裂缝劈尖出现了应力集中,当热应力超过花岗岩晶体颗粒间的黏结力时,出现微小扩展或者是扩展的趋势,但远离缺陷处的矿物晶体颗粒骨架结构并未有太大变化。花岗岩总体密度从理论上来说有一定量微小的提高。当温度为110～180 ℃时，缺陷花岗岩沿着裂纹扩展的方向继续伸长，且随着温度升高，裂纹扩展增强，缺陷之外的花岗岩无明显的变化。说明花岗岩矿物晶体随着温度继续升高，固体颗粒出现了一定程度的膨胀，裂缝劈尖出现了明显的应力集中，且热应力超过花岗岩晶体颗粒间的黏结力，沿着劈尖出现扩展，但远离缺陷处的矿物晶体颗粒骨架结构也出现非常微小的损伤，花岗岩岩样密度总体减小，但减小量较少。当温度为200 ℃时，花岗岩沿着缺陷裂纹迅速扩展，且在花岗岩的其他部位也出现了微小裂纹。说明花岗岩矿物晶体随着温度继续升高，固体颗粒出现了热破裂膨胀，在裂缝劈尖出现了明显的应力集中，且热应力远超过花岗岩晶体颗粒间的黏结力，出现初始裂纹沿着劈尖迅速扩展，且远离缺陷处的矿物晶体颗粒骨架结构也出现一定的损伤，裂隙伸展、分叉，新的裂隙形成，低密度区明显增多，花岗岩密度总体降低。

（3）通过对缺陷花岗岩CT扫描图像进行二值化处理，对生成的二值化图像进行孔隙度计算，得到孔隙度随温度变化服从二次函数，和第3章研究结果一致。

（4）将扫描图像CT数引入损伤计算中，求得各区域的损伤变量，得到缺陷区域的损伤变量最大，全区、外环的损伤变量较大，中心、大区的损伤变量较小，由此可知初始缺陷对损伤量起关键作用。裂纹损伤演化表现出局部化特征，裂纹区域损伤变量值远大于其他区域，花岗岩的裂纹损伤主要取决于初始裂纹的扩展。在温度为25～80 ℃时，扫描层的全区、大区、外环、缺陷区域的损伤变量总体变化不明显。在温度为80 ℃时出现"反常"增长，这可能是因为在花岗岩的自由水分子受热逃逸，产生微小孔隙，使损伤逐渐增加，但与此同时，矿物颗粒的受热膨胀对初始裂隙起到了填充作用，某种程度上对试样的力学与变形性能起到增益效果（初始孔隙裂隙完全闭合时，花岗岩密度达到最大，CT数有所增加，从而在80 ℃左右出现了"负损伤"）。在温度为110～200 ℃时，扫描层的全区、大区、外环、缺陷区域的损伤量随着温度升高而增大。外环的损伤变量随着温度升高，变化也较大，说明初始损伤对外环的损伤量影响较大，不可忽略。在温度为200 ℃时，矿物组分中的结晶水受热分解并逃逸，产生更多微孔隙，同时由于花岗岩内各种矿物颗粒的热膨胀系数不同，在初始裂隙闭合后又引起边界颗粒的热开裂，萌生微裂纹甚至扩展联成网络，试样的损伤量大幅度增加。在200 ℃时，扫描层的全区、大区、外环、缺陷区域的损伤变量达到最大，且增长幅度最大。

（5）通过对高温缺陷花岗岩进行数值模拟分析，结果显示温度为25～110 ℃时，花岗岩内部产生的拉应力较小，内部破裂的单元数较少，但破坏单元数累计增加，在温度升高到110 ℃附近时，花岗岩内部破裂单元个数出现了突变，导致能量累计数的弹性应变能出现较为显著的突变，相对释放能量也随之增多。在温度为130～200 ℃时，花岗岩内部破裂单元不断增加，弹性应变能缓慢增大。本数值模拟中花岗岩受热作用，内部的单元破裂，导致原有微裂纹不断扩展、演化直至形成宏观裂纹，出现花岗岩内部能量存储和释放的过程。

第7章 温度、应力作用下缺陷花岗岩裂纹扩展机理研究

花岗岩经过上亿年复杂的地质构造运动和地壳演化而成,花岗岩是由黑云母、石英和长石等多种矿物质组成,同时花岗岩内部随机的分布裂隙、断裂面、缺陷、孔洞、充填物等随机缺陷。因此,花岗岩实际是一种非均匀、各向异性的不连续体。花岗岩的物理力学特性与花岗岩的基体单元及其内部缺陷紧密相关。在温度、应力作用下,含有不同微观、宏观缺陷的花岗岩,裂纹扩展、传播路径也有较大的差异。因此,研究温度、应力作用下花岗岩的临界应力和裂纹演化机理显得尤为重要。

目前,国内外学者对岩石在应力作用下裂纹破裂规律及力学特性的研究成果较多。Diederichs 发现了在压缩载荷作用下,硬岩出现 I 型张开断裂。Nemat-Nasser、Horii、Li 研究了压缩荷载作用下,含裂隙脆性材料的强度变化规律。刘晓丽探讨了在单轴压缩条件下含缺陷岩石的演化规律、变形特性及缺陷对岩石宏观力学强度的影响规律。方恩权对单轴压缩荷载下 3 种不同边界形状、含预置斜裂纹岩石破裂模型进行了数值模拟。李地元对单轴压缩下楔形滑移型裂纹的扩展特性进行了公式推导,获得了岩石内部裂纹扩展临界应力。陈红江探讨了拉剪应力、渗透水压力作用下,裂隙岩体中张开型裂纹扩展、破坏规律。王学滨利用拉格朗日元法,模拟了平面应变单轴压缩条件下具有初始随机材料缺陷的岩石试样的破坏过程,利用若干 FISH 函数于岩样内部规定初始缺陷并计算全部变形特征。林鹏研究了含裂隙缺陷花岗岩试样的裂纹萌生、扩展、贯通和相互作用等因素对峰值强度的影响规律。黄凯珠通过物理试验和数值模拟,研究了双轴作用下不同几何分布和不同围压的断续预置三裂隙的萌生、扩展和贯通机制。李术才采用试验手段,研究了单轴拉伸条件下内置三维裂隙倾角对类岩石砂浆材料力学特性及断裂特征的影响。

带有缺陷裂隙花岗岩处于温度作用下时,缺陷花岗岩的裂纹的扩展、贯穿、劣化趋势将有所加剧,这一现象已经引起不少学者的注意。左建平实时在线观察研究了不同温度作用下平顶山砂岩的热开裂,得出了不同的矿物成分发生热开裂的阈值温度不完全相同。赵阳升进行了花岗岩在常温到 500 ℃高温下的三维细观破裂显微观测,研究了花岗岩的热破裂逐渐演化与发展规律。左建平提出了单元质心对应法,并应用该方法进行了热力耦合下岩石的热开裂及变形破坏数值模拟。谭志宏在实验室通过红外热像仪对含相同预制单裂纹缺陷的花岗岩板状试样单轴压缩载荷下破裂过程的红外热像进行了试验研究。张宁研究了在温度作用下,岩石的体积、岩样的长度、岩样的半径等参数的变化规律,并分析引起这些参数变化的机理。

然而,在应力和温度共同作用下,缺陷裂隙花岗岩中的裂纹如何扩展,以及花岗岩断裂韧度和裂纹扩展临界应力的影响因素,还没有显著的研究成果。所以,研究温度、应力作用下缺陷花岗岩裂隙扩展规律,是岩石力学研究领域中的迫切需要研究的问题。本章在已有研究成果的基础上,运用热力学理论、断裂损伤力学理论、叠加原理,从理论上推导出花岗岩裂隙尖端断裂韧度和裂纹扩展临界应力的数学公式,从理论角度出发,定性研究了温度、裂隙长度、裂隙倾角分别对花岗岩断裂韧度、花岗岩裂隙扩展的临界应力的敏感性,并通过

数值模拟和试验测试等手段进行验证。

7.1 花岗岩微裂纹扩展的断裂力学分析

根据受力情况不同,缺陷花岗岩裂纹扩展模式有3种基本类型,第1种破坏类型称为拉伸型或张开型,简称Ⅰ型裂纹,设缺陷花岗岩裂纹扩展应力强度因子 K_I 和花岗岩断裂韧度为 K_{IC}。第2种花岗岩破坏类型简称Ⅱ型裂纹,是滑移型或剪切型裂纹,设缺陷花岗岩裂纹尖端的应力强度因子为 K_{II},断裂韧度为 K_{IIC}。第3种裂纹类型称为撕开型或反平面剪切型裂纹,简称Ⅲ型裂纹,设缺陷花岗岩裂纹尖端的应力强度因子为 K_{III},断裂韧度为 K_{IIIC}。根据断裂力学可知,作用在裂纹尖端的材料的相应断裂韧度和应力强度因子的关系,对于Ⅰ、Ⅱ、Ⅲ型花岗岩缺陷裂纹,若 $K_I \geq K_{IC}$、$K_{II} \geq K_{IIC}$、$K_{III} \geq K_{IIIC}$ 缺陷裂纹会扩展,直到 $K_I \leq K_{IC}$、$K_{II} \leq K_{IIC}$、$K_{III} \leq K_{IIIC}$,缺陷花岗岩裂纹将会结束扩展。

7.2 温度、单轴应力作用下缺陷花岗岩裂纹扩展规律理论

由热应力学理论可知,温度作用下,由于缺陷花岗岩基体单元体积变化、热膨胀各向异性,在花岗岩基体颗粒之间会产生热应力。当花岗岩基体单元颗粒之间的热应力大于颗粒之间应力屈服强度时,初始缺陷裂纹开始扩展、演化,从而产生新的扩展裂纹。这使得含缺陷花岗岩破坏规律及力学特性发生明显的变化。

图7-1所示为含有单裂隙花岗岩的受力模型。其中,图7-1(a)为缺陷花岗岩受温度和单轴应力时的受力图,图7-1(b)为缺陷花岗岩只受单轴应力时的受力图,图7-1(c)为缺陷花岗岩只受温度作用时的受力图。花岗岩中初始裂隙长度为 $2a$,缺陷的倾角为 θ,是裂隙面的法线方向与花岗岩轴向方向的夹角。取裂隙长度的中点为坐标原点,x 轴沿着裂隙方向,y 轴为裂隙的法线方向,建立如图7-1所示 xOy 直角坐标系。已有的研究成果表明,在压应力 σ_1 作用下,花岗岩微裂隙尖端的发展会沿着平行于 σ_1 的方向。根据摩尔·库伦准则,如图7-1(b)所示,只有压力作用时,远场应力为

$$\begin{cases} \sigma_{xx} = \sigma_1 \cos^2\theta \\ \sigma_{yy} = \sigma_1 \sin^2\theta \\ \tau_{xy} = \sigma_1 \sin\theta\cos\theta \end{cases} \quad (7-1)$$

由此可知,花岗岩只受到压应力时,初始裂隙面上的正应力为 σ_n、初始裂隙面上剪应力为 τ 分别为

$$\begin{cases} \sigma_n = \sigma_{xx} = \sigma_1 \cos^2\theta \\ \tau = \tau_{xy} = \dfrac{\sigma_1}{2}\sin 2\theta \end{cases} \quad (7-2)$$

式(7-2)适用于连续介质,当连续介质中含有的裂隙是闭合的时候也适用。

如图7-1(c)所示,只受到温度作用时,缺陷花岗岩裂隙内的热应力为 σ_T

$$\sigma_T = \beta T = \frac{\alpha_T E \Delta T}{1-\nu} \quad (7-3)$$

式中,β 为热应力系数,$\beta = \alpha_T E/(1-\nu)$;$\alpha_T$ 为花岗岩线膨胀系数;E 为花岗岩弹性模量;ν 为花岗岩泊松比;ΔT 为加载在花岗岩上的温度。

应用叠加原理可得,在温度和应力共同作用下,缺陷裂隙处的法向应力 σ_n'、切应力 τ' 为

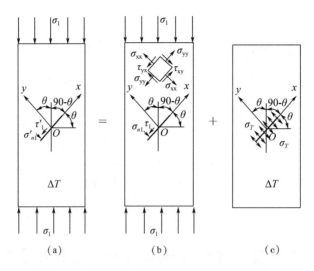

图 7-1 单轴压缩作用下模型裂隙扩展示意图

$$\begin{cases} \sigma'_{n1} = \sigma_n - \sigma_T = \sigma_1\cos^2\theta - \dfrac{\alpha_T E\Delta T}{1-\nu} \\ \tau'_1 = \dfrac{\sigma_1}{2}\sin 2\theta \end{cases} \quad (7-4)$$

花岗岩裂隙面上存在滑动摩擦阻力,设裂隙面上的内摩擦系数为 μ,所以裂隙面上的有效剪应力 τ_{eff},即

$$\tau_{\text{eff}} = \tau'_1 - \mu\sigma'_{n1} = \dfrac{\sigma_1}{2}\sin 2\theta - \mu\left[\sigma_1\cos^2\theta - \dfrac{\alpha_T E\Delta T}{1-\nu}\right] \quad (7-5)$$

由此可见,花岗岩初始裂隙上的应力,不仅与单轴应力、温度有关,而且与花岗岩的摩擦系数、初始裂隙倾角等参数有关。

根据岩石损伤断裂力学理论,可得花岗岩应力强度因子为 K_I,即

$$K_I = \sigma\sqrt{\pi a} = -(\sigma'_{n1})\sqrt{\pi a} \quad (7-6)$$

设花岗岩断裂韧度为 K_{IC},根据断裂力学,可以确定花岗岩初始微裂隙扩展的临界条件为 $K_I = K_{IC}$,即

$$K_{IC} = K_I = -\sigma'_{n1}\sqrt{\pi a} = -\left[\sigma_1\cos^2\theta - \dfrac{\alpha_T E\Delta T}{1-\nu}\right]\sqrt{\pi a} \quad (7-7)$$

由断裂力学可知,缺陷花岗岩裂隙 Ⅱ 型断裂应力的强度因子为 $K_{II} = \tau_{\text{eff}}\sqrt{\pi a}$,即

$$K_{II} = \sqrt{\pi a}\left\{\dfrac{\sigma_1}{2}\sin 2\theta - \mu\left[\sigma_1\cos^2\theta - \dfrac{\alpha_T E\Delta T}{1-\nu}\right]\right\} \quad (7-8)$$

由式(7-7)和式(7-8)可知,若温度 ΔT、缺陷倾角 θ 固定,花岗岩断裂韧度(K_{IC})随着裂隙长度 $2a$ 增大而增大。表明随着裂隙长度增大,受压过程中造成裂隙的张开型破坏现象会加强,同时伴随着 Ⅱ 型滑开型裂隙,在裂隙扩展主要沿着初始缺陷裂隙的发展趋势张开,次生分叉裂隙较少,花岗岩裂隙沿着初始裂隙平面扩展。花岗岩缺陷尖端裂纹扩展、破坏的速度也加快。

当温度 ΔT、缺陷长度 $2a$ 缺陷花岗岩断裂韧度(K_{IC})随着裂隙倾角 θ 增大而减小,说明

随着裂隙倾角增大,受压过程中造成裂隙的张开型破坏现象会减弱,花岗岩裂隙尖端不容易发生分叉和偏离现象,不容易产生不间断次生裂隙。

当裂隙倾角 θ、长度 $2a$ 固定时,花岗岩应力强度因子 K_{II} 随着温度 ΔT 升高而增大,花岗岩断裂韧度(K_{IC})随着温度 ΔT 升高而减小,说明花岗岩温度越高,在裂隙尖端发展趋势张开,次生分叉裂隙较少。

对于花岗岩加热受压情况下 K_I、K_{II} 复合型剪切断裂,采用判据

$$\lambda K_I + K_{II} = K_{IIC} \tag{7-9}$$

式中,K_{IIC} 为剪切断裂韧度,可通过标准试件测定其值;λ 为花岗岩的压剪系数。

将式(7-7)、式(7-8)代入式(7-9)中可得花岗岩裂隙扩展临界应力为

$$[\sigma_1] = \frac{K_{IIC}(1-\nu) - \sqrt{\pi a}(\mu+\lambda)\alpha_T E \Delta T}{\sqrt{\pi a}[-(\lambda+\mu)\cos^2\theta + \sin\theta\cos\theta](1-\nu)} \tag{7-10}$$

式(7-10)是花岗岩处于压力、温度应力状态,花岗岩中的裂隙存在由拉伸型或张开型向滑移型或剪切型裂隙类型扩展。随着缺陷长度增大,花岗岩裂隙扩展临界应力降低。随着缺陷倾角增大,花岗岩临界应力增大。随着温度升高,花岗岩临界应力降低。

7.3 温度和双轴应力作用下的缺陷花岗岩裂隙扩展规律理论分析

花岗岩在双轴压力、温度作用下的受力模型如图 7-2 所示,其中图 7-2(a)为缺陷花岗岩受温度和双轴应力时的受力图,图 7-2(b)为缺陷花岗岩只受双轴应力时的受力图,图 7-2(c)为缺陷花岗岩只受温度作用时的受力图。σ_1 和 σ_3 分别为缺陷花岗岩模型所受的双轴方向的应力。

图 7-2(b)压力作用 σ_1 和 σ_3 时,远场应力为

$$\begin{cases} \sigma'_{xx} = \dfrac{1}{2}[(\sigma_1+\sigma_3)+(\sigma_1-\sigma_3)\cos 2\theta] \\ \sigma'_{yy} = \dfrac{1}{2}[(\sigma_1+\sigma_3)+(\sigma_3-\sigma_1)\cos 2\theta] \\ \tau'_{xy} = \dfrac{(\sigma_1-\sigma_3)}{2}\sin 2\theta \end{cases} \tag{7-11}$$

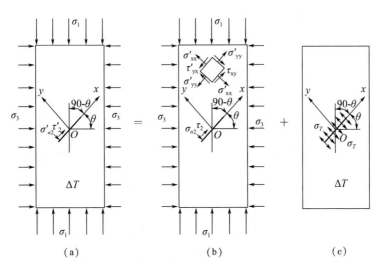

图 7-2 花岗岩在双轴压力、温度作用下的受力模型

裂隙表面应力 σ_{n2} 和 τ_2 的表达式分别如下：

$$\begin{cases} \sigma_{n2} = \dfrac{1}{2}[(\sigma_1 + \sigma_3) + (\sigma_1 - \sigma_3)\cos 2\theta] \\ \tau_2 = \dfrac{(\sigma_1 - \sigma_3)}{2}\sin 2\theta \end{cases} \qquad (7-12)$$

图 7-2(c)在温度作用下，花岗岩裂隙表面应力 σ_T 的表达式

$$\sigma_T = \frac{\alpha_T E \Delta T}{1 - \nu} \qquad (7-13)$$

通过叠加原理可得，在温度、应力共同作用下，花岗岩裂隙表面应力 σ'_{n2}、τ'_2 的表达式分别为

$$\begin{cases} \sigma'_{n2} = \dfrac{1}{2}[(\sigma_1 + \sigma_3) + (\sigma_1 - \sigma_3)\cos 2\theta] - \dfrac{\alpha_T E \Delta T}{(1 - \nu)} \\ \tau'_2 = \dfrac{(\sigma_1 - \sigma_3)}{2}\sin 2\theta \end{cases} \qquad (7-14)$$

式中，τ'_2 为缺陷花岗岩裂隙面上的剪应力，故应使得花岗岩缺陷裂隙表面压力 $\sigma'_{n2} \leqslant 0$。当花岗岩缺陷裂隙厚度接近为 0（裂隙尖端曲率半径 $\rho = 0$）时，缺陷处应力不会引起缺陷裂隙起裂。

对于温度、双轴应力作用下，花岗岩缺陷为张开型裂隙 I 型，当缺陷裂隙厚度和缺陷裂隙尖端曲率半径 $\rho \neq 0$ 时，与缺陷裂隙平行的剪切应力力 $\tau'_2 \neq 0$。缺陷裂隙尖端处将会产生拉伸应力，缺陷顶点处应力为最大值，数值和剪应力力相等，即 $\sigma_{\max} = \tau'_2$。花岗岩缺陷处应力产生的张开型裂隙 I 型应力强度因子为

$$K_{\mathrm{I}(\tau)} = \sigma_{\max} \sqrt{\frac{\rho}{b}} \sqrt{\pi a}$$

$$\frac{(\sigma_1 - \sigma_3)\sin 2\theta}{2}\sqrt{\frac{\rho}{b}} \sqrt{\pi a} \qquad (7-15)$$

另外，由法向应力引起的应力强度因子为

$$K_{\mathrm{I}(n)} = -\sigma'_{n2}\sqrt{\pi a} \qquad (7-16)$$

因此，张开型裂隙的 I 型应力强度因子为

$$K_{\mathrm{I}} = K_{\mathrm{I}(\tau)} + K_{\mathrm{I}(n)} = \sigma_{\max}\sqrt{\frac{\rho}{b}}\sqrt{\pi a} - \sigma'_{n2}\sqrt{\pi a}$$

$$= \sqrt{\pi a}\frac{(\sigma_1 - \sigma_3)\sin 2\theta}{2}\sqrt{\frac{\rho}{b}} -$$

$$\sqrt{\pi a}\left\{\frac{1}{2}[(\sigma_1 + \sigma_3) + (\sigma_1 - \sigma_3)\cos 2\theta] - \frac{\alpha_T E \Delta T}{1 - \nu}\right\} \qquad (7-17)$$

对于张开裂隙，由于没有摩擦力，故 $\tau_{\mathrm{eff}} = \tau'_2$，缺陷花岗岩裂隙的 II 型断裂应力的强度因子为

$$K_{\mathrm{II}} = \tau'_{\mathrm{eff}}\sqrt{\pi a} = -\frac{1}{2}\sqrt{\pi a}(\sigma_1 - \sigma_3)\sin 2\theta \qquad (7-18)$$

由式(7-17)和式(7-18)可知，缺陷花岗岩断裂韧度 K_{IC} 随着温度 ΔT 升高而增大，花岗岩断裂韧度（K_{IC}）随着温度 ΔT 升高而减小，说明花岗岩温度越高，在裂隙尖端、裂隙端部最易出现张开型破坏现象。当倾角 $\theta = 45°$ 时，K_{II} 取最大值，裂纹端部主要发生滑开型裂

纹,同时伴随着张开型破坏现象。

对于花岗岩加热受压情况下 K_I、K_{II} 复合型剪切断裂,采用判据

$$\lambda K_I + K_{II} = K_{IIC} \tag{7-19}$$

将式(7-17)、式(7-18)代入式(7-19)中,可得裂隙扩展临界应力为

$$[\sigma_1] = \frac{2K_{IIC}}{\sqrt{\pi a}(\lambda\sqrt{\rho/b} + \lambda\cos 2\theta\sqrt{\rho/b} - \lambda - \lambda\cos 2\theta - \sin\theta)} - \\
\frac{\Delta T\lambda(2\sqrt{\rho/b} - 1)\alpha_T E}{(\lambda\sqrt{\rho/b} + \lambda\mu\cos 2\theta\sqrt{\rho/b} - \lambda - \lambda\cos 2\theta - \sin\theta)(1 - 2\nu)} + \\
\frac{\sigma_3(-\lambda\sqrt{\rho/b} + \lambda\sqrt{\rho/b}\cos 2\theta + \lambda - \lambda\cos 2\theta - \sin\theta)}{(\lambda\sqrt{\rho/b} + \lambda\cos 2\theta\sqrt{\rho/b} - \lambda - \lambda\cos 2\theta - \sin\theta)} \tag{7-20}$$

由式(7-20)可知,花岗岩在双轴压力和温度作用下,随着温度升高,花岗岩裂隙扩展的临界应力降低。

7.4 缺陷岩石自由余能函数

7.4.1 不考虑损伤时自由能函数和自由余能函数变化规律

考虑热应力、热应变、温度、自由能和熵等参数及岩石受热过程中不可逆热力学性能,研究在岩石的自由能转变过程。通过缺陷岩石动力学和热力学方程组,建立赫姆霍兹自由能函数 $G(\varepsilon, T, U)$(Helmheltz)和吉布斯自由余能函数 $U(\varepsilon, T)$(Gibbs)。

$$G = U - TS \tag{7-21}$$

式中,G 为岩石的赫姆霍兹自由能函数;U 为岩石吉布斯自由余能函数;T 是岩石的温度参数;S 为熵状态函数。

岩石自由余能密度为

$$\varphi = \sigma\varepsilon - G \tag{7-22}$$

将式(7-22)方程在平衡态($T = T_0, \varepsilon = 0$)做近似泰勒展开得

$$G(T, \varepsilon, U) = U(T_0, 0) - S(T_0, 0)(T - T_0) - \gamma C_V(T - T_0)\varepsilon - \\
\frac{1}{2}\frac{C_V}{T_0}(T - T_0)^2 + \frac{1}{2}E\varepsilon^2 - \frac{1}{2}\frac{\partial(\gamma C_V)}{\partial\varepsilon}\bigg|_0 (T - T_0)\varepsilon^2 \tag{7-23}$$

式中,E 为岩石的弹性模量;$T - T_0$ 为岩石内部温度偏差;C_V 为岩石单位体积的热容量;$\gamma = \dfrac{\dfrac{\partial^2 \Phi}{\partial T \partial\varepsilon}}{T\dfrac{\partial^2 \Phi}{\partial T^2}}$,其物理意义是由于加载温度单位体积的热量,岩石内部产生的热应力的量度。

可得到岩石单位体积的熵和应力状态方程为

$$S = -\left(\frac{\partial F}{\partial T}\right)_\varepsilon = S(T_0, 0) + \frac{C_V}{T_0}(T - T_0) + \gamma C_V\varepsilon + \frac{\partial(C_V\gamma)}{2\partial\varepsilon}\bigg|_0 \varepsilon^2 \tag{7-24}$$

$$\sigma = \left(\frac{\partial G}{\partial\varepsilon}\right)_T = E\varepsilon - \gamma C_V(T - T_0) - \frac{\partial\gamma C_V}{\partial\varepsilon}\bigg|_0 (T - T_0)\varepsilon \tag{7-25}$$

可得

$$G = +\frac{1}{2}E\varepsilon^2 - a(T-T_0)(3\lambda+2\chi)(1-\nu)\varepsilon - \frac{C_V(T-T_0)^2}{2T_0} \quad (7-26)$$

式中，λ、χ 为拉梅常数。

岩石内部自由余能函数的表达式为

$$\varphi = \sigma\varepsilon - G = \frac{1}{2}E\varepsilon^2 + a(T-T_0)(3\lambda+\chi)(1-\nu)\varepsilon + \frac{C_V(T-T_0)^2}{2T_0} \quad (7-27)$$

7.4.2 岩石热效应、损伤效应的自由余能

把岩石热损伤效应引入热损伤本构方程，可以表达为

$$\sigma' = (1-D)\frac{\partial G}{\partial \varepsilon} = (1-D)[E\varepsilon - a(T-T_0)(3\lambda+2\chi)(1-\nu)] \quad (7-28)$$

式中，D 为岩石损伤因子。

由式(7-26)可知，损伤效应下的岩石自由能函数可以表达为

$$G' = (1-D)G = \frac{1-D}{2}\left[E\varepsilon^2 - a(T-T_0)(3\lambda+2\chi)(1-\nu)\varepsilon - \frac{C_V(T-T_0)^2}{2T_0}\right] \quad (7-29)$$

式(7-27)可知，损伤效应下的岩石自由余能函数可以表达为

$$\varphi' = \frac{1-D}{2}\varphi = \frac{1-D}{2}\left[E\varepsilon^2 + a(T-T_0)(3\lambda+2\chi)(1-\nu)\varepsilon + \frac{C_V(T-T_0)^2}{2T_0}\right] \quad (7-30)$$

若同时引入热效应和损伤效应，式(7-26)又可写为

$$\varphi'' = \alpha\beta(T-T_0)\frac{1-D}{2}\left[E\varepsilon^2 + a(T-T_0)(3\lambda+2\chi)(1-\nu)\varepsilon + \frac{C_V(T-T_0)^2}{2T_0}\right] \quad (7-31)$$

若同时引入热效应、轴向应力和损伤效应，得到总自由余能函数为

$$\varphi = \varphi' + \varphi'' = \frac{1-D}{2}\left[\frac{1}{2}E\varepsilon^2 + a(T-T_0)(3\lambda+2G)(1-\nu)\varepsilon + \frac{C_V(T-T_0)^2}{2T_0}\right] +$$
$$\alpha\beta(T-T_0)\frac{1-D}{2}\left[\frac{1}{2}E\varepsilon^2 + a(T-T_0)(3\lambda+2\chi)(1-\nu)\varepsilon + \frac{C_V(T-T_0)^2}{2T_0}\right]$$
$$(7-32)$$

7.5 数值模拟

应用 RFPA2D 模拟软件的温度场、应力场耦合模块模拟花岗岩裂隙扩展情况，温度场通过瞬态温度应力加载，应力场通过位移加载来实现。将该问题建立为一个存在内置裂隙的平面模型，研究不考虑花岗岩颗粒的非均匀性，对破坏单元采用刚度特性退化和刚度重建的办法进行处理。预置裂隙设于花岗岩中部，为了保证花岗岩整体的连续性，预制裂隙参数设为强度非常接近零的物质。计算模型高度及宽度分别为 10 cm 及 5 cm。充分考虑缺陷处的应力集中，将模型划分为若干正方形单元，单元边长为 0.15 mm。岩石破坏采用修正后的 Mohr-Coulomb 强度准则。花岗岩单轴抗压强度为 173 MPa，泊松比为 0.187，弹性模量为 31 GPa，花岗岩导热系数为 2.677 W/(m·K)，摩擦系数为 0.3，比热容为

0.789 kJ/(kg·K),花岗岩标准的孔隙度为3.87%~4.11%。

模拟情况分为:温度在60 ℃时,对含不同裂隙缺陷长度$2a$(3 mm、6 mm、8 mm、10 mm)、裂隙的倾角(30°、45°、60°)的花岗岩模型,进行单轴压力作用下花岗岩临界应力和裂隙演化模拟;裂隙缺陷尺度固定为8 mm,裂隙的倾角为45°,温度为20 ℃、60 ℃、100 ℃时,研究温度对单轴压力作用下花岗岩临界应力和裂隙演化模拟;模拟了温度为60 ℃、裂隙长度为8 mm、倾角为45°的缺陷试样双轴受压破坏过程。

在固定温度60 ℃、单轴应力作用下,数值模拟4种不同裂隙长度的缺陷花岗岩裂隙扩展、演变、破坏过程(图7-3)。图7-3(a)中初始裂隙缺陷长度为3 mm时,花岗岩首先破坏的地方是缺陷尖端处,同时缺陷裂隙宽度也不断增大,缺陷裂隙逐渐发展成接近小圆孔。随着单轴应力增加,在缺陷的较远处出现了不连续的微小裂隙,不连续的裂隙逐渐联通,从整体来看破坏形式比较接近无缺陷花岗岩的破坏形式。由此可见,花岗岩的破坏形式对较小裂隙缺陷的敏感性不大。图7-3(b)中在裂隙缺陷长度为6 mm时,花岗岩仍然主要是从原有裂隙扩展开始,在裂隙翼的周边区域出现有间断性的裂隙扩展,花岗岩裂隙的扩展呈现宏观的剪切破坏,并且是沿着裂隙缺陷的方向破坏。图7-3(c)中当单裂隙缺陷为8 mm时,花岗岩内部裂隙初始扩展出现在原有裂隙的尖端,裂隙尖端再逐渐形成次生裂隙,花岗岩裂隙主导方向仍然是沿着原来裂隙的扩展路径方向扩展。图7-3(d)中当单裂隙缺陷为10 mm时,花岗岩裂隙在原有裂隙的尖端开始扩展,裂隙的扩展沿原有裂隙轨迹破坏,花岗岩本身均质度对裂隙演化的影响此时较小。由此可以说明随着缺陷长度增加,表明随着裂隙长度增大,受压过程中造成裂隙的张开型破坏现象更为明显,裂隙主要沿着初始缺陷裂隙的发展趋势破坏,次生分叉裂隙较少,和理论推导的结果一致。

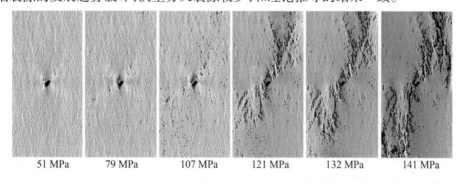

(a)温度为60 ℃,裂隙长度为3 mm、倾角45°试样

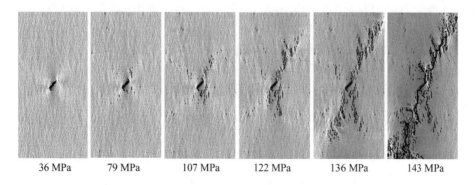

(b)温度为60 ℃,裂隙长度为6 mm、倾角45°试样

图7-3 4种不同裂隙长度缺陷花岗岩裂隙扩展、演变、破坏过程

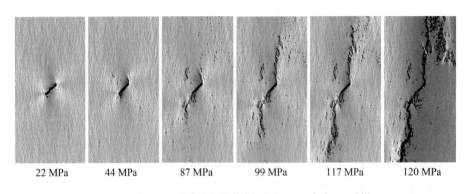

(c) 温度为 60 ℃,花岗岩初始裂隙长度为 8 mm、倾角 45°试样

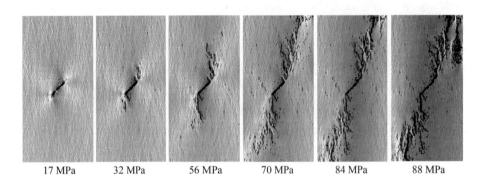

(d) 温度为 60 ℃,裂隙长度为 10 mm、倾角 45°试样

续图 7-3

当裂隙缺陷尺度固定为 8 mm,加温分别固定在 25 ℃、60 ℃、100 ℃时,倾角分别为 30°、45°、60°,研究缺陷倾角对花岗岩裂隙扩展变化规律,如图 7-4 所示。模拟结果可知:当裂隙缺陷角为 30°时,裂隙萌生较慢,且次生裂纹扩展偏移较大,花岗岩的裂隙扩展临界应力较大;当裂隙缺陷角为 45°时,较容易发生脆性破坏,裂纹扩展偏转较小;当裂隙缺陷角为 60°时,花岗岩断裂韧度较大,裂隙扩展明显,形成稳定扩展破坏。说明裂隙倾角越小,受压过程中造成裂隙的张开型破坏现象会减弱,花岗岩裂隙尖端容易发生分叉和偏离现象,容易产生不间断次生裂隙。模拟结果和理论分析结果一致。

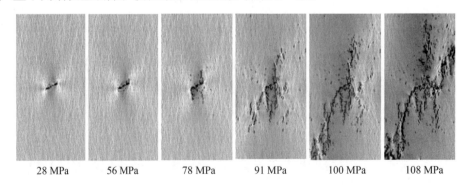

(a) 温度为 60 ℃,裂隙长度为 8 mm、倾角为 30°试样

图 7-4 温度作用下不同倾角缺陷试样的破坏过程图

第7章 温度、应力作用下缺陷花岗岩裂纹扩展机理研究

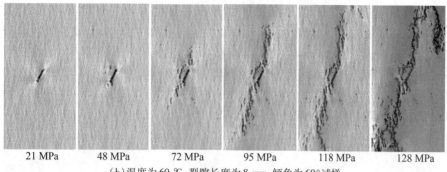

(b)温度为60 ℃,裂隙长度为8 mm、倾角为60°试样

续图 7-4

当裂隙缺陷尺度固定为 8 mm、倾角 45°,温度分别为 25 ℃、60 ℃、100 ℃时,裂隙扩展变化规律如图 7-5 所示。当温度 25 ℃时,随着应力增加,缺陷的尖端出现应力集中,花岗岩裂隙缺陷导致有间断性的裂隙扩展,直到达到花岗岩峰值,裂隙最终的形式为 Y 形,裂纹偏移较大,花岗岩裂纹扩展的临界应力为 29 MPa。当温度 60 ℃时,仍然从原有裂隙缺陷的尖端开始,裂隙主导方向不会发生变化,直至破坏,花岗岩裂纹扩展的临界应力为 22 MPa。当温度 100 ℃时,裂隙扩展主要是剪切破裂,能量释放沿着主裂隙的发展的方向最为合适,温度对花岗岩在裂隙扩展起到加速作用。裂纹扩展的临界应力为 17 MPa。从图 7-3、图 7-4 可知,由于温度效应,导致含有缺陷的花岗岩的裂隙扩展临界应力较常温情况下有所降低,温度效应加快了缺陷花岗岩的破坏速度,缩短了裂隙演化时间、破坏进程。说明花岗岩温度越高,花岗岩断裂韧度越高,在裂隙尖端,裂隙端部最易发生张开型裂隙,次生分叉裂隙较少,花岗岩裂隙沿着初始裂隙平面扩展,且临界应力较小,和理论基本相符合。

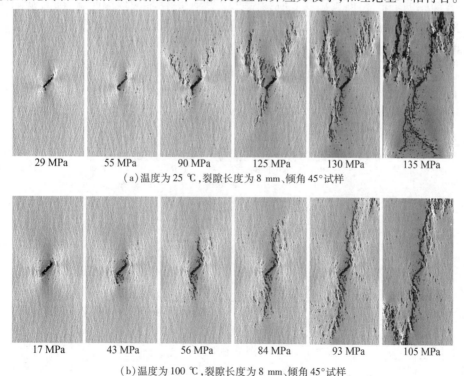

图 7-5 不同温度裂隙缺陷试样的破坏过程

图 7-6 所示为温度为 60 ℃、裂隙长度为 8 mm、倾角为 45°缺陷试样双轴受压破坏过程，和图 7-3(c)单轴受压下破坏形式基本相近。由于受到围压作用，花岗岩断裂韧度比同等条件下花岗岩的断裂韧度要小，在裂隙翼型的周边区域出现应力集中，从原有裂隙缺陷扩展出来的裂隙刚开始是翼型裂隙，间断性裂隙扩展，裂纹扩展偏移较大。相同条件下，双轴压力下花岗岩裂纹扩展的临界应力单轴受压的临界应力下提高 19 MPa。模拟结果和理论分析基本相符。

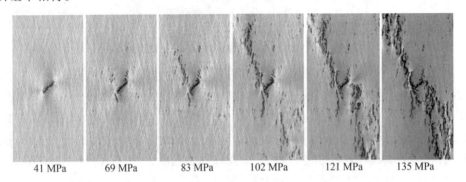

图 7-6　温度、双轴应力作用裂隙缺陷试样的破坏过程

图 7-7 所示为加载过程中的能量变化。已知完整岩样的峰值强度为 160.08 MPa，而含缺陷长度为 8.4 mm、倾角 30°的花岗岩强度分布为 140 MPa，含缺陷长度为 8.4 mm、倾角 45°的花岗岩强度分布为 125.6 MPa，含缺陷长度为 8.4 mm、倾角 60°的花岗岩强度分布为 110 MPa。因此，含缺陷的岩样的力学参数均显著低于完整岩样，但降低幅度与花岗岩缺陷的倾角密切相关。整体而言，温度效应初始阶段明显，后期轴力效应明显，随着缺陷倾角的变小，含裂缝花岗岩的峰值强度与峰值应变均呈增长趋势，缺陷导致了花岗岩强度和变形参数的弱化。

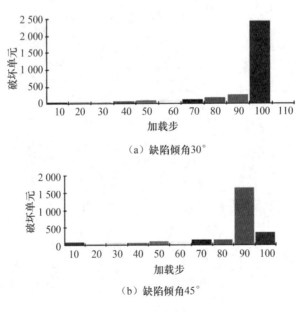

图 7-7　加载过程中的能量变化

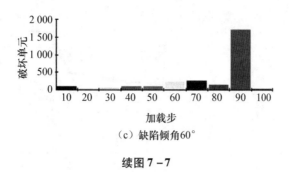

(c) 缺陷倾角60°

续图 7-7

目前声发射已在许多完整岩石材料内部裂纹扩展过程得到了广泛应用,但较少应用于含缺陷岩内部裂纹扩展过程的监测分析。加载过程中的能量变化曲线如图 7-8 所示。加载初期,花岗岩中会观察到一定量的破坏单元次数,是因为温度对缺陷倾角增大花岗岩影响较大。此后,随着变形的逐步增加,应力效应起主导作用,裂纹不断扩张。含缺陷倾角较小(30°)的岩样在弹性变形初期仅出现了一些零星的破坏单元次数,而在弹性变形后期声发射活动事件频繁,在达到岩石峰值时,破坏单元次数急剧增加,预示着脆性花岗岩的失稳破坏。而含缺陷较大(45°)的花岗岩在弹性变形期出现一些破坏单元次数,由于花岗岩中在缺陷附近产生微小的裂纹。在弹性变形期后期裂纹持续增大,出现持续的破坏单元次数。在裂纹贯通时,岩样在峰值强度附近的声发射数增加。而含缺陷较大(60°)的花岗岩在弹性变形期出现的一些破坏单元次数持续增大,且最大破坏单元次数要显著高于 45°的岩样,在接近峰值强度附近时时,声发射变得比较活跃,但 AE 最大数值比倾角 45°小。

对比图 7-7、图 7-8 可以发现,声发射率和能量释放率的演变规律通常具有一致性,即声发射高时能量释放也高。如图 7-8 所示,起始加载时缺陷倾角 60°的花岗岩能量释放曲线高于缺陷倾角 45°、30°的岩样,是因为温度效应对缺陷倾角大花岗岩热破裂更明显。

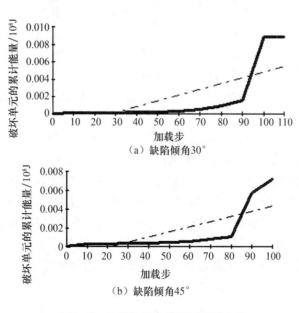

图 7-8 加载过程中的能量变化曲线

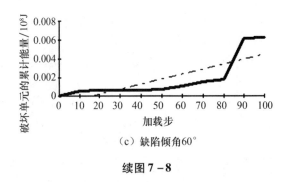

(c) 缺陷倾角60°

续图 7-8

随着轴向荷载继续增大,缺陷倾角 60°花岗岩的能量释放曲线仍然高于含缺陷倾角45°、30°的岩样,这是由于缺陷倾角越大越容易沿着轴向荷载形成裂纹扩展,能量释放现象也越活跃。缺陷倾角 30°的花岗岩能量释放曲线增幅最小,这主要是由于缺陷倾角较小时,缺陷不容易沿着轴向荷载出现裂纹扩展,能量释放现象非常缓慢。花岗岩能量曲线在峰值强度附近能量变化梯度较大,说明花岗岩临近破坏时,裂纹开始迅速扩展,发生交汇,损伤应变能开始增加,但此时缺陷倾角 60°的花岗岩的能量释放曲线低于含缺陷倾角 45°、30°的岩样。缺陷倾角 90°的花岗岩的能量释曲线突变剧烈,这是因为在其花岗岩内部积聚了较多的弹性应变能,当达到峰值强度,倾角越小的花岗岩中的弹性应变能越迅速释放,伴随着损伤应变能的迅速增加,意味着破裂面在逐渐贯通。

综上,花岗岩峰值强度前,缺陷倾角大的花岗能量释放比缺陷倾角小的花岗能量释放大;花岗岩峰值强度后,缺陷倾角大的花岗能量释放比缺陷倾角小的花岗能量释放小。

7.6 试验研究

试验所用岩样取自我国高放废料甘肃北山预选区花岗岩,加工的花岗岩岩样为光滑的端面,花岗岩为 $\Phi50\ mm \times 100\ mm$ 的标准试件。预置裂隙于花岗岩中部,用切割机切割花岗岩缺陷长度为 8 mm,倾角分别为 30°、45°、60°。为了保持缺陷封闭,用水泥进行封闭。本试验共划分常温(25 ℃)、100 ℃。100 ℃组试验通过电子马弗炉对北山花岗岩进行热处理。RMT-150B 岩石力学试验系统安装好应变测量装置和位移传感器,对缺陷花岗岩轴向加载前期采用应力控制方式,加载速率为 0.1 kN/s。后期采用应变控制方式,加载速率为 0.1 mm/min,加载至试样破坏。

如图 7-9(a)、(c)所示,缺陷倾角相同、温度不同,花岗岩岩样最后的破坏形态差异性较明显。当温度为 25 ℃时,花岗岩断裂韧度较小,裂隙扩展临界应力较大,裂隙不容易扩展,裂纹扩展的方向偏移较大,裂纹扩展进入非稳定扩展。应力应变曲线如图 7-10(a)所示,单轴抗压强度较高。当温度为 60 ℃时,花岗岩断裂韧度较大,裂隙扩展临界应力较小,致裂隙萌生、扩展和贯通的敏感性增强,次生分叉裂隙较少,裂纹扩展偏移较小,形成了明显的以裂隙走向的破坏截面,裂纹的扩展为非稳定发展,其抗压强度如图 7-10(c)所示,明显比常温下的强度有所降低。花岗岩试验破坏形态和相同条件下花岗岩数值模拟破坏形式基本相同。

(a) 温度25 ℃、缺陷倾角45°   (b) 温度60 ℃、缺陷倾角60°   (c) 温度60 ℃、缺陷倾角45°   (d) 温度60 ℃、缺陷倾角30°

图 7-9 不同温度轴向应力作用下含缺陷花岗岩(缺陷倾角不同、缺陷长度为 8 mm)破坏形态

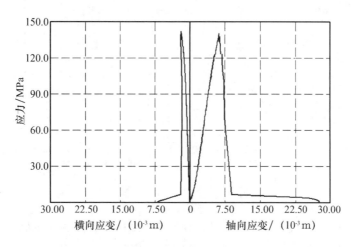

(a) 常温、缺陷倾角 45°

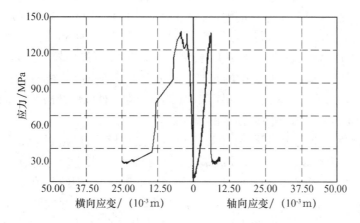

(b) 温度 60 ℃、缺陷倾角 60°

图 7-10 缺陷花岗岩应力－应变关系曲线

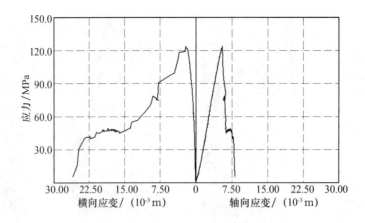

(c)温度 60 ℃、缺陷倾角 45°

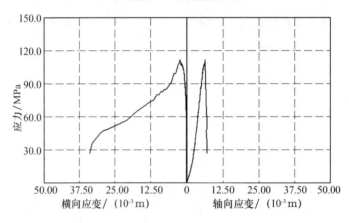

(d)温度 60 ℃、缺陷倾角 30°

续图 7 – 10

从图 7 – 9(b)、(c)、(d)可以看出,相同温度下,花岗岩裂隙倾角不同,岩样最后的破坏形态不同。裂隙倾角越大,裂隙的贯通十分明显。裂隙倾角为 60°时,花岗岩断裂韧度较小,裂隙开始扩展的临界应力较大,裂纹容易扩展,形成了一个以裂隙走向的破坏带,裂纹扩展偏转方向小,裂纹的扩展为稳定破坏,需要破坏的时间较长。裂隙倾角为 45°时,裂隙开始扩展为稳定破坏,裂纹扩展后为非稳定破坏。裂隙倾角为 30°时,花岗岩断裂韧度较大,裂隙扩展临界应力小,裂隙不容易扩展,裂纹扩展的方向偏移较大,裂纹扩展进入非稳定扩展,其抗压强度较低。试验测试的花岗岩破坏形态数值模拟的结果基本一致。

由图 7 – 9 ~ 7 – 10 所示的试验结果可知,缺陷倾角对试件强度及破坏模式的影响规律为:

(1)缺陷倾角对试件压缩破坏模式的影响。

随着缺陷倾角由小变大,试件将主要出现两种破坏模式,即沿缺陷面剪切破坏和穿切缺陷面张拉破坏。完整试件中的裂纹起裂方向都近似与最大主应力方向平行。而后随着载荷增加,裂纹数量和长度也随之增加,由于是缓慢加载,初始裂纹均有机会充分扩展进而发展成为宏观大螺纹,因此试件发生轴向张拉贯通破坏,其破坏程度明显小于高应变率载荷下的充分破碎。而缺陷倾角的破坏模式则表现出与缺陷倾角有很大的相关性。当缺陷倾角为 0°时,由于缺陷面垂直于最大主应力方向,因此主要为张拉破坏。而当缺陷倾角为 30°、45°和 60°时,缺陷将同时受到剪切和压缩作用,进而两侧岩块也将受到剪切和张拉作用,此时试件可能发生沿缺陷面的剪切破坏或岩块的剪切和拉伸破坏,或二者同时存在。

缺陷倾角为30°和45°的试件则主要以剪切破坏为主,兼有张拉破坏,缺陷倾角为60°的试件则主要是以剪切破坏为主。

(2)缺陷倾角对试件强度的影响。

由图7-9~7-10可以看出,60°倾角试件的峰值强度最低,仅为完整试件的7.5%。而30°和45°倾角试件的峰值强度居中,分别为完整试件的74%和35%。因此缺陷倾角在30°~60°变化时,试件强度变化基本呈开口向上的抛物线,这与Jaeger等提出的单结构面强度理论一致。

(3)缺陷倾角对试件弹性模量及变形的影响。

所有试件的应力-应变曲线都会首先经历压密阶段而后是弹性变形阶段。随着缺陷倾角的变化,相应试件的弹性模量也不同,缺陷倾角为30°、45°和60°的试件弹性模量均显著低于完整试件,这是由于前者缺陷的压缩变形在总变形中所占比例较大,因此弹性模量较小。当应力达到峰值后,曲线开始逐渐下降。缺陷倾角为30°、45°、60°的试件,曲线下降相对较缓,塑性破坏特征明显。随着缺陷倾角的增加,试件弹性模量的变化规律和强度均近似呈抛物线规律变化。

(4)由图7-9~7-10所示的试验结果可知。

缺陷贯通度对试件强度、变形及破坏模式的影响规律为:不同缺陷贯通度试件的破坏特征,完整试件产生平行于加载方向的张拉破坏,中心贯通试件为上部剪切破坏和下部张拉破坏的复合破坏,而完全贯通缺陷试件,既有沿缺陷面的剪切破坏又有沿轴向的劈裂破坏。从无缺陷到中心贯通到完全贯通,试件逐渐由张拉破坏过渡到沿缺陷面的剪切破坏。这主要是由于缺陷强度远远低于相应岩石强度所致。

缺陷贯通度对试件强度的影响:说明随缺陷贯通度增加,试件强度逐渐降低,其下降趋势基本上随缺陷贯通度的增加呈线性关系。

总之,由试验结果可以看出试件强度、变形、弹性模量及破坏模式等力学特性受缺陷倾角影响很大。当发生穿切缺陷面的张拉破坏时,其强度和弹性模量均较高,而发生沿缺陷面的剪切破坏时,其强度和弹性模量均有显著降低。试件强度随着缺陷贯通度增加而逐渐降低,塑性变形特征更加显著。理论计算临界应力、数值模拟分析数据结果、试验测试结果的对比如图7-11所示。数值模拟花岗岩的临界应力的结果在理论值附近浮动,大小变化趋势基本一致,实际花岗岩的临界应力比理论值和数值模拟值偏小,这是受自然界花岗岩非均质性能影响,但在一定的范围内反映真实情况。

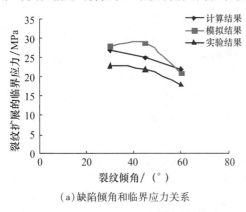

(a)缺陷倾角和临界应力关系

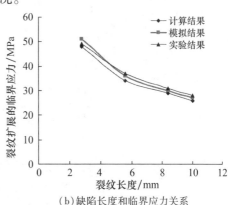

(b)缺陷长度和临界应力关系

图7-11 临界应力理论值与数值模拟值对比图

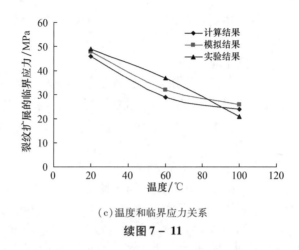

(c)温度和临界应力关系

续图 7-11

理论分析推导出的裂纹扩展应力、数值模拟结果和试验测试结果的对比如图 7-12 所示。从图 7-12 中可以看出,计算结果、数值模拟结果和试验测试结果基本一致。理论推导出花岗岩破坏的自由余能、数值模拟自由余能和试验测试花岗岩自由余能如图 7-13 所示。从图 7-13 中可以看出,3 种情况下所得自由余能基本接近。

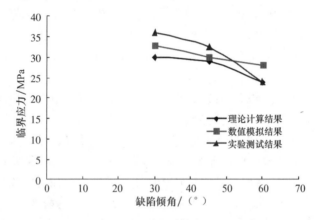

图 7-12 3 种情况下花岗岩裂缝扩展的临界应力

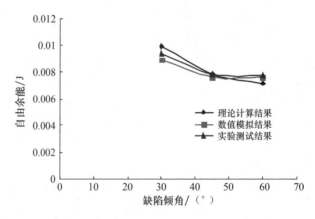

图 7-13 3 种情况下花岗岩破裂时自由余能

由花岗岩缺陷处局部应力可知,在花岗岩缺陷的裂纹尖端会出现应力集中,数值模拟、试验测试中的花岗岩裂纹扩展得到了很好的体现。理论计算得到的裂纹尖端应力、数值模拟得到做裂纹扩展应力、试验测试得到的裂纹尖端应力结果基本接近。

由上面理论分析数据、数值模拟结果和试验结果分析,充分证明了该研究成果的正确性。

结合理论计算临界应力和数值模拟分析数据结果对比如图7-12、图7-13所示。数值模拟花岗岩的临界应力的结果在理论值附近浮动,大小变化趋势基本一致,能在一定的范围内反映真实情况。

7.7 本章小结

(1)利用热力学和断裂力学理论,利用叠加原理,得到了含有温度参数的花岗岩单轴、双轴应力下裂隙扩展断裂韧度和临界应力与裂隙初始长度、角度、花岗岩断裂韧度之间的关系。

(2)理论研究、数值模拟、试验测试发现,花岗岩断裂韧度、裂纹扩展临界应力、裂纹扩展规律受裂隙长度、裂隙倾角、温度影响较大。温度、初始裂隙倾角不变时,花岗岩断裂韧度随着裂隙长度增加不断增大,裂纹扩展裂隙萌生较快,且次生裂纹扩展偏移越小,沿着裂隙面破坏;裂隙扩展临界应力随着裂隙长度增加不断降低。温度、裂隙长度不变时,花岗岩断裂韧度随着裂隙倾角增加不断减小,裂纹扩展裂隙萌生较慢,次生裂纹扩展偏移越大,裂纹扩展后形成非稳定破坏;裂隙扩展临界应力随着裂隙倾角增加不断增加。初始裂隙角度、长度不变时,花岗岩断裂韧度随着温度升高而增加,花岗岩临界应力随着温度升高而降低,缩短了裂隙演化时间、破坏进程。相同条件下,花岗岩双轴临界应力比单轴受压下有所提高。

第 8 章 核废料处置库围岩渗流场与温度场耦合数值模拟

8.1 岩体温度场对渗流场影响的机理分析

目前核废料处理过程中周围岩体的渗流场分析与温度场分析往往是分开进行的,考虑两者之间的相互影响的分析很少。虽然一些学者考虑渗流的一维导热方程的解析解为基础,分析了岩石渗流随水头、渗透系数变化对围岩稳定温度场的影响,但实际工程应用受到限制。为了比较客观地反映渗流场与温度场之间的相互作用关系,研究核废料处理中周围岩石渗流场与稳定温度场耦合分析的数学模型及其数值计算方法便具有重要的实用价值。

核废料处理过程中周围岩体中渗流场与温度场是相互作用、相互影响的。一方面,岩体渗流的存在,将使渗透水流参与进岩体系统中的热量传递与交换,从而影响岩体温度场的分布;另一方面,岩体温度场的改变,将引起水的黏度和岩体渗透系数的改变,还会由于温度梯度(或温度势梯度)的存在引起水的运动,因此影响岩体渗流场的分布。基于以上考虑,并为了采用连续介质理论,本章提出的岩体渗流场与稳定温度场耦合分析数学模型的基本假定为:

(1)岩体渗流可视为连续介质渗流。

(2)岩体中的渗流通过携入和带出岩体中的热量,来影响岩体温度场的分布;岩体温度场通过改变岩体渗透系数及温度梯度引起的水流运动,来影响岩体渗流场的分布。

(3)温度的变化不引起水的相变。

岩体的渗透系数不仅是裂隙介质特征的函数,也是表征通过岩体流动的流体的特征函数。岩体的渗透系数与流体的运动黏滞系数成反比,而流体的运动黏滞系数又是温度的函数。例如,水的运动黏滞系数可按下列经验公式计算:

$$\nu = \frac{0.01775}{1 + 0.033T + 0.000221T^2} \quad (8-1)$$

式中,ν 为水的运动黏滞系数,cm^2/s;T 为水温,℃。

由式(8-1)可以看出,水温对水的运动黏滞系数影响较大,0 ℃时的运动黏滞系数为 100 ℃时运动黏滞系数的近 7 倍。由上面的分析可知,岩体的渗透系数还是温度(即水温)的函数。一方面温度场通过影响岩体的渗透系数而影响渗流场的分布;另一方面,由温度差形成的温度势梯度也会造成水的流动。由于温度势本身就是较为复杂的问题,因此,温度对水流运动的影响目前只能用温度梯度的一种经验表达式。例如,对一维情况,有

$$q_T = -D_T \frac{\partial T}{\partial x} \quad (8-2)$$

式中,q_T 为温度梯度引起的水流通量;D_T 为温差作用下的水流扩散率;$\frac{\partial T}{\partial x}$ 为温度沿一维坐标轴 x 方向的梯度。

将式(8-2)推广到三维情况,并代入渗流的连续性方程,可得温度影响下的岩体渗流场基本方程为

$$\nabla(K\nabla H) + \nabla(D_T \nabla T) + Q_H = S_s \frac{\partial H}{\partial t} \tag{8-3}$$

式中，$H = H(x,y,z,t)$，为渗流场水头分布；$K = K(x,y,z) = K(T)$，为岩体体各向同性渗透系数，是温度的函数；T 为温度；Q_H 为岩体渗流的源（汇）项；S_s 为贮水率；t 为时间坐标；∇ 为梯度算子。式(8-3)展开后，为

$$\frac{\partial}{\partial x}\left(K\frac{\partial H}{\partial x}\right) + \frac{\partial}{\partial y}\left(K\frac{\partial H}{\partial y}\right) + \frac{\partial}{\partial z}\left(K\frac{\partial H}{\partial z}\right) +$$

$$\frac{\partial}{\partial x}\left(K\frac{\partial T}{\partial x}\right) + \frac{\partial}{\partial y}\left(K\frac{\partial T}{\partial y}\right) + \frac{\partial}{\partial z}\left(K\frac{\partial T}{\partial z}\right) + Q_H = S_s \frac{\partial H}{\partial t} \tag{8-4}$$

由式(8-4)可以看出，岩体渗流场水头分布 $H = H(x,y,z,t)$ 与温度场的分布 $T = T(x,y,z,t)$ 密切相关。一方面，温度通过影响岩体体的渗透系数而影响渗流场；另一方面，温度梯度本身也影响水流的运动，而且温度梯度越大，对渗流场的影响也越大。所以式(8-4)反映了岩体温度场对渗流场的影响机理。

8.2 岩体渗流场对温度场影响的机理分析

在一维导热的情况下，当岩体内部存在渗流时，热流量包括两部分：一部分是由于岩石本身的热传导作用，等于 $-\lambda \frac{\partial T}{\partial x}$；另一部分是由渗流夹带的热量，等于 $c_w \gamma_w v T$，因此热流量为

$$q_x = c_w \gamma_w v T - \lambda \frac{\partial T}{\partial x} \tag{8-5}$$

式中，q_x 为沿一维坐标轴 x 方向的热流量；T 为温度；c_w 为水的比热；γ_w 为水的容重；v 为渗流速度；λ 为岩石的导热系数。因此，在单位时间内流入单位体积的净热量为

$$-\frac{\partial q_x}{\partial x} = -c_w \gamma_w \frac{\partial(vT)}{\partial x} + \frac{\partial}{\partial x}\left(\lambda \frac{\partial T}{\partial x}\right) \tag{8-6}$$

这个热量必须等于单位时间内岩石温度升高所吸收的热量，故

$$c\gamma \frac{\partial T}{\partial t} = -c_w \gamma_w \frac{\partial(vT)}{\partial x} + \frac{\partial}{\partial x}\left(\lambda \frac{\partial T}{\partial x}\right) \tag{8-7}$$

式中，c 为岩石的比热容，γ 为岩石的容重。

将式(8-7)推广到三维导热的情况下，并考虑源（汇）项 Q_T，可得考虑渗流影响的岩体三维导热方程为

$$c\gamma \frac{\partial T}{\partial t} = \frac{\partial}{\partial x}\left(\lambda \frac{\partial T}{\partial x}\right) + \frac{\partial}{\partial y}\left(\lambda \frac{\partial T}{\partial y}\right) + \frac{\partial}{\partial z}\left(\lambda \frac{\partial T}{\partial z}\right) -$$

$$c_w \gamma_w \left[\frac{\partial(v_x T)}{\partial x} + \frac{\partial(v_y T)}{\partial y} + \frac{\partial(v_z T)}{\partial z}\right] + Q_T \tag{8-8}$$

式中，v_x、v_y、v_z 为渗流速度沿三维坐标轴 x、y、z 方向的分量；其余符号意义同前。

由式(8-8)可以看出，岩体温度场的分布 $T = T(x,y,z,t)$ 与渗流速度场的分布 $v = v(x,y,z,t)$ 有密切的关系；渗流速度越大，对温度场的影响也越大。而渗流速度场的分布又由渗流场水头的分布 $H = H(x,y,z,t)$ 决定，即 $v = v(H)$。所以，式(8-8)反映了岩体渗流场对温度场的影响机理。

8.3 渗流场与温度场耦合的连续介质数学模型

由以上的分析可以得出岩体渗流场与温度场耦合分析的连续介质数学模型，并结合第

7 章推导的渗透率是温度的函数：

$$k = k_0 e^{b(T-c)} \tag{8-9}$$

同时渗透系数和渗透率存在如下关系：

$$K = k\frac{\rho g}{\mu} = k\frac{r}{\mu} \tag{8-10}$$

即渗透系数是温度的函数：

$$K = k_0 \frac{r}{\mu} e^{b(T-c)} = a e^{b(T-c)} \tag{8-11}$$

(1) 温度场影响下的渗流场数学模型。

$$\begin{cases} \nabla[K(T)\nabla H] + \nabla(D_r \nabla T) + Q_H = S_s \dfrac{\partial H}{\partial t} & t \geqslant t_0(x,y,z) \in \Omega \\ K = k_0 \dfrac{r}{\mu} e^{b(T-c)} = a e^{b(T-c)} \\ H(x,y,z,t_0) = H_0(x,y,z,t) & t = t_0(x,y,z) \in \Omega \\ H(x,y,z,t_0) = H_0(x,y,z,t) & t \geqslant t_0(x,y,z) \in \Gamma_1 \\ K(T)\dfrac{\partial H}{\partial n_2} = q(x,y,z,t) & t \geqslant t_0(x,y,z) \in \Gamma_2 \\ H(x,y,z,t) = z(t), \\ \mu \dfrac{\partial H}{\partial t} = K(T)\left[\left(\dfrac{\partial H}{\partial x}\right)^2 + \left(\dfrac{\partial H}{\partial y}\right)^2 + \left(\dfrac{\partial H}{\partial z}\right)^2\right] - \\ \quad \dfrac{\partial H}{\partial z}[K(T)+\varepsilon] + \varepsilon & t \geqslant t_0(x,y,z) \in \Gamma_3 \end{cases} \tag{8-12}$$

式中，Ω 为岩体的空间渗流域；t_0 为初始时刻；$H_0(x,y,z)$ 为 t_0 时刻 Ω 域的水头分布；Γ_1 为已知水头边界；$H_1(x,y,z)$ 为 Γ_1 上的水头分布；Γ_2 为已知流量边界；n_2 为 Γ_2 的法线方向；$q(x,y,z,t)$ 为 Γ_2 上的流量分布；Γ_3 为渗流自由面边界；ε 为 Γ_3 的补给强度；μ 为给水度。其余符号意义同前。

(2) 渗流场影响下的温度场数学模型。

$$\begin{cases} c\gamma \dfrac{\partial T}{\partial t} = \dfrac{\partial}{\partial x}\left(\lambda \dfrac{\partial T}{\partial x}\right) + \dfrac{\partial}{\partial y}\left(\lambda \dfrac{\partial T}{\partial y}\right) + \dfrac{\partial}{\partial z}\left(\lambda \dfrac{\partial T}{\partial z}\right) - \\ \quad c_w \gamma_w \left[\dfrac{\partial(v_x T)}{\partial x} + \dfrac{\partial(v_y T)}{\partial y} + \dfrac{\partial(v_z T)}{\partial z}\right] + Q_T \\ K = k_0 \dfrac{r}{\mu} e^{b(T-c)} = a e^{b(T-c)} & t \geqslant t_0(x,y,z) \in \Omega \\ T(x,y,z,t_0) = T_0(x,y,z,t) & t = t_0(x,y,z) \in \Omega \\ T(x,y,z,t_0) = T_1(x,y,z,t) & t \geqslant t_0(x,y,z) \in S_1 \\ \lambda \dfrac{\partial T}{\partial n_2} = q(x,y,z,t) & t \geqslant t_0(x,y,z) \in S_2 \\ N\left[\cos(n_1,x)\dfrac{\partial T}{\partial x} + \cos(n_1,y)\dfrac{\partial T}{\partial y} + \cos(n_1,y)\dfrac{\partial T}{\partial y}\right] + \beta(T-T_0) = 0 \\ \quad t \geqslant t_0(x,y,z) \in S_3 \end{cases} \tag{8-13}$$

式中，Ω 域及初始时刻 t_0 应和渗流场数学模型式 (8-12) 一致，以反映双场耦合；$T_0(x,y,$

z))为 t_0 时刻初始温度场的分布;S_1 为已知温度边界;$T_1(x,y,z)$ 为 S_1 上的已知温度分布;S_2 为已知热流量边界;n_2 为 S_2 法线方向;$T_2(x,y,z,t)$ 为 S_2 上的已知热流量(绝热边界 $q=0$);S_3 为第 3 类边界条件;n_3 为 S_3 法线方向;β 为表面放热系数。其余符号意义同前。

式(8-12)与式(8-13)联立构成了岩体渗流场与温度场耦合分析的连续介质数学模型。

8.4 双场耦合分析的有限元数值方法

理论上,能同时满足式(8-12)与式(8-13)的渗流场水头分布 $H(x,y,z,t)$ 以及温度场分布 $T(x,y,z,t)$ 即为岩体渗流场与温度场耦合分布的精确解,这就需要联合求解式(8-12)与式(8-13)。

众所周知,在大多数情况下,目前单独求解式(8-12)或式(8-13)解析解是不可能的,联合求解则更加困难。所以,有必要讨论双场耦合数学模型的数值求解方法。岩体渗流场与温度场耦合分析的数学模型式(8-12)与式(8-13)的有限元求解方法及迭代步骤如下:

(1)根据已知温度边界条件,大致估算 Ω 域的温度均值 $\overline{T}$,并假定 Ω 域内温度梯度 $dT=0$,即 $T=T_0(x,y,z,t)=\overline{T}$。

(2)将第(1)步或第(4)步求出的温度场分布代入式(8-12),按有限元方法求解渗流场,得出渗流场水头分布为 $H_0(x,y,z,t)$。

(3)由渗流场水头分布 $H_0(x,y,z,t)$,按达西定律求解渗流速度,得出渗流速度场分布为 $v_0(x,y,z,t)$。

(4)将渗流速度场 $v_0(x,y,z,t)$ 代入式(8-12),按有限元法求解温度场,得出温度场分布为 $T_0(x,y,z,t)$。

(5)重复(2)~(4)步,进行迭代计算,直到满足以下精度要求:

$$\begin{cases} |H_{n+1}(x,y,z,t) - H_n(x,y,z,t)| \leqslant \in H \\ |T_{n+1}(x,y,z,t) - T_n(x,y,z,t)| \leqslant \in T \end{cases} \quad (8-14)$$

式中,$H_n(x,y,z,t)$ 及 $T_n(x,y,z,t)$ 分别为第 n 次迭代求得的渗流场水头分布和温度场分布;$H_{n+1}(x,y,z,t)$ 及 $T_{n+1}(x,y,z,t)$ 分别为第 $n+1$ 迭代求得的水头分布和温度分布;$\in H$ 及 $\in T$ 分别为渗流场水头和温度场温度的求解精度。

(6)迭代至满足式(8-14)后,可得出耦合分析的渗流场水头分布 $H(x,y,z,t)$ 及温度场分布 $T(x,y,z,t)$ 分别为

$$\begin{cases} H(x,y,z,t) = 0.5[H_{n+1}(x,y,z,t) + H_n(x,y,z,t)] \\ T(x,y,z,t) = 0.5[T_{n+1}(x,y,z,t) + T_n(x,y,z,t)] \end{cases} \quad (8-15)$$

8.5 工程实例

8.5.1 计算模型

根据国际合作研究项目中的耦合过程研究提供的数据,按照现场的真实尺寸建立三维数值仿真模型,核废料地质储存的计算区域为:80 m×80 m,其中,核废料储存计算区域中心区为:20 m×10 m,其模型表面温度设为 25 ℃,核废料的温度设置为 200 ℃。有限元网格如图 8-1 所示,存储核废料巷道轴向埋深为 223 m,y 方向为开挖方向,z 方向为深度方向。

x 方向长度为 40 m,y 方向长度为 80 m,z 方向长度为 80 m。岩体和回填材料用 ABAQUS 材料库中的三维 8 节点热-水-力耦合缩减积分单元(C3D8RPT)来模拟,回填砂土的材料参数取值与现场保持一致。超开挖层、混凝土堵头以及衬砌用三维 8 节点热-水-力耦合单元(C3D8PT)来模拟,通过对超开挖层单元力学参数的折减来模拟超开挖,根据现场实际布置情况,混凝土堵头和衬砌采用相同的材料参数。钢制密封盖装置用三维 8 节点热力耦合缩减积分单元(C3D8RT)来模拟,钢制密封盖设置为不透水单元,来模拟其密封效应。

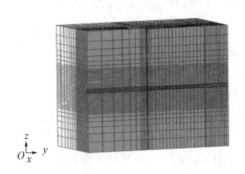

图 8-1 PRACLAY 现场三维数值模型

8.5.2 初始条件和边界条件

根据 HADES 地下实验室的实际情况,初始条件设置如下:竖直 z 方向力 $\sigma_s = \rho g z$,水平 x 方向力 $\sigma_x = k_x \sigma_s$,水平 y 方向力 $\sigma_y = k_y \sigma_s$,侧压力系数取 $k_x = k_y = 0.85$,初始孔压为 $u_W = \gamma_W z$(γ_W 为水的重度),模型初始温度为 25 ℃。模型上表面施加的上覆土层自重应力,前表面采用对称约束,其他表面施加法向约束。除了衬砌外表面(与空气接触),其他所有的外边界皆为不排水边界,衬砌外表面孔压在开挖过程中保持 0.1 MPa,以免衬砌单元出现超孔压。除热源外,所有边界均为绝热边界。

8.5.3 数值计算工况

根据 HADES 地下实验室现场施工情况,模拟过程分为以下 5 步:第 1 步:PRACLAY 存储核废料巷道开挖,历时 25 d。岩体开挖后同时激活超挖层(gap)单元和衬砌单元,假设开挖在排水条件下进行,衬砌外表面(与空气接触)孔压在开挖过程中保持 0.1 MPa,以免衬砌单元出现超孔压,温度保持初始值。第 2 步:渗流,历时 4.2 年。存储核废料巷道衬砌内侧孔压保持 0.1 MPa。第 3 步:回填,历时 168 d。用沙回填存储核废料巷道,回填压力由 0.1 MPa 逐步升至 0.5 MPa。第 4 步:加热前阶段,历时 1.65 年。在此过程中回填压力逐步上升至 0.8 MPa。第 5 步:加热阶段,历时 35 d,温度增加至 200 ℃,加热系统设置于衬砌内侧,采用定温加热的方式,加热耗时 5 d。

8.5.4 计算参数

为了深入理解花岗岩热、水、力学参数对 THM 耦合条件下花岗岩核废料处置库围岩水力学响应的影响,采用单因素分析法,考虑比较重要或难以确定的参数:弹性模量、凝聚力、内摩擦角、渗透系数、导热系数、热膨胀系数,每个参数取 3 个水平,参数的取值不得超出符合 Boom clay 性质的范围,见表 8-1。数值计算时,PRACLAY 存储核废料巷道所使用衬砌、密封结构和回填沙的热、水、力学参数见表 8-2。

表 8-1 参数敏感性分析主要影响因素及其水平

水平	弹性模量/MPa		凝聚力/kPa	内摩擦角/(°)	渗透系数/($m \cdot s^{-1}$)		导热系数/[$W \cdot (m \cdot K)^{-1}$]		热膨胀系数/K
	E_h	E_V			k_h	k_V	λ_h	λ_V	
1	1 000	500	200	15	4×10^{12}	2×10^{12}	1	0.8	0.5×10^5
2	1 400	700	300	20	6×10^{12}	3×10^{12}	2	1.6	1×10^5
3	1 800	900	400	25	8×10^{12}	4×10^{12}	3	2.4	1.5×10^5

注:E_h、E_V 分别为水平、垂直向弹性模量;k_h、k_V 分别为水平、垂直向渗透系数;λ_h、λ_V 分别为水平、垂直向导热系数。

表 8-2 PRACLAY 结构计算参数取值

材料名称	弹性模量/GPa	泊松比	干密度/($g \cdot cm^{-3}$)	孔隙比	比奥系数	渗透率/m^2	比热容/[$J \cdot (kg \cdot K)^{-1}$]	导热系数/[$W \cdot (m \cdot K)^{-1}$]	热膨胀系数/K
衬砌	44	0.25	2.1	0.176	1.0	4×10^{18}	250	2.06	1.0×10^5
密封件	55	0.25	3.0	—	—		250	2.06	1.3×10^5
回填砂土	1	0.25	2.1	0.66	1.0	1×10^8	880	2.1	1.0×10^5

8.5.5 计算结果分析

核废料储存岩体非耦合温度分布:核废料储存岩体非耦合水头分布、核废料储存岩体耦合温度分布、非耦合时水头分布、耦合时水头分布如图 8-2 所示。

采用文中提出的耦合分析模型及有限元数值方法对此例进行了计算,并与单独分析渗流场和温度场进行了比较。图 8-2 分别为耦合分析得出的温度场等温线和渗流场等水头线,可以看出,耦合分析得出的渗流场水头普遍偏高,相差最大为 7.56 m,约占总水头的 5%;而耦合分析得出的温度场温度普遍偏低,相差最大为 0.78 ℃,约低了 4%。由此,进一步看出了岩石中渗流场和温度场的相互影响。

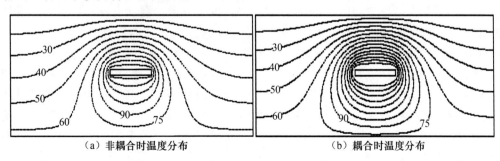

(a) 非耦合时温度分布　　　　　(b) 耦合时温度分布

图 8-2 温度、水头分布曲线

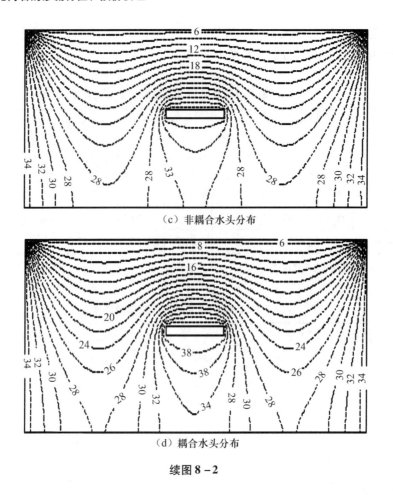

(c)非耦合水头分布

(d)耦合水头分布

续图 8-2

8.5.6 敏感性分析结果

在 PRACLAY 现场试验的加热过程中,势必引起周围岩体孔压、温度和有效应力的改变,从而影响处置库的稳定。在 ABAQUS 有限元计算中,Boom clay 花岗岩的热、水、力学参数(表 8-1)都会影响围岩的温度-渗流-应力耦合过程,进而影响围岩的孔压、温度和有效应力。本节通过采用单因素分析方法,选取距离密封盖装置 15 m 处截面存储核废料巷道径向(水平方向),研究不同的热力学、水力学参数对围岩孔压、温度和有效应力的影响规律。

(1)弹性模量。

弹性模型会直接影响岩体的有效应力和变形,也会对由于温度升高而产生的超孔压的值产生影响。弹性模量对水平测线加热不同阶段的孔压、有效应力以及温度的影响如图 8-3 所示。敏感性分析所考虑的弹性模量取值范围为 1 000~1 800 MPa(表 8-1),模拟后得到加热前(开挖并存储后)和加热后(5 d 和 20 d)水平测线孔压分布(图 8-3)。从图中可以看出,加热前,即渗流-应力(HM)耦合阶段,弹性模量越高,开挖后相同位置的孔压越小,这是弹性模量越高开挖引起的变形越小的结果。另外,相对于加热后的 THM 耦合阶段而言,在加热前的 HM 耦合阶段,不同的弹性模量取值所导致的孔压分布曲线的差异性并不十分明显。

加温导致围岩超孔压的产生主要是由于花岗岩骨架热膨胀系数和水热膨胀系数量值相差悬殊而引起的。加热后,热膨胀导致的有效应力变化会使围岩产生新的变形,弹性模量越大,相同的有效应力变化所导致的花岗岩骨架变形越小,与水的热膨胀变形相差越悬殊,所引起的超孔压就越高,反之,超孔压越低。由图8-3可以看出,水平测线上孔压最大值在距衬砌的孔压最大值为2.67 MPa。加热后,弹性模量越小,围岩的有效应力越大。另外,由图8-3(c)、图8-4(c)可以看到,相同条件下不同弹性模量的温度曲线基本重合,说明在所研究的取值范围内,弹性模量对温度在花岗岩介质中的传递基本没有影响。

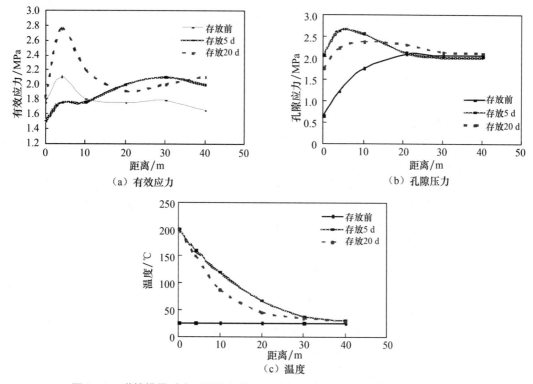

图8-3 弹性模量对水平测线加热不同阶段的孔压、有效应力以及温度的影响

(2)内摩擦角和凝聚力。

敏感性分析所考虑的内摩擦角和凝聚力的取值范围分别为20°~25°和200~400 kPa,内摩擦角和凝聚力在整个试验过程中(加热前、加热后)对开挖塑性区内的有效应力有显著影响,内摩擦角或凝聚力的值越大,塑性区的有效应力越大,如图8-4所示。内摩擦角和凝聚力对塑性区以外区域的有效应力的影响可以忽略。

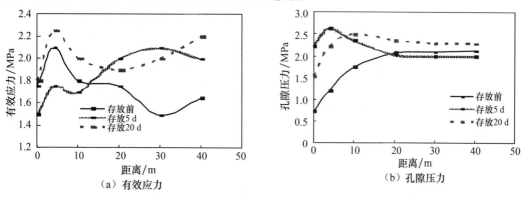

图8-4 内摩擦角对水平测线加热不同阶段的孔压、有效应力以及温度的影响

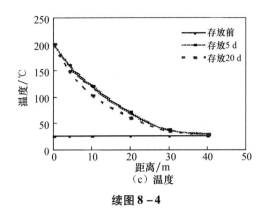

(c) 温度

续图 8-4

(3) 渗透系数。

THM 耦合条件下,围岩渗流场的演化受到两方面的交互影响:一方面是加热后由于花岗岩骨架热膨胀系数和水热膨胀系数量值相差悬殊而引起的超孔压;另一方面是孔压的消散,其速率由渗透系数大小决定。图 8-5 所示为渗透系数对水平测线加热不同阶段孔压、有效应力及温度的影响,渗透系数的取值范围见表 8-1,由图 8-5 可以看出,相同时间同一位置处,渗透系数越大,孔压越小。这是花岗岩的渗流特性所决定的,孔压的消散速率受渗透系数大小的影响,渗透系数越大,孔压消散速率越快,孔压越小。加热前,渗透系数对孔压的影响程度要远小于加热后,加热后低渗透系数情况下产生的超孔压远大于高渗透系数情况。根据有效应力原理,渗透系数对扰动区的有效应力也有较大影响,低渗透系数情况下围岩有效应力小于高渗透系数情况。另外,在所研究的取值范围内(一个数量级以内),对于低渗透性的饱和花岗岩介质来说,热对流对温度演化的影响非常明显。

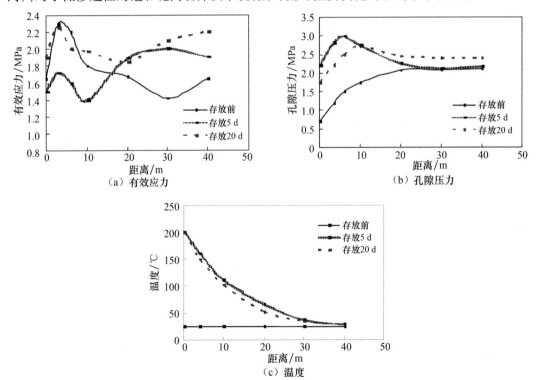

图 8-5 渗透系数对水平测线加热不同阶段的孔压、有效应力及温度的影响

(4)导热系数。

物体传热的方式可分为热传导、热对流、热辐射3种。由于花岗岩介质的低渗透性,热对流往往可以忽略。而热辐射一般只在非饱和介质中才需考虑,其量值与热传导相比也非常小。因此,在研究花岗岩介质传热时重点考虑热传导这一种传热方式。导热系数对水平测线加热不同阶段的孔压、有效应力及温度的影响如图8-6所示。导热系数的大小会直接影响处置库围岩温度场的分布,更直观地反映了这种现象。综合全文,围岩温度场的分布也主要受到导热系数的影响。加热后,不同的导热系数数值模拟出不同的温度场,导致围岩的孔压和有效应力分布有较大差异,说明温度场对渗流场、温度场对应力场的耦合效应十分显著。围岩超孔压的产生以及有效应力变化会显著影响核废料处置库的稳定性。

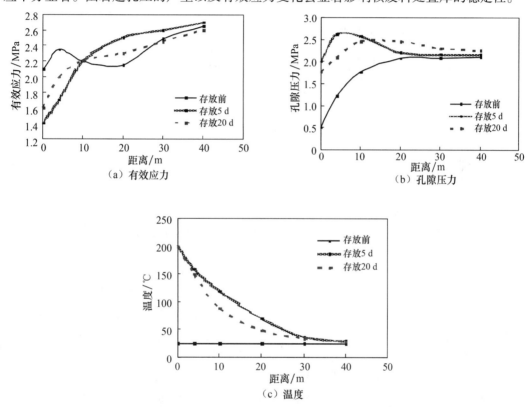

图8-6 导热系数对水平测线加热不同阶段的孔压、有效应力及温度的影响

(5)热膨胀系数。

目前,很多学者通过室内试验研究确定花岗岩介质的热膨胀系数,已经取得了一定的进展,但很难获得一致的结果,只能通过整合不同的研究结果确定该参数的大致取值范围。处置库围岩的孔压受到两方面的交互影响:一方面是加热后由于花岗岩介质热膨胀系数和水热膨胀系数量值上的悬殊而引起的超孔压;另一方面是孔压的消散。由于花岗岩骨架的热膨胀系数一般在10^5量级,而水的热膨胀系数为10^4量级,所以,一个量级内考察热膨胀系数的敏感性,对孔压的影响并不明显,上述温度-渗流耦合机制通过图8-6得到有力验证。然而,通过图8-7可以看出,花岗岩骨架的热膨胀系数对围岩的有效应力有较大影响,表明温度场对应力场的耦合效应十分显著,而热膨胀导致的有效应力变化会使岩产生新的变形,进而影响核废料处置库的稳定性。

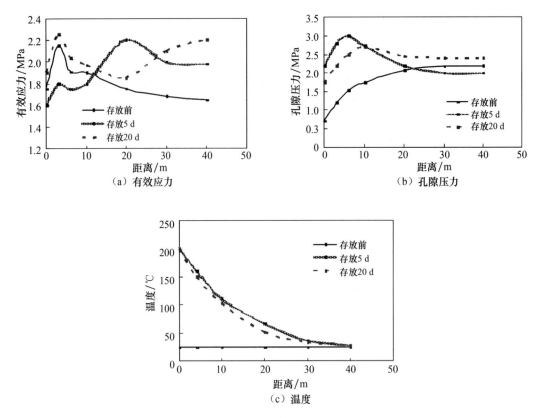

图 8-7 热膨胀系数对水平测线加热不同阶段的孔压、有效应力以及温度的影响

基于以上分析结果,可以发现,不同的热、水、力学参数对孔压、温度以及有效应力的影响机制是不同的,温度场、渗流场、应力场两两耦合作用对花岗岩处置库围岩水力学响应的影响程度也存在显著的差异。温度场对应力场、温度场对渗流场的耦合效应十分显著,加热后,围岩超孔压的产生以及热膨胀导致的有效应力变化会显著影响核废料处置库的稳定性。渗流场和应力场的耦合作用比较显著,孔压消散会影响围岩的有效应力,从而改变围岩的变形。对于低渗透性的饱和花岗岩介质来说,应力场对温度场、渗流场对温度场的耦合效应基本可以忽略,温度的传递主要受到导热系数的影响,而应力场变化引起的孔隙度改变和渗流场变化引起的饱和度改变对围岩导热系数的影响是可忽略的,Gens 等针对瑞士 Mont Terri 地下实验室 HE-D 现场加热试验的分析也得到了类似的结果。

8.6 本章小结

借助通用有限元程序 ABAQUS 软件,应用 THM 耦合弹塑性模型,模拟比利时 HADES 地下实验室 PRACLAY 现场加热试验开挖、渗流、回填、加热全过程,就花岗岩热、水、力学参数对花岗岩核废料处置库围岩孔压、温度、有效应力的影响进行了敏感性分析,并基于敏感性分析结果,就温度场、渗流场、应力场之间的两两耦合作用对存储核废料巷道稳定的影响程度进行了系统评价。主要研究结论如下:

(1) 耦合分析得出的渗流场水头普遍偏高,相差最大为 7.56 m,约占总水头的 5%;而耦合分析得出的温度场温度普遍偏低,相差最大为 0.78 ℃,约低了 4%。由此,进一步看出了岩石中渗流场和温度场的相互影响。

(2)花岗岩的热、水、力学参数中,渗透系数、弹性模量以及导热系数对加温所导致的超孔压的影响比较显著,从而也会影响围岩的有效应力。

(3)凝聚力、内摩擦角以及热膨胀系数都会显著影响围岩的有效应力,然而其影响机制是不同的。凝聚力和内摩擦角对围岩有效应力的影响是不同的参数水平对应的存储核废料巷道开挖塑性区不同的结果,对塑性区以外区域的有效应力的影响可以忽略。而热膨胀系数对围岩有效应力的影响是温度场与应力场耦合作用的结果,对围岩开挖弹性区和塑性区的有效应力都有较大影响。

(4)导热系数对围岩温度场的分布有决定性影响,温度传递的差异会显著影响围岩的孔压和有效应力。温度场对应力场、温度场对渗流场的耦合效应十分显著,加热后,围岩超孔压的产生以及热膨胀导致的有效应力变化会显著影响核废料处置库的稳定。

第9章 结论与展望

9.1 主要结论

本书以花岗岩核废料处置工程为背景,通过理论分析与试验研究,对花岗岩孔隙结构及渗透性能随温度变化的演化规律进行了研究。本书分析了不同温度作用后花岗岩矿物的主要成分,研究了花岗岩热解特性及其产物生成规律;从细观角度分析了花岗岩不同热解终温下孔隙结构特征以及各特征参数随温度的变化规律,进行了孔隙结构的全尺度表征;分析了孔隙的连通性,利用渗透模型预测了花岗岩的渗透率;利用改装高温高压岩体三轴试验机及配套系统,测试高温作用下单裂纹缺陷花岗岩的渗透率、孔隙度变化规律,研究裂纹的倾角、长度对花岗岩渗透参数的影响,以热应力作桥梁,结合试验数据,建立含有缺陷影响因子的花岗岩温度-渗流数学模型;从多场耦合理论出发,结合电镜CT扫描等试验手段,研究不同倾角、长度的单裂纹缺陷花岗岩在高温作用下微观损伤测试,揭示缺陷对花岗岩微观损伤影响机理;将数字图像处理技术和分形基础理论引入到岩石热破裂分析系统,将微观CT图像量化到宏观缺陷裂纹尺度,探讨高温缺陷花岗岩微观参数和宏观渗流参数之间的关系;建立正确描述缺陷花岗岩高温-渗流耦合模型。得到的主要结论如下:

(1)通过对北山花岗岩黑云母进行不同温度下电镜扫描 SEM 试验,发现温度对黑云母物理形态、破坏形态影响较大。在室温至 80 ℃,云母结构本身没有明显的变化,在温度作用下热膨胀系数较大,储层的孔隙减少,和周围其他晶体之间形成了明显沿晶裂纹;在温度 110~160 ℃,部分黑云母颗粒发生了一定程度的变形,黑云母受热其体积继续膨胀,晶体之间的热膨胀存在各向异性,形成矿物晶体之间的相互作用,使得层状云母晶体形成微小单跨梁的弯曲变形,云母晶体片之间形成分离缝隙,从而发生云母晶间分离裂纹;在温度 200 ℃时,黑云母晶体膨胀受到周围晶体膨胀的相互制约和自身晶体热膨胀的双重影响,云母晶体片之间形成分离缝隙加大,部分单片云母在外力作用下形成黑云母片状晶体发生晶界、晶间断裂。

(2)高温花岗岩孔隙度、渗透率、损伤的变化机理,取单位体积的花岗岩体为研究模型,以孔隙度的定义为出发点,以花岗岩体积应变增量为主要突破口,引入了含缺陷参数的固体应变增量,修正空隙体积膨胀应变增量,建立了含有缺陷参数的孔隙度和温度数学关系式。以孔隙度为桥梁,应用康采尼-卡曼方程,建立含有缺陷参数的渗透率和温度的二次项式数学模型。

(3)低温液氮吸附试验结果表明:在温度为 25~80 ℃时,花岗岩滞后环和 H_3 类曲线比较接近,滞回环较宽大,吸附曲线变化缓慢,脱附曲线在中等相对压力处表现为陡直下降,且脱附曲线远比吸附曲线陡峭,在有接近饱和蒸汽压时发生一定的毛细凝聚,吸附曲线发生一定上升,孔隙间的连通性较差,含有以细颈广体的墨水瓶形孔隙为主,还含有一定的平行板状孔隙。随着温度升高,花岗岩颗粒热膨胀,导致不透气性孔隙的孔容变小,原有各孔径段孔隙体积均不断减少渗透性继续弱化,表现为滞后环间距变小。花岗岩在 110~200 ℃时滞后环和 H_1 类曲线比较接近,吸附曲线与脱附曲线几近平行,只有接近饱和蒸汽压时才发生明显的毛细凝聚,吸附曲线陡直上升,滞回环有一定宽度,花岗岩中孔隙形式是平板孔为主,还含有墨水瓶孔,孔隙体积有一定量的增加,有一定数量的中孔产生,过渡孔、中孔孔体积占比进一步升高,渗透性也随之增大,表现为滞后环中明显的毛细凝聚。

(4) 高压压汞试验结果表明:不同温度下花岗岩压汞曲线表现出突降型特征,进汞、退汞体积差异较大,说明花岗岩中存在一定细颈瓶孔隙,微孔与少量中孔、极少大孔串联配置不合理,孔喉细小,连通性差,不利于渗流体的运移。温度为 25~80 ℃时,进汞曲线出现毛细管压力持续直线上升段,花岗岩拐点切线的斜率较小,退汞率几乎为 0,花岗岩内部存在孔喉半径级配单一化,孔隙联通性差。花岗岩喉道的分选性较好,孔隙类型比较单一,以晶间微孔为主,少量溶孔及粒内孔,均质性相对较好,致密性高,花岗岩平均孔隙半径随着温度升高而减小。温度为 110~200 ℃时,进汞曲线持续上升段长度随着温度升高而减小,拐点切线的斜率随着温度升高而增大,花岗岩退汞效率在 0~5%,花岗岩内部孔隙体积、有效的孔喉半径随着温度升高而增大,孔隙连通性有所改善。

(5) 温度作用下的花岗岩孔隙结构及孔隙表面均具有良好的分形特征。孔隙结构分形显示抚顺花岗岩的分形维数随温度变化呈波浪式增加-减小,拐点分别位于 80 ℃处。花岗岩的分形维数随温度变化呈开口向下的抛物线型,两翼平缓中间区域增高,80 ℃时达到整个温度区间的最大值。该温度点对应于花岗岩中云母变形的临界温度,但不完全一致,温度作用使颗粒结构发生调整,使有机质软化变形并开始热解,无论是孔隙表面形态还是空间结构均产生较大变化,导致分形维数变化较大。

(6) 对低温液氮吸附及高压压汞两种测试结果进行孔径分布联合表征,获得了更大尺度范围的孔隙结构分布规律:温度在 25~80 ℃时,花岗岩孔隙度、有效孔喉半径随着温度升高而降低,80 ℃时的孔隙度为最小。温度在 110~200 ℃时,花岗岩孔隙度孔隙度、有效孔喉半径随着温度升高而增大。通过用两种方法结合求解出的孔隙度-温度之间仍然服从二次多项式,拟合曲线的函数表达式为 $\Phi = 0.6964 - 0.0116T + 1.55T^2$,相关系数 $R^2 = 0.9755$,充分说明项目组求解花岗岩的孔隙度的方法是比较符合实际情况的,充分验证了理论公式的正确性。虽然花岗岩孔隙分布复杂,变化也多样性,但是总孔可以在一定范围内说明花岗岩孔隙度随温度变化的理论模型可靠性。

(7) 低场磁共振分析结果显示:温度 25~80 ℃时,孔隙连通性较差;温度 110~200 ℃时,孔隙连通性增强。总孔隙度的增加以可动流体孔隙度贡献作用为主;束缚水孔隙度和可动水孔隙度的变化是一个不同步的过程,温度对可动孔隙度的影响大于对束缚水孔隙度的影响,可动流体孔隙度对总孔隙度的增加起主要促进作用,并因此促进了渗透率的增长。通过渗透率模型预测,PP 模型可以更好地表示花岗岩渗透率与温度间的服从二次函数关系。

(8) 模拟原位温压条件下的高温渗透试验发现:温度为 25~200 ℃时,花岗岩渗透率随温度升高呈先降低后增大的规律性变化。25~80 ℃,渗透率变化较小,110~200 ℃,渗透率增速趋缓。当温度恒定、缺陷倾角固定时,花岗岩渗透率和缺陷的长度基本服从二次函数,拟合系数 R^2 的范围为 0.915~0.942。温度固定时,缺陷长度越长,渗透率-缺陷长度服从二次函数中一次项系数越大,缺陷长度对渗透率的影响较大。同时发现,缺陷倾角固定,温度越高,渗透率-缺陷长度拟合函数中二次项系数越大,说明温度、缺陷长度、缺陷倾角对渗透率的影响不可忽略。

(9) 在温度为 25~200 ℃时,孔隙度与渗透率的存在最低值,对应于热解起始温度。花岗岩孔隙结构及渗透特征的演化,其本质是花岗岩内部有云母、石英在温度作用下发生物化反应的结果,温度作用造成花岗岩孔隙结构的重新分布,引起渗透率产生相应变化。25～80 ℃,温度作用使花岗岩内部孔隙中的自由水脱除,同时使云母矿物质变形产生微调整,骨架坍塌、孔道堵塞也损失了一部分孔隙空间,使得孔隙度与渗透率增速减缓趋于稳定。到110～200 ℃,云母晶体热破裂,多重因素导致孔隙形态及结构发生重大改变,孔隙连通性改善,渗透率有所增加。通过理论分析和试验测试结果分析,得到花岗岩孔隙度 - 渗透率之间服从一次函数关系。

(10) 以孔隙度的定义为出发点,应用康采尼 - 卡曼方程,以固体颗粒应变增量为主要突破口,引入了含缺陷参数的花岗岩的应变增量,通过修正孔隙膨胀应力,建立了含有缺陷参数的孔隙度和温度数学关系式,以孔隙度为桥梁,建立含有缺陷参数的渗透率和温度的数学模型。通过实验室 X 衍射试验、扫描电镜 - X 能谱分析试验、低温液氮吸附试验、压汞试验、渗流试验等手段,测试了高温作用下单裂纹缺陷花岗岩的渗透率、孔隙度变化规律。从理论分析到试验测试、从宏观到微观,通过不同手段、角度研究,得出花岗岩的孔隙度、渗透率随温度服从二次函数,缺陷长度对渗透率敏感性较强,缺陷长度和渗透率服从二次函数,缺陷倾角对渗流的敏感性较弱,可以忽略不计。建立含有缺陷因子的花岗岩高温 - 渗流耦合模型。

(11) 应用热力学、Maxwell 应力理论,建立了关于集中应力的非线性齐次微分方程,求解出了花岗岩缺陷内部集中应力的表达式。采用应变等效原理,推导了考虑宏、细观缺陷耦合的花岗岩复合损伤模量的计算模型。利用电镜 CT 扫描试验、电镜扫描试验,研究缺陷花岗岩在高温作用下微观损伤测试,将 CT 数引入到缺陷花岗岩破裂过程分析系统,将微观 CT 图像量化到宏观损伤变化量,揭示缺陷对花岗岩微观损伤影响机理;引入 CT 数,结合理论分析和试验测试结果分析,得到花岗岩温度 - 损伤变化量之间的二次函数关系。揭示高温缺陷对花岗岩微观参数和宏观渗流参数之间的关系。

(12) 利用热力学和断裂力学理论,利用叠加原理,得到了含有温度参数的花岗岩单轴、双轴应力下裂隙扩展断裂韧度和临界应力与裂隙初始长度、角度、花岗岩断裂韧度之间的关系。理论研究、数值模拟、试验测试发现,花岗岩断裂韧度、裂纹扩展临界应力、裂纹扩展规律受裂隙长度、裂隙倾角、温度影响较大。温度、初始裂隙倾角不变时,花岗岩断裂韧度随着裂隙长度增加不断增大,裂纹扩展裂隙萌生较快,且次生裂纹扩展偏移越小,沿着裂隙面破坏;裂隙扩展临界应力随着裂隙长度增加不断降低。温度、裂隙长度不变时,花岗岩断裂韧度随着裂隙倾角增加不断减小,裂纹扩展裂隙萌生较慢,次生裂纹扩展偏移越大,裂纹扩展后形成非稳定破坏;裂隙扩展临界应力随着裂隙倾角增加不断增加。初始裂隙角度、长度不变时,花岗岩断裂韧度随着温度升高而增加,花岗岩临界应力随着温度升高而降低。缩短了裂隙演化时间、破坏进程。相同条件下,花岗岩双轴临界应力比单轴受压下有所提高。

(13) 耦合分析得出的渗流场水头普遍偏高,相差最大为 7.56 m,约占总水头的5%;而耦合分析得出的温度场温度普遍偏低,相差最大为 0.78 ℃,约低了4%。由此,进一步看出了岩石中渗流场和温度场的相互影响。花岗岩的热、水、力学参数中,渗透系数、弹性模量以及导热系数对加温所导致的超孔压的影响比较显著,从而也会影响围岩的有效应力。凝聚力、内摩擦角以及热膨胀系数都会显著影响围岩的有效应力,然而其影响机制是不同的。凝聚力和内摩擦角对围岩有效应力的影响是不同的参数水平对应的存储核废料巷道开挖塑性区不同的结果,对塑性区以外区域的有效应力的影响可以忽略。而热膨胀系数对围岩有效应力的影响是温度场与应力场耦合作用的结果,对围岩开挖弹性区和塑性区的有效应力都有较大影响。导热系数对围岩温度场的分布有决定性影响,温度传递的差异会显著影响围岩的孔压和有效应力。温度场对应力场、温度场对渗流场的耦合效应十分显著,加热后,围岩超孔压的产生以及热膨胀导致的有效应力变化会显著影响核废料处置库的稳定。

9.2 展望

花岗岩原位热解是涉及多学科交叉的复杂科学问题,热解过程中孔隙结构及渗透特征的演化是原位开采需掌握的关键问题之一,论文围绕花岗岩的温度效应,对其物性变化、热解机理、孔隙结构以及渗透特性进行了试验研究,利用固–流–热耦合模型结合测试参数进行了数值模拟,在温度作用下花岗岩孔隙结构及渗透特征、损伤演化规律方面的研究取得一定的成果。但鉴于问题的复杂性,目前的研究仍比较初步,在试验手段和理论分析方面仍需进一步深入。今后拟在以下几个方面加强研究:

(1) 本书对矿物组成及孔隙结构的试验分析均在高温冷却后开展,且相关试验结果仅限于预设温度点,并依此获得相关结论,今后应重点开展实时在线连续观测花岗岩内部结构变化研究。

(2) 花岗岩孔隙结构复杂,尺寸范围跨度极大,本书虽然基于低温液氮吸附及高压压汞进行了联合表征,但其表征尺度仍然有限,今后应在寻求在更广的范围内进行孔裂隙结构分析。

(3) 温度作用下花岗岩的其他力学性能和微观孔隙结构之间的关系及参数演化有待深入研究。

参 考 文 献

[1] VANDER M L. The shift of the α-β transition temperature of quartz associated with the thermal expansion of granite at high pressure[J]. Tectonophysics, 1981, 73:323-342.

[2] WAI R S C, LO K Y, ROWE R K. Thermal stress analysis in rocks with nonlinear properties [J]. Int J Rock Mech Min Sci & Geomech Abstr, 1982, 19(5): 211-220.

[3] 母润昌,高平,刘若新,等.华北地区韧性剪切带几种岩石的波速各向异性高温高压试验研究[J].地球物理学报,1995,38(2):213-219.

[4] 赵志丹,高山,骆庭川,等.秦岭和华北地区地壳低速层的成因探讨:岩石高温高压波速试验证据[J].地球物理学报,1996,39(5):637-652.

[5] 杨树锋,陈汉林,姜继双,等.高温高压下华南Ⅰ和S型花岗岩的波速特征及其地质意义[J].中国科学(D辑),1997,27(1):33-38.

[6] 席道瑛.温度对岩石模量和波速的影响[J].岩石力学与工程学报,1998,17(增):802-807.

[7] SHMONOV V M, VITOVOTVA V M V. Experimental study of seismic oscillation effect on rock permeability under high temperature and pressure[J]. Int J Rock Mech & Min Sci, 1999, 36(3):405-412.

[8] 柳江琳,白武明,孔祥儒,等.高温高压下花岗岩、玄武岩和辉橄岩电导率的变化特征[J].地球物理学报,2001,44(4):528-533.

[9] 白利平,杜建国,刘巍,等.高温高压下辉长岩纵波速度和电导率试验研究[J].中国科学(D辑),2002,32(11):959-968.

[10] 闫治国,朱合华,邓涛,等.三种岩石高温后纵波波速特性的试验研究[J].岩土工程学报,2006,28(11):2010-2014.

[11] 王绳祖.高温高压岩石力学发展中的若干问题[C].北京:第一届高温高压岩石力学学术讨论会论文集,1988.

[12] ALM O. The influence of micro crack density on the elastic and fracture mechanical properties of strop granite[J]. Physics of the Earth and Planetary Interiors, 1985, 40:61-179.

[13] 张静华,王靖涛,赵爱国.高温下花岗岩断裂特性的研究[J].岩土力学,1987,8(4):11-16.

[14] 王靖涛,赵爱国,黄明昌.花岗岩断裂韧度的高温效应[J].岩土工程学报,1989,11(6):113-118.

[15] 寇绍全,ALM O.微裂隙和花岗岩的抗拉强度[J].力学学报,1987,19(4):366-373.

[16] BREDE M, HAASEN P. The brittle-to-ductile transition in doped silicon as a model substance[J]. Acta Metallurgica, 1988, 36(8): 2003-2018.

[17] 林睦曾.岩石热物理学及其工程应用[M].重庆:重庆大学出版社,1991.

[18] BREDE M. Brittle-to-ductile transition in Silicon[J]. Acta Metallurgica, 1993, 41(1):

211-228.

[19] ODA M. Modern developments in rock structure characterization[J]. In Comprehensive Rock Engineering,1993,1:185-200.

[20] LAU J S O, JACKSON R. The effects of temperature and water-saturational on mechanical properties of Lac du Bonnet pink granite[C]. 8th. Int Con On Rock Mech, Tokyo, Japan, 1995.

[21] 许锡昌. 温度作用下三峡花岗岩力学性质及损伤特性初步研究, 硕士学位论文[D]. 武汉:中国科学院武汉岩土力学研究所,1998.

[22] 许锡昌,刘泉声. 高温下花岗岩基本力学性质初步研究[J]. 岩土工程学报,2000,22(3):332-335.

[23] AL-SHAYEA N A, KHAN K. Effects of confining pressure and temperature on mixed-mode (Ⅰ-Ⅱ) fracture toughness of a limestone rock[J]. Int J Rock Mech & Min Sci,2000,37(4):629-643.

[24] 桑祖南,周永胜,何昌容,等. 辉长岩脆-塑性转化及其影响因素的高温高压试验研究[J]. 地质力学学报,2001,7(2):130-137.

[25] 王颖轶,张宏君,黄醒春,等. 高温作用下大理岩应力-应变全过程的试验研究[J]. 岩石力学与工程学报,2002,21(增2):2345-2349.

[26] 黄炳香,邓广哲,王广地. 温度影响下北山花岗岩蠕变断裂特性研究[J]. 岩土力学,2003,24(增):203-206.

[27] 朱合华,闫治国,邓涛,等. 3种岩石高温后力学性质的试验研究[J]. 岩石力学与工程学报,2006,25(10):1945-1950.

[28] SOMERTON W H, GUPTA V S. Role of fluxing agents in thermal alteration of sandstone[J]. Journal of Petroleum Technology,1965,17(5):585-588.

[29] WEINBRANDT R M, RAMEY H J J, CASSE F J. The effect of temperature on relative and absolute permeability of sandstones[J]. Society of Petroleum Engineers Journal, 1975, (10):376-384.

[30] CASSE FRANCIS J, RAMEY HENRY J J. Effect of temperature and confining pressure on single-stage flow in consolidated rocks[J]. Journal of Petroleum Technology, 1979, 31(8):1051-1059.

[31] HEARD H C. Thermal expansion and inferred permeability of climax quarts monzonite to 300 and 27.6 ℃ MPa[J]. International Journal of Rock Mechanics and Mining Sciences and Geomechanics Abstracts,1980,17(5):289-296.

[32] SAGEEV A, GOBRAN B D, BRIGHAM W E, et al. The effect of temperature on the absolute permeability to distilled water of un-consolidated sand cores[C]. Proceedings of the Sixth Workshop Geothermal Reservoir Engineering. Stanford, California: Stanford University,1980.

[33] MORROW C, LOCKNER D, MOORE D, et al. Permeability of granite in a temperature gradient[J]. Journal of Geophysical Research,1981,86(B4):3002-3008.

[34] RANDOLPH P L, SOEDER D J. Porosity and permeability of tightsands[R]. SPEl2836, 1984:13-15.

[35] JONES C, KEANEY G, MEREDITH P G, et al. Acoustic emission and fluid permeability measurements on thermally cracked rocks[J]. Physics and Chemistry of The Earth Solid Earth, 1997, 22(1/2): 13-17.

[36] 陈颙, 吴晓东, 张福勤. 岩石热开裂的试验研究[J]. 科学通报, 1999, 4(8): 880-883.

[37] DAROT M, RECUSCHLE T. Acoustic wave velocity and permeability evolution during pressure cycles on a thermally cracked granite, hat[J]. Rock Mech&Min Sci, 2000, 37, 1019-1026.

[38] ZHANG S Q, MERVYN S P, STEPHEN F C. Microcrack growth and healing in deformed calcite aggregates[J]. Tectonophysics, 2001, 335(1/2): 17-36.

[39] 刘均荣. 温度对岩石渗透率影响的试验研究[J]. 石油大学学报(自然科学版), 2001, 25(4): 51-54.

[40] 陈颐. 岩石物理学[M]. 北京: 北京大学出版社, 2001.

[41] 高红梅, 兰永伟. 温度作用下缺陷花岗岩热损伤: 以甘肃北山缺陷花岗岩为例[J]. 吉林大学学报, 2017, 47(6): 1796-1802.

[42] 高红梅, 兰永伟. 温度加载过程中花岗岩缺陷处局部应力和能量的变化规律[J]. 太原理工大学学报, 2018, 49(4): 551-558.

[43] 高红梅, 兰永伟. 不同温度下花岗岩微观结构和孔径分布研究[J]. 黑龙江科技大学学报, 2018, 28(2): 185-189.

[44] 高红梅, 兰永伟. 花岗岩受热微观损伤研究[J]. 齐齐哈尔大学学报, 2018, 34(4): 37-40.

[45] 高红梅, 兰永伟. 花岗岩在围压和温度作用下渗透率的变化规律研究[J]. 佳木斯大学学报, 2017, 35(6): 730-734.

[46] 高红梅, 兰永伟. 加温过程中缺陷花岗岩的耦合损伤[J]. 黑龙江科技大学学报, 2016, 26(4): 429-433.

[47] 高红梅, 兰永伟. 热应力作用下缺陷花岗岩的渗流规律[J]. 黑龙江科技大学学报, 2016, 26(6): 691-694.

[48] 高红梅, 兰永伟. 深地层掩埋核废料过程中相关动力学问题[J]. 辽宁工程技术大学, 2005, 24(1): 60-62.

[49] 高红梅, 兰永伟. 砂岩在温度作用下渗透率的实验研究[J]. 岩土工程技术, 2010, 24(3): 161-163.

[50] 梁冰, 高红梅, 兰永伟. 岩石渗透率与温度关系的理论分析和试验研究[J]. 岩石力学与工程学报, 2005, 24(12): 2009-2012.

[51] 兰永伟, 高红梅,. 单轴压缩下不同煤岩组合体峰前、峰后变形能变化规律研究[J]. 中国矿业, 2020, 29(5): 135-141.

[52] 兰永伟, 张国华. 不同组合条件下煤岩组合体的力学特性[J]. 黑龙江科技大学学报, 2018, 28(2): 136-141.

[53] 兰永伟, 刘鹏程. 卸压钻孔破坏半径影响因素及破坏半径回归分析[J]. 煤矿安全学报, 2013, 44(4): 24-26.

[54] 兰永伟, 高红梅. 钻孔卸压效果影响因素数值模拟研究[J]. 矿业安全与环保学报, 2013, 40(3): 6-9.

[55] 兰永伟,高红梅.钻孔卸压布孔参数的数值模拟[J].黑龙江科技大学学报,2013,21(2):154-158.

[56] 兰永伟,李凤义.断层破碎带巷修注浆加固技术[J].黑龙江科技大学学报,2012,22(6):577-580.

[57] 兰永伟,孙广义.深部巷道底板锚杆支护数值模拟[J].黑龙江科技学院学报,2010,20(6):424-426.

[58] 耿毅德.油页岩地下原位压裂-热解物理力学特性试验研究[D].太原:太原理工大学,2018.

[59] 李强.油页岩原位热裂解温度场数值模拟及试验研究[D].长春:吉林大学,2012.

[60] 赵丽梅.油页岩原位热解与煤地下气化耦合过程研究[D].北京:中国矿业大学,2013.

[61] SCHRODT J T, OCAMPO A. Variations in the pore structure of oil shales during retorting and combustion[J]. Fuel, 1984, 63(11): 1523-1527.

[62] 韩向新,姜秀民,崔志刚,等.油页岩颗粒孔隙结构在燃烧过程中的变化[J].中国电机工程学报,2007,27(2):26-30.

[63] HAN X, JIANG X, YAN J, et al. Effects of retorting factors on combustion properties of shale char. 2. pore structure[J]. Energy & Fuels, 2011, 25(1): 97-102.

[64] SUN L, TUO J, ZHANG M, et al. Formation and development of the pore structure in Chang 7 member oil-shale from Ordos Basin during organic matter evolution induced by hydrous pyrolysis[J]. Fuel, 2015, 158(1): 549-557.

[65] ZHAO L M, LIANG J, QIAN L X. Study on porous structure and fractal characteristics of oil shale and semicoke[J]. Trans Tech Publications, 2014, 868: 276-281.

[66] BAI F, SUN Y, LIU Y, et al. Evaluation of the porous structure of Huadian oil shale during pyrolysis using multiple approaches[J]. Fuel, 2017, 187: 1-8.

[67] WANG Q, JIAO G, LIU H, et al. Variation of the pore structure during microwave pyrolysis of oil shale[J]. Oil Shale, 2010, 27(2): 135-146.

[68] TIWRI P, DEO M, LIN C L, et al. Characterization of oil shale pore structure before and after pyrolysis by using X-ray micro CT[J]. Fuel, 2013, 107: 547-554.

[69] SAIF T, LIN Q, SINGH K, et al. Dynamic imaging of oil shale pyrolysis using synchrotron X-ray microtomography[J]. Geophysical Research Letters, 2016, 43(13): 6799-6807.

[70] 康志勤.油页岩热解特性及原位注热开采油气的模拟研究[D].太原:太原理工大学,2008.

[71] 赵静,冯增朝,杨栋,等.CT试验条件下油页岩内部孔裂隙分布特征[J].辽宁工程技术大学学报(自然科学版),2013(8):1044-1049.

[72] 赵静,冯增朝,杨栋,等.基于三维CT图像的油页岩热解及内部结构变化特征分析[J].岩石力学与工程学报,2014,33(1):112-117.

[73] YANG L, YANG D, ZHAO J, et al. Changes of oil shale pore structure and permeability at different temperatures[J]. Oil Shale, 2016, 33(2): 101-110.

[74] 赵丽梅.油页岩原位热解与煤地下气化耦合过程研究[D].北京:中国矿业大学,2013.

[75] 耿毅德. 油页岩地下原位压裂-热解物理力学特性试验研究[D]. 太原：太原理工大学, 2018.

[76] GENG Y, LIANG W, LIU J, et al. Evolution of pore and fracture structure of oil shale under high temperature and high pressure[J]. Energy & Fuels, 2017, 31(10): 10404-10413.

[77] SIMPSON C. Deformation of granitic rocks across the brittle-ductile transition[J]. J Struct Geol, 1985, 7: 503-511.

[78] JOHNSON B. Thermal cracking of rock subject to slow, uniform temperature changes[C]. Proc 19th US Symp. Rock Mech., 1978, 259-267.

[79] HOMAND-ETIENNE F, HOUPERT R. Thermally induced microcracking in granites: characterization and analysis[J]. Int J Rock Mech & Min Sci, 1989, 26(2): 125-134.

[80] WANG H F, BONNER B. Thermal stress cracking in granite[J]. Journal of Geophysical Research, 1989, 94(B2): 1745-1758.

[81] 寇绍全. 热开裂损伤对花岗岩变形及破坏特性的影响[J]. 力学学报, 1987, 19(6): 550-556.

[82] 周克群, 楚泽涵, 张元中, 等. 岩石热开裂与检测方法研究[J]. 岩石力学与工程学报, 2000, 19(4): 412-416.

[83] 吴晓东. 岩石热开裂的试验研究[D]. 北京：中科院地质与地球物理研究所, 2000.

[84] 韩学辉, 楚泽涵, 张元中. 岩石热开裂及其在工程学上的意义[J]. 石油试验地质, 2005, 27(1): 98-100.

[85] SPRUNT E S, BRACE W F. Direct observation of micro-cavities in crystalline rocks[J]. Int J Rock Mech Min. Sci.&Geomech Abstr, 1974, 11: 139-l50.

[86] 杨栋, 薛晋霞, 康志勤, 等. 抚顺油页岩干馏渗透实验研究[J]. 西安石油大学学报（自然科学版）, 2007, 22(2): 23-25.

[87] SIMPSON C. Deformation of granitic rocks across the brittle-ductile transition[J]. J Struct Geol, 1985, 7: 503-511.

[88] WANG H F, BONNER B. Thermal stress cracking in granite[J]. Journal of Geophysical Research, 1989, 94(B2): 1745-1758.

[89] 张宗贤, 喻勇, 赵清. 岩石断裂韧度的温度效应[J]. 中国有色金属学报, 1994, 4(2): 7-11.

[90] 张曾荣, 何绍勋, 奚小双. 望湘花岗岩高温高压流变试验[J]. 中南工业大学学报, 1999, 30(3): 221-224.

[91] 吴晓东. 岩石热物理试验[D]. 北京：中科院地质与地球物理研究所, 2001.

[92] GAMBOA E, ATRENS A. Stress corrosion cracking fracture mechanisms in rock bolts[J]. Journal of Materials Seienee, 2003, 38: 3813-3829.

[93] 林为人, 铃木舜一, 高桥学, 等. 稻田花岗岩中的流体包裹体及由其导致高温条件下微小裂纹的形成[J]. 岩石力学与工程学报, 2003, 22(6): 899-904.

[94] 王泽云, 刘立, 刘保县. 岩石微结构与微裂纹的损伤演化特征[J]. 岩石力学与工程学报, 2004, 23(10): 1599-1603.

[95] 谢卫红, 高峰, 谢和平. 细观尺度下岩石热变形破坏的试验研究[J]. 试验力学, 2005, 20(4): 628-634.

[96] 张渊,万志军,赵阳升.细砂岩热破裂规律的细观试验研究[J].辽宁工程技术大学学报,2007,26(4):529-531.

[97] 左建平,谢和平,周宏伟,等.不同温度作用下砂岩热开裂的试验研究[J].地球物理学报,2007,23(4):411-417.

[98] 武晋文.高温三轴应力下鲁灰花岗岩热破裂声发射特征的试验研究[J].岩土力学,2009,30(11):3331-3336.

[99] 张连英.高温作用下泥岩的损伤演化及破裂机理研究[D].徐州:中国矿业大学,2012.

[100] BIENIAWSKI Z T. Mechanism of brittle fracture of rock: Part II-experimental studies [J]. Int J Rock Mech Min Sci & Geomech Abstr, 1967, 4(4):407-408.

[101] HALLBAUCR D K. Some observations concerning the microscopic and mechanical behaviour of quartzite specimen in stiff, triaxial compression tests[J]. Int J Rock Mech Min Sci,1973,10:713-726.

[102] SPRUNT E S, BRACE W F. Direct observation of micro-cavities in crystalline rocks[J]. Int J Rock Mech Min Sci &Geomech Abstr,1974,11:139-150.

[103] WU F T, THOMSEN L. Microfracturing and deformation of Westerly granite under creep conditions [J]. Int J Rock Mech Min Sci &Geomech Abstr,1975,12:167-173.

[104] TAPPONNIER P, BRACE W F. Development of stress-induced microcracks in Westerly granite[J]. IntJ Rock Mech Min Sci &Geomech Abstr,1976,13:103-112.

[105] 张晶瑶,马万昌,张凤鹏,等.高温条件下岩石结构特征的研究[J].东北大学学报(自然科学版),1996,17(1):5-19.

[106] 刘小明,李焯芬.岩石断口微观断裂机理分析与试验研究[J].岩石力学与工程学报,1997,16(6):509-513.

[107] 黄明利,唐春安,朱万成.岩石单轴压缩破坏失稳过程SEM即时研究[J].东北大学学报(自然科学版),1999,20(4):426-429.

[108] MOUSTAFA E O, TANG C A, ZHANG Z. Scanning of essential minerals in granite electron microscope study on the microfracture behavior [J]. Geology and Resources, 2004, 13(3):129-136.

[109] 朱珍德,张勇,徐卫亚.高围压高水压条件下大理岩断口微观机理分析与试验研究[J].岩石力学与工程学报,2005,24(1):44-51.

[110] 谌伦建,吴忠,秦本东.煤层顶板砂岩在高温下的力学特性及破坏机理[J].重庆大学学报,2005,28(5):123-126.

[111] HOMAND-ETIENNE F D, HOXHA J F. A continuum damage constitutive law of brittle rocks[J]. Computers and Geotechnics, 1998, 22(2): 135-151.

[112] 朱其志,胡大伟,周辉,等.基于均匀化理论的岩石细观力学损伤模型及其应用研究[J].岩石力学与工程学报,2008,27(2):266-272.

[113] HUANG C Y. Adynamic damage growth model for uniaxial compressive response of rock aggregates [J]. Mechanics of Materials, 2002, 34:267-277.

[114] ZHOU J W, XU W Y. A micro-crack damage model for brittle rocks under uniaxial compression [J]. Mechanics Research Communications, 2010, 37:399-405.

[115] XIE N,ZHU Q Z,XU L H, et al. A micromechanics-based elastoplastic damage model for

quasi-brittle rocks[J]. Compters and Geotechnics,2011,38:970-977.

[116] HAMDI E,ROMDHANE N B,CLEACH J M. A tensile damage model for rocks: Application to blast induced damage assessment[J]. Computers and Geotechnics,2011, 38:133-141.

[117] PALIMWAL B,PAMESH K,RAMESH T. An interacting mirco-crack damage model for failure of brittle materials under compression[J]. Journal of the Mechanics and Physics of Solids,2008,56:896-923.

[118] 赵吉坤,张子明,刘仲秋,等. 大理岩破坏过程的三维细观弹塑性损伤模拟研究[J]. 岩土工程学报,2008,30(9):1309-1315.

[119] 陈益峰,李庆典,荣冠,等. 脆性岩石损伤与热传导特性的细观力学模型[J]. 岩石力学与工程学报,2011,30(10):1959-1969.

[120] 韦立德,杨春和,徐卫亚. 考虑体积塑性应变的岩石损伤本构模型研究[J]. 工程力学,2006,23(1):139-143.

[121] 凌建明,孙钧. 脆性岩石的细观裂纹损伤及其时效特征[J]. 岩石力学与工程学报,1993,12(4):304-312.

[122] 赵永红. 岩石弹脆性分维损伤本构模型[J]. 地质科学,1997,32(4):487-494.

[123] TED A,黄树华. 岩石力学研究中的AE和CT装置的应用[J]. 岩土力学,1989,10(1):83-86.

[124] 杨更社,谢定义,张长庆,等. 岩石损伤特性的CT识别[J]. 岩石力学与工程学报,1996,15(1):48-54.

[125] 葛修润,任建喜,蒲毅彬,等. 岩石细观损伤扩展规律的CT实时试验[J]. 中国科学(E辑),2000,30(2):104-111.

[126] LAUWERIER. The transport of heat in an oil layer caused by the injection of hot fluid[J]. Appl Sci Res,1995,5:140-145.

[127] VLADIMIR C,JAN J. Heat flow and ground water movement in the bohemian cretaceous basin[J]. Journal of Geodynamics,1985,4:285-303.

[128] SCHULZ R. Analytical model calculations for heat exchange in a confined aquifer[J]. Journal of Geophysics,1987,61:12-20.

[129] ELMROTH E,DING C,WU Y S,et al. A parallel implementation of the software package for large scale multiphase fluid and heat flow simulations[J]. Computer Society,1999,11: 20-30.

[130] 柴军瑞,韩柱群,仵彦卿. 岩体一维渗流场与温度场耦合模型的解析演算[J]. 地下水,1999,21(4):180-182.

[131] 王如宾. 岩体温度-渗流耦合数学模型研究[J]. 岩土工程学报,1999,21(5):554-558.

[132] 刘亚晨. 核废料储存裂隙岩体水热耦合迁移及其与应力的耦合分析[D]. 武汉:中国科学院武汉岩土力学研究所,2000.

[133] CHENG A H D,GHASSEMI A,DETOURNAY E. Integral equation solution of heat extraction from a fracture in hot dry rock[J]. International Journal for Numerical and Analytical Methods in Geomechanics,2001,22(3):25-30.

[134] 孙培德. 地质系统热-水-力耦合作用的随机建模初步研[J]. 岩土力学,2003,24(增):39-42.

[135] 高红梅,梁冰. 核废料地下处置过程中相关动力学问题及控制措施[J]. 地质灾害环境与保护,2004,15(2):52-57.

[136] MAC QUARRIE K T B,MAYER K U. Reactive transport modeling in fracturedrock:A state of the science review[J]. Earth Science Reviews,2005,72:189-227.

[137] 刘泽佳. 非饱和多孔介质中热-渗流力学耦合的混合元法[J]. 力学学报,2006,38(2):170-177.

[138] 刘长吉. 裂隙岩体地区导热-对流型温度场垂向渗透系数的计算及分布特征研究[J]. 岩石力学与工程学报,2007,26(4):779-784.

[139] 张玉军. 不连续面对饱和-非饱和介质热-水-应力耦合影响的二维有限元分析[J]. 岩石力学与工程学报,2006,12:2579-2583.

[140] 张玉军. 核废料处置概念库近场热-水-应力耦合模型及数值分析[J]. 岩土力学,2007,27(4):211-214.

[141] WANG W Q,KOSAKOWSKI G,KOLDITZO. A parallel finite element scheme for thermo-hydro-echanical(THM)coupled problems in porous media[J]. Computers& Geosciences,2009,35:1631-1641.

[142] 党旭光,朱庆杰,刘峰,等. 热-流-固耦合建模过程[J]. 岩土力学,2009,30(增):229-333.

[143] 任晔. 单裂纹岩体渗流与传热耦合的解析解与参数敏感度分析[D]. 北京:北京交通大学,2009.

[144] 刘明. 考虑渗透系数变化的地下结构温度—渗流耦合分析[J]. 力学季刊,2011,32(2):183-185.

[145] 杨天鸿. 基于数字图像技术岩石温度渗流应力耦合破坏机制的数值模拟初探[C]. 沈阳:第九届全国岩石力学与工程学术大会论文集,2011.

[146] 项彦勇,郭家奇. 分布热源作用下裂隙岩体渗流-传热的拉氏变换[J]. 格林函数半解析计算方法[J]. 岩土力学,2011,32(2):333-337.

[147] 张志刚,乔春生,李晓. 单节理岩体强度试验研究[J]. 中国铁道科学,2007,28(4):34-39.

[148] BROWN E T. Strength of models of rock with intermittent joints[J]. J Soil Mech Found Div,ASCE,1970,96:1935-1949.

[149] CHEPPEL P A. Load distribution and deformational response in discontinua J. Geotechnique,1974,24:641-654.

[150] EINSEIN H H,HIRSCHFELD R C. Model studies on mechanics of jointed rock[J]. J Soil Mech Found Div ASCE,1973,99:229-242.

[151] JOHN K W. Civil engineering approach to evaluate strength and deformability of closely jointed rock[C]. Rock mechanics-theory and practice. Proc. 11th Symp. Rock Mech,AAIME,New York,1970:69-80.

[152] REIK G,ZACAS M. Strength and deformation characteristics of jointed media in true triaxial compression[J]. Int J Rock Mech Min Sci,1978,15:298-303.

[153] JAMIL S M. Strength of non-persistent rock joints [M]. Uillinois, 1992.
[154] 谭志宏,唐春安,朱万成,等. 含缺陷花岗岩破坏过程中的红外热像试验研究[J]. 岩石力学与工程学报,2005,24(6):2977-2982.
[155] 张后全,常旭,唐春安,等. 岩石多裂纹剪切断裂数值试验研究[J]. 岩石力学与上程学报,2005,24(1):5136-5140.
[156] 敖波,赵歆波,张定华,等. 裂纹缺陷体积百分数与CT数的关系分析[J]. CT理论与应用研究,2006,15(2):65-70.
[157] 王士民,刘丰军,叶飞,等. 含预制裂纹脆性岩石破坏数值模拟研究[J]. 岩土力学,2006,27(增):235-239.
[158] 林鹏,王仁坤,黄凯珠,等. 含裂纹缺陷脆性岩石的峰值强度模拟[J]. 清华大学学报,2006,46(9):1514-1517.
[159] 杨圣奇. 不同围压下断续预制裂纹粗晶大理岩变形和强度特性的试验研究[J]. 岩石力学与工程学报,2007,8(26):1572-1576.
[160] 刘晓丽,王思敬,王恩志,等. 单轴压缩岩石中缺陷的演化规律及岩石强度[J]. 岩石力学与工程学报,2006,27(01):1195-1199.
[161] 方恩权. 单轴压缩下不同边界缺陷裂纹扩展模型及数值模拟研究[D]. 重庆:同济大学,2008.
[162] 胡盛斌. 循环荷载作用下含缺陷岩石破坏特征试验研究[J]. 岩石力学与工程学报,2009,28(12):2490-2495.
[163] 邓向允,徐松林. 缺陷对玄武岩中声波波速影响的试验研究[J]. 试验力学,2009,24(1):13-19.
[164] 李术才,杨磊,李明田,等. 三维内置裂隙倾角对类岩石材料拉伸力学性能和断裂特征的影响[J]. 岩石力学与工程学报,2009,28(2):281-286.
[165] 王学滨,代树红,潘一山. 孔隙水压力条件下含缺陷岩样破坏过程及声发射模拟[J]. 中国地质灾害与防治学报,2009,20(2):52-59.
[166] 任建喜. 三轴压缩单一裂隙砂岩细观损伤破坏特性CT分析[J]. 西安科技大学学报,2009,3(29):300-305.
[167] 李地元,李夕兵,李春林. 压应力作用下硬岩板裂裂纹形成的微观断裂分析[C]. 武汉:第十一次全国岩石力学与工程学术大会论文集,2010.
[168] 曹林卫. 基于椭圆形微裂纹变形与扩展的准脆性岩石细观损伤-渗流耦合本构模型[D]. 重庆:重庆大学,2010.
[169] 申培文. 单轴压缩条件下预制裂纹岩块破碎过程的数值模拟[J]. 矿业工程研究,2010,4(25):12-16.
[170] 李廷春. 三轴压缩载荷作用下单裂隙扩展的CT实时扫描试验[J]. 岩石力学与工程学报,2010,2(29):289-294.
[171] 刘杰. 预制裂纹煤样单轴压缩表面电位试验研究[J]. 煤炭学报,2011,7(36):1136-1140.
[172] 朱明礼. 大理岩预制裂纹试样细观损伤试验研究与分析[J]. 河南理工大学学报,2012,2(31):212-216.
[173] 杨圣奇. 不同围压下断续预制裂隙大理岩扩容特性试验研究[J]. 岩土工程学报,

2012,12(34):2187-2191.

[174] 程龙.含缺陷砂岩裂纹扩展特征试验与模拟研究[J].采矿与安全工程学报,2012,5(29):28-33.

[175] 于洪丹.含裂隙岩石渗流力学特性研究[J].岩石力学与工程学报,2012,1(31):2789-2793.

[176] 杨圣奇.单轴压缩下含孔洞裂隙砂岩力学特性试验分析[J].岩石力学与工程学报,2012,2(31):3540-3544.

[177] 刘大庆.裂纹延伸扩展过程中的受力状态分析[J].煤炭技术,2012,2(31):82-86.

[178] 李长春,付文生,袁建新,等.考虑温度效应的岩石损伤内时本构关系[J].岩土力学,1991,12(3):1-10.

[179] SHUKE M, MING L W. An elastoplastic damage model for concrete subjected to sustained high temperatures[J]. Int J of Damage Mech, 1997, 6(4): 195-214.

[180] HETTEMA M H H, NIEPCE D V, WOLF K. A microstructural analysis of the compaction of claystone aggregates at high temperatures[J]. Int J Rock Mech & Min Sci, 1999, 36(1): 57-68.

[181] LUO W B, YANG T Q, LI Z L. Experimental studies on the temperature fluctuations in deformed thermoplastics with defects[J]. International Journal of Solids and Structures, 2000,37(6):887-897.

[182] ALLEN D H. Thermomechanical coupling in inelastic solids[J]. Appl Mech Rev, 1991, 44(8):361-373.

[183] 徐燕萍,刘泉声,许锡昌.温度作用下的岩石热弹塑性本构方程的研究[J].辽宁工程技术大学学报,2001,20(4):527-529.

[184] 谢卫红,高峰,李顺才,等.石灰岩热损伤破坏机制研究[J].岩土力学,2007,28(5):1021-1025.

[185] KACHANOV M L. A Micro-crack Model of Rock Inelasticity Part Ⅱ: Propagation of Microcracks[J]. Mechanics of Materials, 1982(1): 29-41.

[186] 刘保县,郭子红,黄敬林.岩石塑性应变损伤模型的建立及应用[J].西华大学学报(自然科学版),2009,28(2):47-50.

[187] 张莱,陆桂华.基于应变状态的岩石损伤演化模型[J].河海大学学报(自然科学版),2010,38(2):176-180.

[188] ZHOU C Y, ZHU F X. An elasto-plastic damage constitutive model with double yield surfaces for saturated soft rock[J]. International Journal of Rock Mechanics & Mining Sciences, 2010,47:385-395.

[189] 周建廷,刘元雪.岩土各向同性损伤本构模型[J].岩土工程学报,2007,29(11):1636-1641.

[190] 陈明祥,候发亮.岩石损伤模型与岩爆机理解释[J].武汉水利电力大学学报,1993,26(2):154-159.

[191] 秦跃平,张金峰,王林.岩石损伤力学模型初探[J].岩石力学与工程学报,2003,22(4):646-650.

[192] 王利,高谦.基于强度理论的岩石损伤弹塑性模型[J].北京科技大学学报,2008,30

(5):461-467.

[193] 路威,项彦勇,李涛.无填充裂隙岩体水流-传热模型试验研究[J].岩石力学与工程学报,2011,30(增刊2):3884-3891.

[194] 唐超.填砂裂隙岩体渗流-传热模型试验与数值模拟研究[D].北京:北京交通大学,2011.

[195] 贾善坡,冉小丰,王越之,等.变形多孔介质温度-渗流-应力完全耦合模型及有限元分析[J].岩石力学与工程学报,2012,31(2):3547-3557.

[196] 刘学伟,刘泉声,黄诗冰,等.裂隙岩体温度-渗流耦合数值流形方法[J].四川大学学报,2013,45(2):77-85.

[197] 董海洲,罗日洪,张令.岩石单裂隙渗流-传热模型及其参数敏感性分析[J].河海大学学报(自然科学版),2013,41(1):42-47.

[198] 陈必光,宋二祥,程晓辉.二维裂隙岩体渗流传热的离散裂隙网络模型数值计算方法[J].岩石力学与工程学报,2014,33(1):43-51.

[199] 薛奕鸾.裂隙岩体渗流-传热耦合的复合单元模型[J].岩土力学,2016,37(1):263-268.

[200] 薛东杰,胡本,方园,等.热力耦合路径下花岗岩细观破裂特征及数值分析,煤炭学报,2016,41(9):2211-2221.

[201] LUO J,ZHU Y,GUO Q. Experimental investigation of the hydraulic and heat-transfer properties of artificially fractured granite[J]. Scientific Reports,2017,37(4):398-405.

[202] 陈卫忠,马永尚,于洪丹,等.泥岩核废料处置库温度-渗流-应力耦合参数敏感性分析[J].岩土力学,2018,39(2):407-417.

[203] LIU S,XU J. Analysis on damage mechanical characteristics of marble exposed to high temperature[J]. International Journal of Damage Mechanics,2015,24(8):1180-1193.

[204] 胡少华,章光,张淼,等.热处理北山花岗岩变形特性试验与损伤力学分析[J].岩石力学与工程学报,2016,37(12):3427-3435.

[205] 徐小丽,高峰,张志镇.高温作用下花岗岩的脆延性转化温度点[J].水利水电科技进展,2014,34(1):42-48.

[206] 左建平,周宏伟,方园,等.甘肃北山地区深部花岗岩的热开裂试验研究[J].岩石力学与工程学报,2011,30(6):1107-1115.

[207] 陈世万,杨春和,刘鹏君,等.北山花岗岩热破裂室内模拟试验研究[J].岩土力学学报,2016,37(1):547-553.

[208] 朱其志,刘海旭,王伟,等.北山花岗岩细观损伤力学本构模型研究[J].岩石力学与工程学报,2015,34(3):434-441.

[209] 刘芳,徐金明.基于试验视频图像的花岗岩细观组分运动过程研究[J].岩石力学与工程学报,2016,35(8):1602-1611.

[210] 温世亿,李静,苏霞,等.复杂应力条件下围岩破坏的细观特征研究[J].岩土力学,2010,31(8):2399-2406.

[211] 刘招伟,李元海.含孔洞岩石单轴压缩下变形破裂规律的试验研究[J].工程力学,2010,27(8):133-139.

[212] 朱泽奇,肖培伟,盛谦,等.基于数字图像处理的非均质岩石材料破坏过程模拟[J].

岩土力学,2011,32(12):3780-3786.

[213] 徐金明,韩娜娜,李岩松.石灰岩局部化变形的图像特征[J].岩石力学与工程学报,2010,29(10):2110-2115.

[214] 陈中一,徐金明,刘芳.花岗岩中多条裂隙的萌生扩展过程研究[J].水文地质工程地质,2015,42(5):96-101.

[215] 于庆磊,杨天鸿,郑超,等.岩石细观结构对其变形强度影响的数值分析[J].岩土力学,2011,32(11):3468-3472.

[216] LIU Z, YANG D, HU Y. Influence of in situ pyrolysis on the evolution of pore structure of oil shale[J]. J. Struct Geol,2018, 11(4): 755.

[217] SONG S Z,WANG Y A. XOAOTB B B. Coal and gas outburst[M]. Beijing:China Industry ress,1966.

[218] 邱一平,林卓英.花岗岩热震损伤研究[J].实验室研究与探索,2007,10(26):287-289.

[219] 刘泉声,许锡昌.温度作用下脆性岩石的损伤分析[J].岩石力学与工程学报,2000,19(4):408-411.

[220] 邓广哲,王广地.北山花岗岩热黏弹性流变特性分析[J].岩石力学与工程学报,2004,23(1):4368-4372.

[221] 付文生,李长春,袁建新.温度对岩石损伤影响的研究[J].华中理工大学学报,1993,3(21):110-114.

[222] 许锡昌.花岗岩热损伤特性研究[J].岩石力学与工程学报,2003,(增2):189-194.

[223] 唐世斌,唐春安,朱万成,等.热应力作用下的岩石破裂过程分析[J].岩石力学与工程学报,2006,10(25):2071-2077.

[224] 郝振良,马捷,王明育.热应力作用下的有效压力对多孔介质渗透系数的影响[J].水动力学研究与进展,2003,6(18):792-796.

[225] 刘石,许金余.高温作用对花岗岩动态压缩力学性能的影响研究[J].振动与冲击,2014,3(22):195-200.

[226] 王利,高谦.基于强度理论的岩石损伤弹塑性模型[J].北京科技大学学报,2008,30(5):461-467.

[227] 邸保平,赵阳升.600 ℃内高温状态花岗岩遇水冷却后力学特性试验研究[J].岩石力学与工程学报,2010,29(5):893-899.

[228] 翟松韬,吴刚,张渊,等.高温作用下花岗岩的声发射特征研究[J].岩石力学与工程学报,2013,32(1):126-132.

[229] 王鹏,许金余,刘石,等.砂岩的高温损伤与模量分析[J].岩土力学,2014,33(2):211-216.

[230] 何满潮,郭平业.深部岩体热力学效应及温控对策[J].岩石力学与工程学报,2013,32(12):2378-2395.

[231] 尹土兵.高温后粉砂岩动态力学特性及破坏机理研究[D].南京:中南大学,2008.

[232] 秦本东.煤层顶板石灰岩和砂岩高温膨胀特性及力学特性的试验研究[D].西安:长安大学,2010.

[233] 李小双.高温后粗砂岩力学性质试验研究[D].焦作:河南理工大学,2008.

[234] 方荣. 温度周期变化作用下大理岩宏细观力学变形试验研究[D]. 南京:河海大学,2006.

[235] 黄平华,韩素敏. 矿井底板破碎带温度场模型推导及模拟分析[J]. 吉林大学学报(地球科学版),2014,44(3):969-976.

[236] DIEDERICHS M S. The role of tensile damage and relaxation[M]. Waterloo:University of Waterloo,1999.

[237] 康志勤,吕兆兴,杨栋,等. 油页岩原位注蒸汽开发的固-流-热-化学耦合数学模型研究[J]. 西安石油大学学报(自然科学版),2008,23(4):30-34.

[238] LI H,NEMAE-NASSER S. Compression induced microcrack growth in brittle solids axial splitting and shear failure[J]. Geophys Res,1985,90(3):105-125.

[239] 陈红江. 裂隙岩体应力-损伤-渗流耦合理论、试验及工程应用研究[D]. 长沙:中南大学,2010.

[240] 黄凯珠,林鹏,唐春安. 双轴加载下断续预置裂纹贯通机制的研究[J]. 岩石力学与工程学报,2002,21(6):808-816.